ANTON RAUSCHER (Hrsg.)

Arbeitsgesellschaft im Umbruch

Soziale Orientierung

Veröffentlichungen der Wissenschaftlichen Kommission
bei der Katholischen Sozialwissenschaftlichen Zentralstelle
Mönchengladbach

In Verbindung mit

Karl Forster † · Hans Maier · Rudolf Morsey

herausgegeben von

Anton Rauscher

Band 14

Arbeitsgesellschaft im Umbruch

Ursachen, Tendenzen, Konsequenzen

Herausgegeben von

Anton Rauscher

Duncker & Humblot · Berlin

Redaktion: Günter Baadte

Die Deutsche Bibliothek – CIP-Einheitsaufnahme

Arbeitsgesellschaft im Umbruch : Ursachen, Tendenzen, Konsequenzen /
Hrsg.: Anton Rauscher. – Berlin : Duncker und Humblot, 2002
  (Soziale Orientierung ; Bd. 14)
  ISBN 3-428-10829-9

Alle Rechte, auch die des auszugsweisen Nachdrucks, der fotomechanischen
Wiedergabe und der Übersetzung, für sämtliche Beiträge vorbehalten
© 2002 Duncker & Humblot GmbH, Berlin
Fremddatenübernahme und Druck:
Berliner Buchdruckerei Union GmbH, Berlin
Printed in Germany

ISSN 0720-6917
ISBN 3-428-10829-9

Gedruckt auf alterungsbeständigem (säurefreiem) Papier
entsprechend ISO 9706 ∞

Vorwort

Die hier vorgelegte Sammelpublikation ist Teil eines Forschungsprojekts, das die Wissenschaftliche Kommission bei der KSZ unter dem generellen Thema „Wandel der Arbeitswelt – Zukunft der Arbeit" angeregt hat. Hintergrund und Ausgangspunkt waren Befunde, Thesen und Fragen, wie sie stichwortartig mit der anhaltend hohen Arbeitslosigkeit und ihrer arbeitsmarkt- und beschäftigungspolitischen Bekämpfung, der Veränderung historisch überkommener Erwerbsarbeitsstrukturen, dem Einfluß globaler ökonomischer Bedingungsfaktoren und dem durch die neuen Informations- und Kommunikationstechniken geschaffenen Dynamisierungspotential umrissen werden können.

Das Forschungsprojekt war von Anfang an in zwei Schritten geplant. Zum einen sollte der Wandel in der Arbeitswelt auf der Basis der neueren arbeitsmarktökonomischen Literatur aufgearbeitet werden. Diese Studie, für die Professor Dr. Jörg Althammer gewonnen werden konnte, ist inzwischen abgeschlossen und wird unter dem Titel „Erwerbsarbeit in der Krise? Zur Entwicklung und Struktur der Beschäftigung im Kontext von Arbeitsmarkt, gesellschaftlicher Partizipation und technischem Fortschritt" als Band 13 dieser Reihe publiziert.

In einem zweiten, parallelen Schritt sollte der Umbruch der Arbeitsgesellschaft und die damit einhergehenden Gestaltungsmöglichkeiten unter verschiedenen Fragestellungen angegangen und diskutiert werden. Dafür wurde die Form eines Expertengespräches gewählt, das in Zusammenarbeit mit der Akademie für Politik und Zeitgeschehen der Hanns-Seidel-Stiftung am 6. und 7. Juli 2000 im Bildungszentrum Wildbad Kreuth stattfand.

Die ersten sechs Beiträge dieses Bandes gehen auf Referate, die bei der Tagung in Wildbad Kreuth gehalten wurden, zurück. Hier stehen einerseits Überlegungen zur Arbeitsmarkt- und Beschäftigungspolitik unter den Bedingungen des technischen Fortschritts, der Globalisierung, der Bevölkerungsentwicklung und der Lohnpolitik im Vordergrund; andererseits wird aus sozialwissenschaftlicher Perspektive nach Alternativen zur Erwerbsarbeit und damit kompatiblen Modellen einer zivilen Arbeitsgesellschaft gefragt.

Um die eher makroökonomisch bestimmten Fragestellungen und Untersuchungsperspektiven durch Analysen der Veränderungsprozesse der Erwerbsarbeit auf der Mikroebene thematisch zu ergänzen, wurden zusätzlich drei Beiträge aufgenommen, die die betrieblichen Veränderungen der Arbeitsorganisation, den Wandel der beruflichen Anforderungen und die Kontroverse um neue Formen der

Industriearbeit behandeln. Sozialethische Betrachtungen zur Arbeitsgesellschaft der Zukunft schließen den Band ab.

Der Herausgeber dankt den Autoren für die Mitarbeit und ihre Bereitschaft, ihre Beiträge für den Band zur Verfügung zu stellen. Daneben ist er jenen Kollegen zu Dank verpflichtet, die mit ihren Anregungen und ihrem kompetenten Rat das Forschungsprojekt begleitet haben. Hier seien namentlich Professor Dr. Dres. h. c. Eduard Gaugler, Professor Dr. Gerhard Kleinhenz und Professor Dr. Heinz Lampert genannt. Dank gesagt sei ebenso Herrn Dr. Reinhard Meier-Walser und Frau Dr. Susanne Luther für die gute Zusammenarbeit und die Unterstützung, die das Projekt durch die Hanns-Seidel-Stiftung erfahren hat.

Mönchengladbach, im Dezember 2001 *Anton Rauscher*

Inhaltsverzeichnis

Technischer Fortschritt, Wachstum und Globalisierung. Konsequenzen für die künftige Beschäftigungsentwicklung

    Von *Gebhard Flaig* 9

Bevölkerungsentwicklung, Arbeitsangebot und Beschäftigung

    Von *Jörg Althammer* 27

Tarifautonomie, Lohnpolitik und Beschäftigung

    Von *Gerhard Kleinhenz* 45

Aktive Beschäftigungspolitik

    Von *Ulrich van Suntum* 61

Erosion des Normalarbeitsverhältnisses. Tendenzen und Konsequenzen

    Von *Wolfgang Bonß* 69

Neue Integrationsmodelle in der zivilen Arbeitsgesellschaft. Eine sozialwissenschaftliche Perspektive

    Von *Gerd Mutz* 87

Veränderung der Arbeitsorganisation: Befreiung von organisatorischen Zwängen durch neue Techniken

    Von *Erich Staudt* 127

Wandel der beruflichen Arbeitsanforderungen an die Arbeitnehmer

    Von *Eduard Gaugler* 143

Erhöhte Chancen zur Emanzipation oder gestiegene Repression? Zur Kontroverse um die neuen Formen der Industriearbeit

Von *Michael Schumann* 157

Sozialethische Überlegungen zur Arbeitsgesellschaft der Zukunft

Von *Anton Rauscher* 167

Autorenverzeichnis 179

Technischer Fortschritt, Wachstum und Globalisierung

Konsequenzen für die künftige Beschäftigungsentwicklung

Von Gebhard Flaig

I. Einleitung

Die hohe und persistente Arbeitslosigkeit in vielen Ländern hat eine inzwischen unübersehbare Flut von Forschungsarbeiten induziert, die Ursachen und Bekämpfungsmöglichkeiten unter den verschiedensten Gesichtspunkten analysiert haben. Diese Arbeiten lassen sich entsprechend ihrer spezifischen Fragestellung grob in zwei Gruppen einteilen. Die erste Gruppe betrachtet Arbeitslosigkeit primär als ein makroökonomisches Problem, das durch „Störungen" auf Güter-, Kapital- und Arbeitsmärkten verursacht wird. Während lange Zeit im Rahmen keynesianischen Denkens mangelnde Nachfrage als Hauptursache für Arbeitslosigkeit vermutet wurde, konzentriert sich die neuere Forschung auf den Lohnbildungsprozess und die Flexibilität der Arbeitsmärkte (vgl. etwa *Bean* 1994 oder *Lindbeck* 1993). Die zweite Gruppe ist weniger an den makroökonomischen Aggregaten orientiert, sondern analysiert in erster Linie die strukturellen Effekte von nicht-neutralem technischem Fortschritt und des „Globalisierungsprozesses" auf Löhne und Beschäftigung.

Im Folgenden sollen innerhalb eines einheitlichen Rahmens einige zentrale Wirkungen von technischem Fortschritt und der zunehmenden internationalen Öffnung von Produkt- und Faktormärkten auf Beschäftigung und Reallohn herausgearbeitet werden. Der Ansatz ist primär makroökonomisch orientiert, bezieht aber auch strukturelle Aspekte in die Analyse ein. In Kapitel II wird zunächst das theoretische Grundmodell skizziert, das dann für eine Diskussion der Wirkungen von technischem Fortschritt und Globalisierung eingesetzt wird. Das Kapitel III beschäftigt sich mit der Analyse von strukturellen Effekten. Kapitel IV enthält eine Zusammenfassung und einige Schlussfolgerungen.

II. Makroaspekte von Beschäftigung und Arbeitslosigkeit

1. Der theoretische Rahmen

Im Folgenden soll ein makroökonomisches Grundmodell skizziert werden, das die Beschäftigung und die Arbeitslosenquote als das Ergebnis eines Gleichgewichts zwischen den Preisforderungen der Unternehmen und den Lohnforderungen der Arbeitsanbieter herleitet. Dieses „strukturalistische" Modell liefert einen allgemeinen Analyserahmen, der auch vielen empirischen Studien zugrundeliegt. Verschiedene Varianten dieses Modells findet man bspw. in *Bean* (1994), *Beißinger / Möller* (2000), *Franz* (1996), *Lindbeck* (1993) oder *Phelps* (1994).

Dieses Modell abstrahiert von kurzfristigen Nachfrageschwankungen und konzentriert sich auf mittelfristige Gleichgewichte, die von strukturellen Eigenschaften auf den Arbeits- und Gütermärkten bestimmt werden. Das Modell besteht aus drei Verhaltensgleichungen: Die erste Gleichung beschreibt das Preissetzungsverhalten von Unternehmen auf einem unvollkommenen Gütermarkt in Abhängigkeit vom Lohnsatz und der Wettbewerbsintensität. Diese Gleichung kann nach einer Umformulierung auch als Arbeitsnachfragefunktion interpretiert werden. Die zweite Gleichung beschreibt das Lohnsetzungsverhalten der Tarifpartner als Funktion des Beschäftigungsgrades und des Preisniveaus. Das „Gleichgewicht" wird dort erreicht, wo die Preisforderungen der Unternehmen und die Lohnforderungen gegenseitig kompatibel sind. Da sowohl auf dem Güter- als auch auf dem Arbeitsmarkt kein vollkommener Wettbewerb besteht, ist der „gleichgewichtige" Beschäftigungsgrad im allgemeinen nicht mit Vollbeschäftigung verbunden. Das Ausmaß der Arbeitslosigkeit hängt schließlich auch von der dritten Verhaltensfunktion des Modells, der Arbeitsangebotsfunktion, ab.

Für die *Preissetzungsfunktion* WD nehmen wir an, dass die Unternehmen auf einem Markt mit unvollkommenem Wettbewerb agieren und den Marktpreis p unter Berücksichtigung einer Mehrwertsteuer mit dem Aufschlagssatz μ auf die Grenzkosten festsetzen.

(1)   *Preis* $(p) =$ *Aufschlagssatz* $(\mu) \cdot$ *Grenzkosten* $(GK) \cdot$ *Mehrwertsteuer* $(1 + t_M)$

Der Aufschlagssatz auf die Grenzkosten reflektiert die Marktmacht der Unternehmen. Herrscht vollkommener Wettbewerb, ist der Aufschlagssatz gleich 1, haben die Unternehmen Marktmacht, ist er größer als 1. Die Marktmacht hängt von verschiedenen Faktoren ab: Sie steigt, wenn die Güternachfrage unelastischer wird oder wenn sich die Anzahl der Unternehmen verkleinert (für einen Überblick über die Rolle des Preisaufschlagssatzes in makroökonomischen Modellen vgl. *Rotemberg / Woodford* 1999).

Die Grenzkosten (GK) sind unter der vereinfachenden Annahme, dass nur Arbeit ein variabler Produktionsfaktor ist, gegeben durch die Arbeitskosten pro Zeiteinheit dividiert durch die zusätzlich in dieser Zeiteinheit produzierte Gütermenge (Grenzproduktivität):

(2) $$GK = \frac{w(1 + s_1)}{GP\,(\underset{(+)}{A},\underset{(+)}{K},\underset{(-)}{L})}$$

Im Zähler stehen die für das Unternehmen anfallenden Arbeitskosten pro Zeiteinheit, die gleich sind dem Produkt des Bruttolohnsatzes w multipliziert mit dem Faktor $(1 + s_1)$, wobei s_1 der Arbeitgeberbeitragssatz zur Sozialversicherung ist. Die Grenzproduktivität, also der physische Ertrag beim Einsatz einer weiteren Arbeitseinheit, hängt ab von einem allgemeinen Produktivitätsindikator A und dem Kapitalstock K, die beide die Produktivität der Arbeit erhöhen. Weiterhin nehmen wir an, dass die Grenzproduktivität mit steigendem Arbeitseinsatz sinkt.

Für die spätere graphische Analyse setzen wir die Gleichung (2) in die Gleichung (1) ein und lösen sie nach dem Reallohn w/p auf:

$$(3) \qquad \frac{w}{p} = \frac{GP(A,K,L)}{\mu(1+s_1)(1+t_M)}$$

Dieser Ausdruck gibt an, welchen Reallohn die Unternehmen unter Gewinnmaximierungsüberlegungen bei unterschiedlichen Beschäftigungsmengen bereit sind zu zahlen. Wie man dieser Gleichung entnehmen kann, ist der mit einer bestimmten Beschäftigungsmenge L kompatible Reallohn nicht unveränderlich, sondern hängt von ökonomischen und institutionellen Parametern ab. Da technischer Fortschritt (A) und Kapitalakkumulation die Grenzproduktivität des Faktors Arbeit erhöhen, kann eine bestimmte Beschäftigung zu einem höheren Reallohn realisiert werden. Umgekehrt muss der mit einer bestimmten Beschäftigung kompatible Reallohn sinken, wenn die Marktmacht der Unternehmen und damit der Aufschlagssatz μ steigt oder wenn der Staat den Arbeitgeberbeitrag zur Sozialversicherung oder den Mehrwertsteuersatz erhöht.

Die Preissetzungsfunktion sowie deren durch Parameteränderungen induzierte Verschiebungen ist in Abbildung 1 in einem Reallohn-Beschäftigungs-Diagramm graphisch wiedergegeben. Sie kann alternativ auch als Arbeitsnachfragefunktion in Abhängigkeit von Reallohn und den anderen Einflussfaktoren interpretiert werden.

Während bei der Herleitung der *Preissetzungsfunktion WD* der Lohnsatz als Erklärungsfaktor für die Bestimmung des Preisniveaus bzw. der Beschäftigungsmenge herangezogen wird, ist die Fragestellung bei der sogenannten *Lohnsetzungsfunktion WS* gerade umgekehrt. Hier geht es darum, welche Faktoren für die Festlegung des Lohnsatzes in den Verhandlungen der Tarifpartner oder durch die Unternehmen allein (bei übertariflicher Bezahlung) relevant sind. Die Grundhypothese ist, dass der Nettoreallohn w^N/p die entscheidende Zielvariable ist, die positiv von der Beschäftigung L und der totalen Faktorproduktivität A abhängt. Dahinter steht die Vorstellung, dass ein höherer Beschäftigungsgrad (d. h. eine niedrigere Arbeitslosigkeit) die explizite oder implizite Verhandlungsmacht der Arbeitsanbieter erhöht und dass die Teilhabe am allgemeinen Produktivitätsfortschritt eine wichtige Zielsetzung der Gewerkschaften ist. Neben diesen beiden Einflussgrößen wirken zusätzlich eine Reihe von weiteren Strukturvariablen (die wir im Vektor Z zusammenfassen) auf den geforderten Reallohn. Die Höhe und die Dauer der Arbeitslosenunterstützung, Kündigungsschutzregeln, der Anteil der Gewerkschafts-

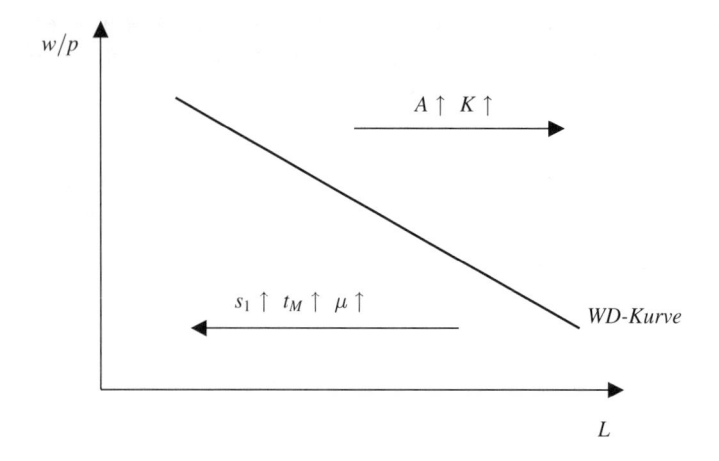

Abbildung 1: Preissetzungsfunktion der Unternehmen

mitglieder an den Beschäftigten, Koordination des Lohnbildungsprozesses und weitere ähnliche Variable werden in der Literatur genannt (vgl. etwa *Blanchard / Wolfers* 2000 oder *Nickel* 1997, 1998). Dabei wird generell angenommen, dass alle institutionellen Regelungen, die eine Kündigung erschweren oder die Nachteile von Arbeitslosigkeit reduzieren, zu einem Lohndruck führen. Sie erhöhen den Reservationslohn, der aber auch noch von ganz anderen Faktoren abhängen kann. So kann beispielsweise eine hohe räumliche Mobilität dämpfend auf den Lohn wirken.

Formal können wir also die Lohnsetzungsfunktion schreiben als

$$(4) \qquad \frac{w^N}{p} = f(L, A, Z)$$

Da sich der Nettoreallohn aus dem Bruttoreallohn nach Abzug des Arbeitnehmerbeitrags zur Sozialversicherung und der Lohnsteuer ergibt, kann diese Gleichung für den Bruttoreallohn als abhängiger Variablen (diese Größe wird in Lohnverhandlungen vereinbart) wie folgt geschrieben werden:

$$(5) \qquad \frac{w}{p} = \frac{f(L, A, Z)}{(1 - s_2)(1 - t_w)}$$

Dabei bezeichnet s_2 den Arbeitnehmerbeitragssatz zur Sozialversicherung und t_w den Lohnsteuersatz. Der geforderte Reallohn steigt demgemäss mit dem Beschäftigungsgrad, der Produktivität sowie dem Abgaben- und Steuersatz. Es ist allerdings nicht unbestritten, dass eine Erhöhung des Beitragssatzes zur Sozialversicherung unbedingt zu höheren Lohnforderungen führt. So wird manchmal argumentiert, dass die Arbeitnehmer und die Gewerkschaften die mit höheren Beiträgen finanzierten sozialen Leistungen in ihr Kalkül einbeziehen. Da aber die volle individuelle Äquivalenz nicht gegeben ist und Sozialversicherungssysteme auch in hohem Maße Umverteilung betreiben, würde es ein hohes Maß an altruistischem und solidarischem Denken erfordern, wenn eine Erhöhung des Beitragssatzes zu keinem Lohndruck führen soll.

In der Literatur sind verschiedene theoretische Erklärungsansätze für die Lohnsetzungsfunktion diskutiert worden (vgl. *Franz* 1996). Ein Ansatz bezieht sich auf das Verhalten von Gewerkschaften, die bei höherer Beschäftigung eine stärkere Verhandlungsmacht haben. Ein zweiter Ansatz betont Effizienzlohnüberlegungen der Unternehmen, die bei höherer Beschäftigung mehr bezahlen, um die Arbeitseffizienz zu sichern oder unerwünschte Kündigung seitens der Beschäftigten zu reduzieren (vgl. *Phelps* 1994). Ein dritter populärer Ansatz ist die sogenannte insider-outsider-Theorie, der zufolge die „Stammbelegschaft" ihre Lohnforderung bei guter Beschäftigungslage erhöht, da sie dann bei eventuellen lohnbedingten Kündigungen aufgrund des Senioritätsprinzips besser geschützt ist (vgl. bspw. *Lindbeck* 1993). Da alle diese Ansätze zu einer ähnlichen Lohnsetzungsfunktion führen, lassen wir es hier offen, welcher strukturelle Mechanismus (die sich ja nicht gegenseitig ausschließen) am Werke ist.

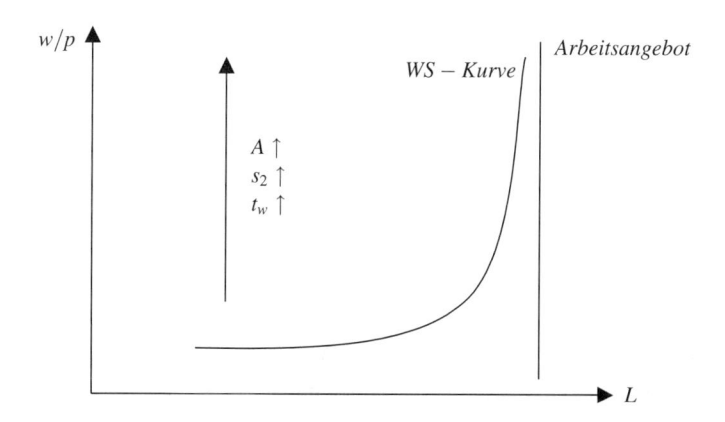

Abbildung 2: Lohnsetzungsfunktion und Arbeitsangebotsfunktion

Abbildung 2 zeigt die *Lohnsetzungsfunktion* WS und die durch Änderungen der Parameter A, s_2 und t_w erzeugten Verschiebungen. In diese Abbildung ist außerdem die *Arbeitsangebotsfunktion* eingezeichnet, die der Einfachheit halber als unabhängig vom Reallohn angenommen wird ($L^s = \bar{L}$). Diese Vereinfachung hat keine Auswirkungen auf die im folgenden hergeleiteten Schlussfolgerungen.

Die gleichgewichtige Beschäftigung L^* wird durch den Schnittpunkt der Preissetzungsfunktion WD und der Lohnsetzungsfunktion bestimmt (vgl. Abbildung 3).

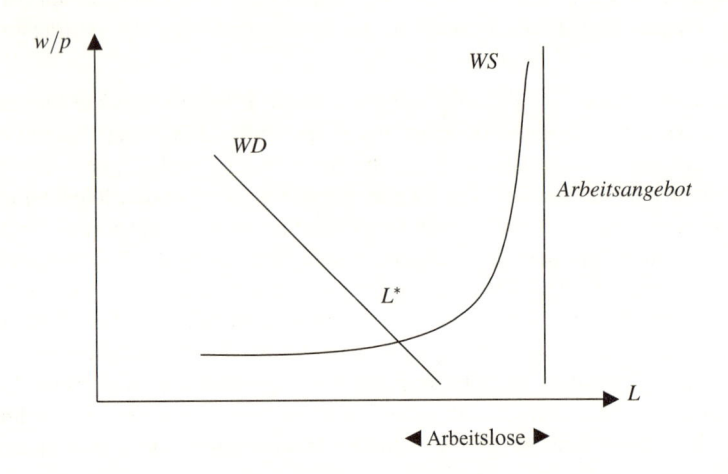

Abbildung 3: Das Quasi-Gleichgewicht auf dem Arbeitsmarkt

Eine zentrale Variable, die in internationalen Analysen der Beschäftigungsentwicklung eine große Rolle spielt, ist der sogenannte Steuerkeil

$$((1+s_1)(1+t_M))/(1-s_2)(1-t_w)) - 1 \approx s_1 + s_2 + t_M + t_w$$

Der Steuerkeil gibt die gesamte steuerliche Zusatzbelastung an, wenn ein Unternehmen für eine zusätzliche Mark die Beschäftigung erhöht. Er ist gleich der Summe der vertikalen absoluten Verschiebungen der WD- und der WS-Kurve aufgrund von Besteuerung.

Ist die (quasi-)gleichgewichtige Beschäftigung bestimmt, kann die Anzahl der Arbeitslosen U als horizontaler Abstand zwischen L^* und L^S gemessen werden, und die Arbeitslosenquote u ist dann gegeben durch $u = U/L^S$.

Die bisherige Analyse beschäftigt sich mit mittelfristigen Gleichgewichtssituationen, die dadurch gekennzeichnet sind, dass die Preisforderungen der Unternehmen und die Lohnforderungen der Arbeitnehmer gegenseitig kompatibel sind. In der kurzen Frist wirken zusätzlich nominale Lohn- und Preisrigiditäten, die etwa bei Nachfrageschocks Schwankungen der Beschäftigung um das (Quasi-)Gleichgewicht L^* erzeugen (für eine ausführliche Diskussion vgl. bspw. *Lindbeck* 1993).

Bevor auf die Effekte der Globalisierung und des technischen Fortschritts auf die Beschäftigung eingegangen wird, sollen zunächst weitere Einflussfaktoren kurz diskutiert werden, welche die Lage der WD- und WS-Kurve verschieben können und damit einen Effekt auf Beschäftigung und/oder Reallohn haben.

(1) Realer Zinssatz

Vor allem *Phelps* (1994) hat betont, dass die Einstellung eines neuen Beschäftigten wegen der notwendigen Trainingskosten eine Investition darstellt. Höhere Zinssätze reduzieren damit die diskontierte Nettoproduktivität und verschieben die WD-Kurve nach links unten: Bei gegebenem Reallohn sinkt die Beschäftigung. Dazu kommt der weitere Effekt, dass ein höherer Zinssatz die Kapitalakkumulation verringert. Tendenziell führt ein hoher Zinssatz auch dazu, dass die Unternehmen den Aufschlagssatz erhöhen.

(2) Unvollkommene Kapitalmärkte und Konkursrisiko

Stiglitz (1992) hat den Einfluss unvollkommener Kapitalmärkte auf die WD-Kurve analysiert. Er hat gezeigt, dass zusätzliche Beschäftigung das Konkursrisiko erhöht, was bei risikoaversen Managern die WD-Kurve nach links verschiebt. Für die Sicherung einer gegebenen Beschäftigung müssen die Arbeitnehmer eine Lohnreduktion hinnehmen (für eine empirische Analyse der Bedeutung unvollkommener Kapitalmärkte für die Beschäftigung vgl. bspw. *Acemoglu* 2000).

(3) Realer Wechselkurs

In einer offenen Volkswirtschaft hängt die Marktmacht der Unternehmen stark von der internationalen Wettbewerbsfähigkeit ab, die unter anderem vom realen Wechselkurs bestimmt wird. Eine reale Aufwertung verschärft den Wettbewerb und führt zu einer Reduktion des Aufschlagssatzes (*Beißinger/Möller* 2000; *Phelps/Zoega* 1998), was eine Rechtsverschiebung der WD-Kurve impliziert.

(4) Strukturwandel

Bis jetzt wurde implizit unterstellt, dass in einem homogenen Sektor produziert wird. Hebt man diese Annahme auf, kann es zwei Modifikationen des Modells geben. Der erste Effekt tritt durch den Vorgang des Strukturwandels selbst auf. Es kommt zu einem Mismatch zwischen verschiedenen Kategorien von Arbeitsangebot und Arbeitsnachfrage, was Suchkosten und bei Neueinstellungen Trainingskosten verursacht und zu einer Linksverschiebung der WD-Kurve führt. Mobilitätserhöhende Politikmaßnahmen und eine Verbesserung des matching-Prozesses können diesen negativen Effekt vermindern (vgl. *Entorf* 2000). Langfristig hängt die WD-Kurve von der Sektorstruktur ab: Bekommen arbeitsintensiv produzierende Sektoren ein größeres Gewicht, verschiebt sich die Kurve nach rechts oben und vice versa. Darauf wird später nochmals eingegangen.

2. Technischer Fortschritt, Beschäftigung und Lohnsatz

Die Beurteilung des technischen Fortschritts schwankt in der Öffentlichkeit zwischen der Einschätzung eines „Job Killers" und der Hoffnung, dass Innovationen und Produktivitätssteigerungen der zentrale Ansatzpunkt für die Bekämpfung der Arbeitslosigkeit seien.

Technischer Fortschritt äußert sich im Rahmen des Modells als Erhöhung der totalen Faktorproduktivität A. Der unmittelbare Effekt ist eine Erhöhung der Grenzproduktivität der Arbeit und bei gegebenem Reallohn eine Verbesserung der Beschäftigung. Ein Teil dieses positiven Beschäftigungseffekts wird allerdings durch höheren Reallohn (aufgrund des Beschäftigungseinstiegs) wieder reduziert.

Ein entscheidender Punkt ist, wie die Reallöhne direkt (und nicht nur indirekt über die potentielle Beschäftigungszunahme) auf die Produktivitätserhöhung reagieren. In säkularer Sicht ist es plausibel anzunehmen, dass die Reallöhne (bei gegebener Beschäftigung) proportional zur totalen Faktorproduktivität steigen. Gilt dies aber auch kurz- und mittelfristig, verschiebt sich nach einer Produktivitätserhöhung sowohl die WD- als auch die WS-Kurve so nach oben, dass die Beschäftigung unverändert bleibt. Will man also Arbeitslosigkeit bekämpfen, dürfen die „Arbeitsbesitzer" nicht den vollen Produktivitätsgewinn abschöpfen.

Kurzfristig gibt es weitere Gründe, warum der Beschäftigungseffekt von Produktivitätssteigerungen kleiner ist, als man es zunächst erwartet. Innovationen erfolgen nicht gleichmäßig über alle Branchen und erfordern deshalb eine Reallokation der Arbeitskräfte mit all den damit verbundenen Kosten. Das führt zu einer tendenziellen Linksverschiebung der WD-Kurve, was bei gegebenem Lohn die Arbeitsnachfrage reduziert. Ein weiterer Effekt ist, dass eine Erhöhung der totalen Faktorproduktivität zu einem höheren optimalen Kapitalstock führt. Die dadurch induzierten Investitionen implizieren (zumindest in einer geschlossenen Volkswirtschaft) einen höheren Realzins, der – wie bereits erläutert – zu einer Reduktion der Arbeitsnachfrage und möglicherweise zu einem höheren Preisaufschlagssatz führt (vgl. *Phelps* 1994). Kurzfristig gibt es also einige Effekte, die die Beschäftigungswirksamkeit von Produktivitätserhöhungen (bei gegebenem Reallohn) abschwächen.

In den Medien wird häufig die Meinung vertreten, dass die mit der Entwicklung der neuen Informations- und Kommunikationstechnologie eingeläutete „new economy" zu großen Beschäftigungsgewinnen führen könne (als Beispiel wird immer gerne auf die USA mit ihren im Vergleich zu Deutschland hohen Produktivitäts- und Beschäftigungssteigerungen verwiesen). Im Rahmen des hier benutzten Modells lassen sich drei Effekte diskutieren. Der erste ist die notwendige Reallokation der Arbeitskräfte, die wegen der damit verbundenen Kosten die Arbeitsnachfrage reduziert. Ein zweiter Punkt ist die technologische Unsicherheit, die aus Sicht der Unternehmen die potentielle Dauer von neuen Arbeitsverhältnissen und damit den Ertrag von Trainingsinvestitionen reduziert. Auch dies impliziert eine Reduktion der Arbeitsnachfrage (vgl. bspw. *Aghion/Howitt* 1994). Ein zumindest in einer Übergangszeit positiver Effekt kann auftreten, wenn eine mögliche Beschleunigung des Produktivitätswachstums auf der Arbeitsnachfrageseite schneller wirksam wird als auf der Lohnbildungsseite. Das würde nichts anderes bedeuten als ein zumindest vorübergehendes Zurückbleiben des Reallohns hinter der Produktivitätsentwicklung (vgl. dazu etwa *Akerlof/Dickens/Perry* 2000).

Exkurs: Die Beschäftigungsschwelle

In der öffentlichen Diskussion wird immer wieder die Befürchtung geäußert, dass sich Wirtschaftswachstum und Beschäftigungsentwicklung entkoppelt haben. Meist wird daraus der für den Arbeitsmarkt düstere Schluss gezogen, dass das erreichbare Wirtschaftswachstum nicht ausreiche, die im Zeitablauf steigende Arbeitsproduktivität zu kompensieren. Hohe oder gar steigende Arbeitslosigkeit wäre die Folge.

Dieser Schluss hält sorgfältiger theoretischer und empirischer Analyse nicht Stand. So haben bereits frühere Studien (vgl. bspw. *Klauder* 1990) gezeigt, dass die Wachstumsrate der Arbeitsproduktivität seit Beginn der fünfziger Jahre in Deutschland im Trend ständig abgenommen hat und dass man empirisch eine gesicherte positive Korrelation zwischen den Wachstumsraten von Output und Beschäftigung beobachten kann. Auch das hier präsentierte Modell impliziert bei konstantem Reallohn eindeutig einen positiven Zusammenhang zwischen Produktivität, Produktion und Beschäftigung. Allerdings weist es auch darauf hin, dass Lohnsteigerungen tatsächlich den potentiellen Beschäftigungsgewinn wieder neutralisieren oder sogar überkompensieren können.

Eine oft benutzte Kenngröße ist die sogenannte Beschäftigungsschwelle. Sie gibt die notwendige Wachstumsrate des Outputs an, damit trotz der ständigen Produktivitätserhöhungen die Beschäftigung konstant bleibt. Erst dann, wenn das Wirtschaftswachstum höher ist als dieser Grenzwert, steigt die Beschäftigung und sinkt die Arbeitslosigkeit. Meist wird die Beschäftigungsschwelle so ermittelt, dass man das Beschäftigungswachstum auf das Outputwachstum regressiert und dann die Wachstumsrate des Outputs berechnet, bei dem die Wachstumsrate der Beschäftigung Null ist.

Wie nicht anders zu erwarten, zeigen praktisch alle empirischen Studien, dass die Beschäftigungsschwelle, also die Wachstumsrate der Arbeitsproduktivität, in Deutschland im Zeitablauf deutlich gesunken ist. Für die Beschäftigungsperspektiven müsste dies eigentlich eine gute Nachricht sein. Die Pessimisten sind allerdings noch nicht beruhigt. Sie argumentieren, dass die Wachstumsrate der Produktivität und die Beschäftigungsschwelle auch wieder ansteigen können und dass keine Garantie bestehe, dass selbst bei einer niedrigen Beschäftigungsschwelle das erzielbare Wachstum ausreiche, um einen zufriedenstellenden Beschäftigungsstand zu erreichen.

Der prinzipielle Gedankenfehler in dieser Argumentation ist, dass die Beschäftigungsschwelle als eine mehr oder weniger feste Größe gesehen wird, die höchstens aufgrund exogener Änderungen der Produktivität über die Zeit variieren kann. Völlig außer Acht bleibt, dass die Arbeitsnachfrage und damit auch die Beschäftigungsschwelle vom Lohnsatz und anderen Faktorpreisen abhängt.

Dieser Einfluss der Faktorpreise auf die Beschäftigungsschwelle wurde von *Flaig / Rottmann* (2000) mit Hilfe eines Faktornachfragesystems für das Verarbeitende Gewerbe empirisch analysiert. Dabei wird angenommen, dass die beiden Produktionsfaktoren Arbeit L (gemessen als Arbeitsvolumen in Stunden) und Vorleistungen V auch kurzfristig variabel sind, während der Kapitalstock K aufgrund von Anpassungskosten sich nur langsam an seinen optimalen Wert anpasst.

Als theoretisches Instrumentarium wurde die kurzfristige Kostenfunktion verwandt, die die minimalen Produktionskosten bei gegebenen Faktorpreisen angibt. Die Parameter dieser Funktion wurden ökonometrisch geschätzt. Ist die Kostenfunktion bekannt, lässt sich der Arbeitseinsatz der Unternehmen in Abhängigkeit von der Outputmenge, dem vorhandenen Kapitalstock und den Faktorpreisen (Lohnsatz und Vorleistungspreis) bestimmen. Daraus kann dann in einem zweiten Schritt die Wachstumsrate des Outputs ermittelt werden, die notwendig ist, damit bei gegebenen Wachstumsraten der Faktorpreise die Beschäftigung konstant bleibt. Dies ist die sogenannte „Beschäftigungsschwelle" BS. Analytisch ist sie durch die folgende Gleichung gegeben:

(6) $$BS = -\left(\varepsilon_{L,w}(g_w - g_{q_v}) + \varepsilon_{L,K}g_K + \varepsilon_{L,t}\right)/\varepsilon_{L,Y}$$

Dabei ist $\varepsilon_{L,w}$ die Elastizität der Arbeitsnachfrage bezüglich des Lohnsatzes, $\varepsilon_{L,k}$ die bezüglich des Kapitalstocks und $\varepsilon_{L,Y}$ die bezüglich des Outputs. $\varepsilon_{L,t}$ ist die Wachstumsrate der totalen Faktorproduktivität und $g_w(g_{q_v}, g_K)$ bezeichnen die Wachstumsrate des Lohnsatzes (des Vorleistungspreises, des Kapitalstocks).

Die empirischen Schätzwerte für die relevanten Elastizitäten sind in folgender Tabelle wiedergegeben (für Details vgl. *Flaig / Rottmann* 2000):

Kurzfristige Elastizitäten der Arbeitsnachfrage

$\varepsilon_{L,w}$	$\varepsilon_{L,K}$	$\varepsilon_{L,Y}$
$-0,17$	$-0,64$	$1,02$

Wenn der Lohnsatz um ein Prozent wächst, reduziert dies ceteris paribus die Arbeitsnachfrage um 0,17 Prozent, eine Erhöhung des Kapitalstocks um ein Prozent senkt die Arbeitsnachfrage um 0,64 Prozent, und ein Wachstum des Outputs um ein Prozent erhöht die Arbeitsnachfrage um 1,02 Prozent. Dieser letzte Wert widerlegt eindeutig die Befürchtung, dass eine Erhöhung der Produktion zu keinen positiven Beschäftigungseffekten führt. Empirisch kann es selbstverständlich vorkommen, dass in einem bestimmten Zeitraum dieser positive Beschäftigungseffekt einer Erhöhung des Outputs durch negative Effekte von Lohnerhöhungen oder durch eine Substitution von Arbeit durch Kapital überkompensiert wird. Es gibt also keine Entkoppelung von Wachstum und Beschäftigung. Kurzfristig verändern sich Output und Arbeitseinsatz bei gegebenen Faktorpreisen und gegebenem Kapitalstock praktisch im gleichen Verhältnis. Wenn man das geschätzte Modell langfristig löst, erhält man das Resultat, dass auch nach Abschluss der durch die Outputvariation induzierten Kapitaländerung die Beschäftigung nach einer Erhöhung des Outputs um ein Prozent immerhin noch um 0,6 Prozent gestiegen ist.

Die Faktorpreise spielen für die Bestimmung der Beschäftigung aber ebenfalls eine wichtige Rolle. Nach einer 1%igen Erhöhung des Lohnsatzes sinkt (bei gegebenem Output) die Arbeitsnachfrage bereits kurzfristig um 0,17%, langfristig gar um 0,37%. Eine Erhöhung des Vorleistungspreises oder der Kapitalnutzungskosten steigert die Nachfrage nach Arbeit.

In einem zweiten Schritt wurde aus dem Faktornachfragesystem für jedes Jahr die Beschäftigungsschwelle errechnet. In einer reduzierten Form kann ihre Entwicklung sehr gut durch die folgende Gleichung beschrieben werden:

$$BS = 0,020 + 0,174(g_w - g_{q_v}) + 0,579 g_K - 0,0004 \cdot t$$

Dabei ist $g_w - g_{q_v}$ das relative Wachstum des Lohnsatzes im Verhältnis zum Vorleistungspreisindex, g_K ist die Wachstumsrate des Kapitalstocks und t ist der Zeitindex, der einen linearen Trend repräsentiert.

Der negative Koeffizient vor dem Zeittrend gibt an, dass die Beschäftigungsschwelle aufgrund der gesunkenen Wachstumsrate des technischen Fortschritts im Zeitablauf gefallen ist. Wichtig und interessant ist das Ergebnis, dass eine um 1% höhere Wachstumsrate der Löhne die Beschäftigungsschwelle um fast 0,2 Prozentpunkte erhöht. Langfristig verändert sich die Beschäftigungsschwelle gar um fast 0,6 Prozentpunkte. Das bedeutet umgekehrt natürlich auch, dass ein moderates Lohnwachstum die Beschäftigungsschwelle senkt. Technischer Fortschritt und die damit verbundene Erhöhung der Arbeitsproduktivität muss also keineswegs notwendigerweise zu Arbeitslosigkeit führen. Das gilt selbst dann, wenn das Outputwachstum sich nicht erhöht. Im allgemeinen ist aber zu erwarten, dass Produktivitätsfortschritte auch die Produktion erhöhen, was einen stimulierenden Effekt auf die Beschäftigung hat (für eine Diskussion der Rolle der Lohnpolitik bei technischem Fortschritt vgl. bspw. *Blattner* 1996).

3. Globalisierung, Beschäftigung und Lohnsatz

Die zunehmende internationale Integration der Märkte aufgrund fallender Transport- und Kommunikationskosten sowie des Abbaus von tarifären und nicht-tarifären Handelshemmnissen kann eine Reihe von Effekten auf die Preissetzungs- und die Lohnsetzungsfunktion und damit auf die Beschäftigung haben.

Betrachten wir den Fall, dass aufgrund von Marktöffnungen oder einer Reduktion von Handelshemmnissen sich die Handelsintensität mit Schwellen- und Entwicklungsländern erhöht, die im Vergleich zum Inland einen relativ niedrigen Lohnsatz haben. Aufgrund der komparativen Vorteile werden diese Länder vor allem arbeitsintensiv produzierte Güter anbieten, so dass der relative Preis dieser Güter sinkt. In den entwickelten Industrieländern ändert sich der Outputmix zugunsten der Sektoren, die kapitalintensiv produzieren. Für jeden vorgegebenen Reallohn verringert sich damit die aggregierte Arbeitsnachfrage, die WD-Kurve verschiebt sich nach links.

Das ist aber noch nicht die ganze Geschichte. Die relative Verbilligung des arbeitsintensiv produzierten Gutes führt dazu, dass zwar weniger von diesem Gut im Inland produziert, aber mehr konsumiert wird. Das Gewicht des arbeitsintensiv produzierten Gutes sinkt im Produzentenpreisindex, steigt aber im Konsumentenpreisindex. Bei jedem gegebenen aggregierten Produzentenpreisindex ist damit der Konsumentenpreisindex kleiner. Damit verschiebt sich die Lohnsetzungsfunktion nach unten rechts.

Das neue Gleichgewicht ist eindeutig dadurch gekennzeichnet, dass der Produzentenreallohn gefallen ist (aufgrund des oben erwähnten Substitutionsprozesses ist der Konsumentenreallohn weniger zurückgegangen). Im allgemeinen ist zu erwarten, dass die Beschäftigung zurückgeht und die Arbeitslosigkeit steigt.

Bei international mobilem Kapital verstärkt sich der Druck auf Löhne und Beschäftigung weiter. Nur unter restriktiven Annahmen führt der internationale Handel zu einem vollen absoluten Faktorpreisausgleich. Im allgemeinen ist zu erwarten, dass die erzielbare Kapitalrendite in den Schwellen- und Transformationsländern aufgrund ihres niedrigen Kapitalstocks relativ hoch ist. Dies führt zu einem Kapitalabfluss, der die WD-Kurve weiter nach links verschiebt und damit im neuen Gleichgewicht den Reallohn und die Beschäftigung verringert.

Berthold / Fehn (2000) haben darauf hingewiesen, dass Globalisierung dazu führe, dass bei einem strukturell hohen Lohndruck Unternehmen ihre Produktion international diversifizieren, um die Gefahr der „Ausbeutung" ihrer Kapitalrenditen zu vermeiden. Auch dies würde den Kapitalbestand und damit auch die Arbeitsnachfrage reduzieren.

Generell gilt, dass bei größeren Märkten Angebots- und Nachfrageelastizitäten steigen. Die höhere Nachfrageelastizität auf dem Gütermarkt führt zu einem niedrigeren Preisaufschlagssatz, was die Arbeitsnachfrage bei gegebenem Reallohn erhöht. Der niedrigere Aufschlagssatz reduziert aber auch mögliche „Monopolrenten" und zwingt Grenzunternehmen zur Aufgabe des Geschäfts. Die aggregierte WD-Kurve kann sich zumindest kurzfristig deshalb auch wieder nach links verschieben. Für die Beschäftigung ist dies dann nicht schädlich, wenn die Lohnforderungen nach dem Verlust der „Monopolrenten" zurückgenommen werden, wenn also bei Lohnforderungen auch die Gewinnsituation der Unternehmen berücksichtigt wird.

Ein Aspekt der „Globalisierung" (man denke nur an die geplante Osterweiterung der EU) ist schließlich die Öffnung der Arbeitsmärkte. Immigration erhöht das heimische Arbeitsangebot. Dies führt zu einer Lohnsenkung und/oder einer Erhöhung der Arbeitslosigkeit. Wie empirische Studien gezeigt haben (für eine Übersicht vgl. *Zimmermann* 1995), ist der Effekt im allgemeinen eher als gering einzuschätzen, vor allem dann, wenn die Arbeitsmärkte hinreichend flexibel sind.

Zusammenfassend lässt sich festhalten, dass eine zunehmende Internationalisierung der Wirtschaft in den relativ gut mit Kapital ausgestatteten Industrieländern die Position des Faktors Arbeit schwächt: Die Produktionsstruktur ändert sich zugunsten kapitalintensiv produzierter Güter, Kapital fließt ab, und die Migration erhöht das Arbeitsangebot. Die verbesserte Allokation erhöht aber gleichzeitig auch die Effizienz. Mit steigender Produktivität in den Entwicklungsländern erhöhen sich mittelfristig auch dort die Löhne, was den Lohndruck auf die heimische Wirtschaft wieder abschwächt. Insgesamt ist nicht zu erwarten, dass die „Globalisierung" zu einer dramatischen Verschlechterung der Lohn- und Beschäftigungschancen führt. Allerdings wird es zu einem Strukturwandel kommen, dessen Bewältigung eine flexible Lohnpolitik erfordert.

III. Strukturelle Effekte von technischem Fortschritt und Globalisierung

Bisher wurden die Effekte von technischem Fortschritt und Globalisierung im Rahmen eines aggregierten Makromodells analysiert. Dabei wurde „Arbeit" als ein homogener Produktionsfaktor betrachtet. Ein wichtiges Problem der Arbeitsmarktpolitik ist der seit den siebziger Jahren in praktisch allen Industrieländern überproportional starke Anstieg der Arbeitslosigkeit von gering qualifizierten Arbeitskräften und der vor allem in den USA und Großbritannien zu beobachtende Anstieg der Lohndispersion. Offensichtlich scheint die Arbeitsnachfrage eine Verzerrung zuungunsten der gering Qualifizierten aufzuweisen. In der Literatur werden im wesentlichen zwei Erklärungsmuster angeboten, nämlich erstens die Hypothese eines nicht-neutralen technischen Fortschritts und zweitens die Hypothese einer handelsinduzierten Nachfrageverschiebung zugunsten hochqualifizierter Arbeiter (für einen Überblick über die Debatte vgl. *Franz* 2000).

Die Argumentationskette für die handelsinduzierte qualifikatorische Verschiebung der Arbeitsnachfragefunktion verläuft wie folgt (vgl. *Hesse* 1996, *Slaughter*

1998, *Wood* 1998): Die Reduktion von künstlichen oder natürlichen Handelsbarrieren zwischen den Entwicklungs- und Industrieländern führt in jedem Land zu einem Rückgang der relativen Preise derjenigen Güter, die in diesem Land relativ intensiv mit dem relativ seltenen Faktor produziert werden. Das bedeutet für die entwickelten Länder, dass der Preis für Güter, die relativ intensiv gering qualifizierte Arbeit nutzen, fallen wird. Das Stolper-Samuelson-Theorem besagt nun, dass diese Preisänderung impliziert, dass der Lohn für gering qualifizierte Arbeit ebenfalls fällt. Diese eindeutige Beziehung zwischen Güter- und Faktorpreisen gilt allerdings nur unter relativ strengen Bedingungen (zum Beispiel dass bei allen relevanten Faktorpreisen die Faktorintensitäten nicht umschlagen und dass alle Länder alle Güter produzieren, dass also keine vollständige Spezialisierung eintritt). Sind diese Bedingungen aber erfüllt, ergeben sich einige sehr strenge Schlussfolgerungen. Bei gegebenen Weltmarktpreisen haben beispielsweise Änderungen des Faktorangebots in einem Land keine Effekte auf die Faktorpreise. Das ist aber durch viele empirische Studien widerlegt. Auch ist die Ausgangshypothese, dass die Preise in den Sektoren gefallen seien, die relativ intensiv gering qualifizierte Arbeit nutzen, empirisch nicht nachgewiesen. Allerdings hat *Feenstra* (1998) darauf hingewiesen, dass ein wesentlicher Teil der Handelseffekte nicht über eine Reallokation zwischen Branchen erfolgt, sondern durch Auslagerung von Teilen der Produktion in die Entwicklungsländer.

Wenn man einen allgemeinen Schluss aus der vorliegenden empirischen Literatur ziehen kann, dann scheint der Eindruck vorzuherrschen, dass der internationale Handel mit den Entwicklungsländern zwar einen Beitrag zur Verschlechterung der Arbeitsmarktlage der Gering-Qualifizierten geleistet hat, der Effekt aber bei weitem nicht die Dispersion der Löhne und/oder Arbeitslosigkeitsquoten erklären kann.

Die am meisten diskutierte Alternative zur Erklärung des Rückgangs der Nachfrage nach gering qualifizierten Arbeitskräften ist der qualifikations-nichtneutrale technische Fortschritt. Das bedeutet, dass der technische Fortschritt die Produktivität von Hochqualifizierten stärker erhöht als die von Niedrigqualifizierten. In der intensiven Form erhöht dies die Produktivität der Qualifizierten bei Arbeiten, die sie bereits verrichten, in der extensiven Form bei Aufgaben, die sie von Niedrigqualifizierten übernehmen (statt Handarbeit Bedienung einer komplexen Maschine) (vgl. *Johnson* 1997). Vor allem die zweite Form verschlechtert die Nachfrage nach Niedrigqualifizierten und führt zu einem entsprechenden Lohndruck.

Beißinger/Möller (2000) weisen allerdings zu Recht darauf hin, dass die meisten Analysen der Wirkungen des „skill-biased" technischen Fortschritts partialanalytisch sind und die Effekte auf den Lohnbildungsprozess vernachlässigt werden. Sie entwickeln ein „strukturalistisches" Modell mit zwei Sektoren, die unterschiedliche Inputkoeffizienten für qualifizierte und nicht-qualifizierte Arbeit aufweisen. Die Wirkungen von nicht-neutralem technischem Fortschritt auf die Arbeitslosenquoten der beiden Qualifikationsgruppen hängt entscheidend von der

Lohnbildung ab. Im realistischen Fall, dass die Lohnforderungen für beide Gruppen von der durchschnittlichen Produktivitätsentwicklung bestimmt werden und dass die aggregierte Arbeitslosenquote langfristig invariant ist gegen Produktivitätsänderungen, folgt das „Standardergebnis", dass ein „skill-biased" technischer Fortschritt die Lohndispersion und die Arbeitslosen der Nichtqualifizierten erhöht.

Nicht-neutraler technischer Fortschritt ist sicherlich ein wichtiger Baustein zur Erklärung der Unterschiede der Arbeitslosenquoten zwischen verschiedenen Qualifikationsgruppen. Trotzdem bleiben einige ungelöste Probleme. So haben bspw. *Nickel/Bell* (1996) gefunden, dass die Hypothese des nicht-neutralen technischen Fortschritts nur einen kleinen Teil des Anstiegs der Arbeitslosenquoten in Europa erklären kann und trotz größerer Lohndispersion in den USA und Großbritannien die Arbeitslosenquoten der Niedrigqualifizierten ähnlich hoch sind wie in Deutschland.

IV. Zusammenfassung und Schlussfolgerungen

Gemäß dem hier diskutierten Ansatz werden der Beschäftigungsgrad und der Lohnsatz in einem mittelfristigen Gleichgewicht dadurch bestimmt, dass die Preis- und Lohnforderungen auf Güter- und Arbeitsmärkten gegenseitig kompatibel sind. Die Preissetzungs- und die Lohnsetzungsfunktion reflektieren die jeweilige „Machtposition" von Unternehmen und Arbeitsanbietern, die von einer Reihe struktureller und institutioneller Parameter abhängt.

Im Rahmen dieses „strukturalistischen" Ansatzes lassen sich gut die Wirkungen von technischem Fortschritt und der Internationalisierung der Wirtschaft analysieren. Beide sind die Hauptquellen für steigenden Wohlstand. Es ist nicht zu befürchten, dass technischer Fortschritt und Globalisierung mittel- und langfristig zu einem starken Anstieg der Arbeitslosigkeit führen, obwohl die internationale Faktormobilität und die Intensivierung des Handels mit Schwellen- und Entwicklungsländern die Arbeitsnachfrage tendenziell reduzieren. Voraussetzung für eine positive Entwicklung ist allerdings, dass der Lohnbildungsprozess hinreichend flexibel ist, um den induzierten Strukturwandel ohne hohe Friktionen zu bewältigen.

Ein größeres Problem ist die unterschiedliche Entwicklung der Arbeitsnachfrage nach verschiedenen Qualifikationsstufen. Beispielsweise dürfte der intensivere Handel mit Schwellen- und Entwicklungsländern die Nachfrage nach geringer qualifizierter Arbeit weiter reduzieren. Nicht-neutraler technischer Fortschritt wirkt in dieselbe Richtung. Für die entwickelten Länder mit hoher Produktivität und hohen Reallöhnen stellt sich damit das Problem, dass arbeitsintensiv produzierte Güter hier nicht mehr rentabel herzustellen sind. Die Freisetzung vor allem der relativ niedrig qualifizierten Arbeitskräfte ist nur zu kompensieren, wenn ihre Produktivität durch eine bessere Ausbildung erhöht werden kann oder wenn es der Steuer- und Sozialpolitik gelingt, durch geeignete Maßnahmen die Lohnkosten für die Unternehmen zu senken und gleichzeitig einen sozial akzeptablen Nettoverdienst zu sichern.

Literatur

Acemoglu, Daron (2000): Credit Market Imperfections and Persistent Unemployment. MIT Dept. of Economics Working Paper No. 00–20.

Aghion, Philippe / *Howitt,* Peter (1994): Growth and Unemployment. Review of Economic Studies, 61, 477–494.

Akerlof, George / *Dickens,* William / *Perry,* George (2000): Near-Rational Wage and Price Setting and the Long-Run Phillips Curve. Brookings Papers on Economic Activity, 1–44.

Bean, Charles R. (1994): European Unemployment: A Survey. Journal of Economic Literature, 32, 573–619.

Beißinger, Thomas / *Möller,* Joachim (2000): Unemployment: Theoretical Explanations. In: Helmut Wagner (ed.), Globalization and Unemployment. Berlin et al.: Springer Verlag, 89–114.

Berthold, Norbert / *Fehn,* Rainer (2000): Labor Market Policy in a Global Economy. In: Helmut Wagner (ed.), Globalization and Unemployment. Berlin et al.: Springer Verlag, 257–296.

Blanchard, Olivier / *Wolfers,* Justin (2000): The Role of Shocks and Institutions in the Rise of European Unemployment: The Aggregate Evidence. Economic Journal, 110, C1-C33.

Blattner, Niklaus (1996): Technischer Fortschritt und Arbeitslosigkeit. In: Bernhard Gahlen / Helmut Hesse / Hans Jürgen Ramser (Hrsg.), Arbeitslosigkeit und Möglichkeiten ihrer Überwindung. Tübingen: Mohr (Paul Siebeck), 211–228.

Entorf, Horst (2000): Erscheinungsformen und Erklärung von Mismatch am Arbeitsmarkt: Ansatzpunkte für eine zielgerichtete Arbeitsmarktpolitik. Würzburg Economic Papers No. 20.

Feenstra, Robert C. (1998): Integration of Trade and Disintegration of Production in the Global Economy. Journal of Economic Perspectives, 12, 31–50.

Flaig, Gebhard / *Rottmann,* Horst (2001): Input Demand and the Short- and Long-Run Employment Thresholds. An Empirical Analysis for the German Manufacturing Sector. German Economic Review, 2, 367–384.

Franz, Wolfgang (1996): Theoretische Ansätze zur Erklärung der Arbeitslosigkeit: Wo stehen wir 1995? In: Bernhard Gahlen / Helmut Hesse / Hans Jürgen Ramser (Hrsg.), Arbeitslosigkeit und Möglichkeiten ihrer Überwindung. Tübingen: Mohr (Paul Siebeck), 3–46.

– (2000): Real and Monetary Challenges to Wage Policy in Germany at the Turn of the Millennium: Technical Progress, Globalization and European Monetary Union. ifo Studien, 46, 13–54.

Hesse, Helmut (1996): Internationale Konkurrenz: Ursache von Arbeitslosigkeit und Lohnungleichheit? In: Bernhard Gahlen/Helmut Hesse/Hans Jürgen Ramser (Hrsg.), Arbeitslosigkeit und Möglichkeiten ihrer Überwindung. Tübingen: Mohr (Paul Siebeck), 331–358.

Johnson, George E. (1997): Changes in Earnings Inequality: The Role of Demand Shifts. Journal of Economic Perspectives, 11, 41–54.

Klauder, Wolfgang (1990): Zur Entwicklung von Produktivität und Beschäftigungsschwelle. Mitteilungen aus der Arbeitsmarkt- und Berufsforschung, 23, 86–99.

Landmann, Oliver (2000): Wages, Unemployment, and Globalization: a Tale of Conventional Wisdoms. In: Helmut Wagner (ed.), Globalization and Unemployment. Berlin et al.: Springer Verlag, 165–192.

Lindbeck, Assar (1993): Unemployment and macroeconomics. Cambridge/London: MIT Press.

Nickel, Stephen (1997): Unemployment and Labor Market Rigidities: Europe versus North America. Journal of Economic Perspectives, 11, 55–74.

– (1998): Unemployment: Questions and Some Answers. Economic Journal, 108, 802–816.

Nickel, Stephen/*Bell,* Brian (1996): Changes in the Distribution of Wages and Unemployment in OECD Countries. American Economic Review, PP, 302–308.

Phelps, Edmund S. (1994): Structural Slumps: The Modern Equilibrium Theory of Unemployment, Interest, and Assets. Cambridge: Harvard University Press.

Phelps, Edmund S./*Zoega,* Gylfi (1998): Natural-Rate Theory and OECD Unemployment. Economic Journal, 108, 782–801.

Rotemberg, Julio J./*Woodford,* Michael (1999): The Cyclical Behavior of Prices and Costs. In: John B. Taylor/Michael Woodford (eds.) Handbook of Macroeconomics, Vol. 1B, 1051–1136.

Slaughter, Matthew J. (1998): International Trade and Labour-Market Outcomes: Results, Questions, and Policy Options. Economic Journal, 108, 1452–1462.

Stiglitz, Joseph E. (1992): Capital Markets and Economic Fluctuations in Capitalist Economies. European Economic Review, 36, 269–306.

Wood, Adrian (1998): Globalization and the Rise in Labour Market Inequalities. Economic Journal, 108, 1463–1482.

Zimmermann, Klaus F. (1995): Tackling the European Migration Problem. Journal of Economic Perspectives, 9, 45–62.

Bevölkerungsentwicklung, Arbeitsangebot und Beschäftigung

Von Jörg Althammer

I. Einleitung

Die gegenwärtige beschäftigungspolitische Diskussion ist von einem eigentümlichen Dualismus gekennzeichnet. Auf der einen Seite kann man die aktuelle Situation am Arbeitsmarkt nur als ausgesprochen unbefriedigend bezeichnen. Die amtliche Statistik weist auch am Ende des jüngsten Konjunkturaufschwungs noch knapp 4 Mio. registrierte Arbeitslose[1] aus. Die Arbeitslosenquote beläuft sich deutschlandweit auf etwas unter 10% und bewegt sich damit weiterhin auf unvertretbar hohem Niveau. Rechnet man zu den offiziell registrierten Arbeitslosen noch die „verdeckten" Arbeitslosen[2] hinzu, so summiert sich die aggregierte Arbeitsplatzlücke auf ca. 6 Mio. Personen bzw. 14,1% (vgl. Sachverständigenrat 2001, S. 320). Noch besorgniserregender als der aktuelle Stand der Unterbeschäftigung ist die Entwicklung der Arbeitslosigkeit in den letzten drei Jahrzehnten. Denn der deutsche Arbeitsmarkt unterliegt einem Phänomen, das die Arbeitsmarktökonomie als „Hysterese" bezeichnet. Darunter versteht man die Tatsache, dass der Rückgang der Arbeitslosenquote im konjunkturellen Aufschwung nicht ausreicht, um ihren Anstieg in der Rezession vollständig zu kompensieren. Der deutsche Arbeitsmarkt tritt also in jede Rezession mit einem höheren Bestand an Arbeitslosen ein, so dass die Arbeitslosenquote einen steigenden Trend aufweist.

Trotz des hohen und in den vergangenen drei Jahrzehnten kontinuierlich gestiegenen Arbeitsplatzdefizits mehren sich auf der anderen Seite die Stimmen, die einen unmittelbaren Bedarf an zusätzlichen ausländischen Arbeitskräften erkennen. Derzeit ist zwar nur in der Informations- und Kommunikationstechnologie ein nennenswertes Angebotsdefizit erkennbar; für die Zukunft prognostizieren jedoch mehrere Studien ein aggregiertes Defizit an Arbeitskräften. Die durch das Aus-

---

[1] Alle Zahlenangaben zur Arbeitsmarktentwicklung stützen sich auf die statistische Abgrenzung der Bundesanstalt für Arbeit; das Statistische Bundesamt und internationale Organisationen verwenden hiervon etwas abweichende Konzepte.

[2] Unter den verdeckt Arbeitslosen versteht man das Arbeitslosenäquivalent der Kurzarbeiter, die Teilnehmer an Strukturanpassungs- sowie Arbeitsbeschaffungsmaßnahmen und die Bezieher der Altersrente wegen Arbeitslosigkeit, Altersübergangsgeld und Vorruhestandsgeld.

scheiden der geburtenstarken Jahrgänge bedingte Entlastung auf der Angebotsseite des Arbeitsmarkts rückt das Vollbeschäftigungsziel in greifbare Nähe, teilweise wird sogar davon gesprochen, dass – wie in den 60er und Anfang der 70er Jahre – wieder das Problem der Überbeschäftigung virulent werden könnte. So hält das IAB einen demographisch bedingten Abbau der Unterbeschäftigung in den kommenden Jahren für möglich, und die Bund-Länder-Kommission prognostiziert in ihrem jüngsten Gutachten bereits für die Zeit nach 2010 einen aggregierten Arbeitskräftemangel (BLK 2001).

Tatsächlich signalisieren die aktuellen Bevölkerungsprognosen einen deutlichen Rückgang der Wohnbevölkerung in Deutschland ab 2000 (vgl. Abbildung 1). Nachdem die Einwohnerzahl der Bundesrepublik Deutschland zwischen 1950 und 2000 um 13,3 Mio. Personen gestiegen ist, wird sie nach der von der Demographie-Enquete-Kommission (1998) kürzlich vorgelegten ersten probabilistischen Bevölkerungsvorausschätzung[3] von derzeit ca. 82 Mio. auf etwa 71,7 Mio. in 2050 sinken. Sie würde damit das Niveau des Jahres 1958 erreichen (Median-Variante). Die Konsequenzen, die sich aus diesem Bevölkerungsrückgang für den inländischen Arbeitsmarkt ergeben und deren wirtschaftspolitische Implikationen sind Gegenstand dieses Beitrags.

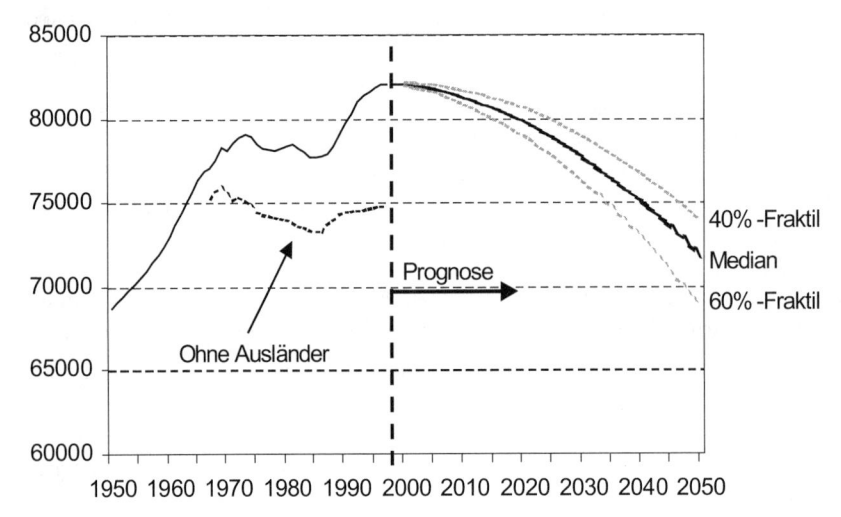

Quellen: Bis 1997: Statistisches Bundesamt (1998); ab 1997: Demographie-Enquete-Kommission (1998); eigene Berechnungen.

Abbildung 1: Entwicklung der Wohnbevölkerung in Deutschland
(bis 1990: Bundesrepublik Deutschland und ehem. DDR; ab 1990: Deutschland)

---

[3] Die probabilistische Bevölkerungsvorausschätzung wird in Abschnitt IV.1. etwas ausführlicher dargestellt.

II. Die Determinanten des Arbeitsangebots

Die demographische Entwicklung ist zwar eine wichtige, aber bei weitem nicht die einzige Bestimmungsgröße des Arbeitskräfteangebots einer Volkswirtschaft. Strenggenommen umfasst das Arbeitsangebot zwei Komponenten, nämlich ein Mengengerüst, also die Zahl der Personen, die bereit und in der Lage sind, ihre Arbeitskraft über Märkte anzubieten, und ein Zeitgerüst, nämlich die Zahl der von den Erwerbspersonen angebotenen Arbeitsstunden. Dies ist bei der Interpretation der vorliegenden Projektionen des Arbeitsangebots zu berücksichtigen, denn im Rahmen dieser Studien beschränkt man sich auf eine Prognose des Erwerbspersonenpotenzials und vernachlässigt damit die Zeitdimension.

Die wesentlichen Determinanten der angebotenen Arbeitsmenge sind in folgender Übersicht wiedergegeben. Eine zentrale Einflussgröße ist die demographische Entwicklung; sie setzt sich zusammen aus der natürlichen Bevölkerungsbewegung, also dem Überschuss der Lebendgeburten über die Zahl der Sterbefälle, und dem Migrationssaldo. Zusammengenommen determinieren sie die Bevölkerungsgröße und deren Aufbau zu einem Zeitpunkt.

Die Determinanten des Arbeitsangebots

Arbeitsangebot ← Bevölkerungsgröße und -struktur ← Demographische Entwicklung
- Geburten
- Sterblichkeit
- Migration

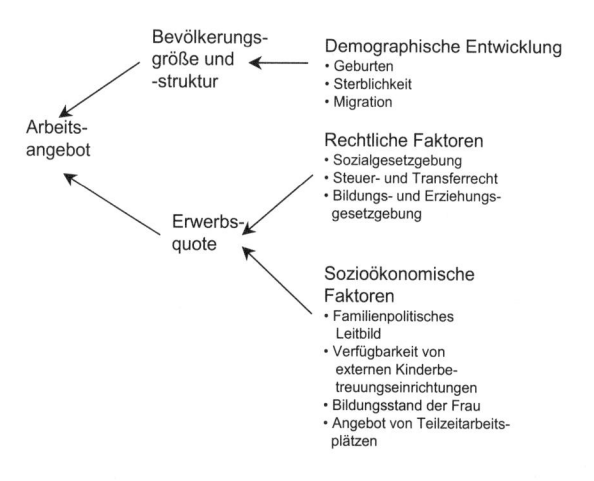

Erwerbsquote ← Rechtliche Faktoren
- Sozialgesetzgebung
- Steuer- und Transferrecht
- Bildungs- und Erziehungsgesetzgebung

Sozioökonomische Faktoren
- Familienpolitisches Leitbild
- Verfügbarkeit von externen Kinderbetreuungseinrichtungen
- Bildungsstand der Frau
- Angebot von Teilzeitarbeitsplätzen

Ein Indikator für den Ausschöpfungsgrad der inländischen Bevölkerung durch das aktuelle Arbeitsangebot ist die Erwerbsquote (Erwerbsneigung). Sie ist definiert als der Anteil der Erwerbspersonen (Erwerbstätige und Arbeitslose) an der Gesamtbevölkerung bzw. an der Gesamtbevölkerung im erwerbsfähigen Alter.[4]

---

[4] Die Zahl der Erwerbsfähigen wird in der Literatur nicht einheitlich abgegrenzt. Die amtliche Statistik fasst hierunter die Zahl der über 15- bis unter 65jährigen; teilweise werden aber auch nur die über 20- bis unter 65jährigen zu den Erwerbsfähigen gezählt.

Die Erwerbsquote ist ihrerseits wiederum abhängig von mehreren Faktoren. Einen maßgeblichen Einfluss auf die aggregierte Erwerbsneigung hat die Sozialgesetzgebung durch die Festlegung der Mindestschulpflicht einerseits und die Regelaltersgrenze andererseits. Die so erfasste Zahl der Erwerbsfähigen stellt gleichzeitig die quantitative Obergrenze des Arbeitskräfteangebots dar.

Weitere, die Erwerbsneigung beeinflussende Faktoren sind die Möglichkeiten zum Besuch weiterführender Schulen und die gesetzlichen Möglichkeiten der Inanspruchnahme eines vorgezogenen bzw. hinausgeschobenen Renteneintritts. Speziell für die Erwerbsbeteiligung der Frau spielen sozialökonomische Rahmenbedingungen eine Rolle, da sich hier typischerweise der Konflikt zwischen Familien- und Erwerbsorientierung bemerkbar macht. So ist in der Literatur relativ gut belegt, dass die Partizipationsquote der Frau mit zunehmendem Bildungsstand steigt. Hierfür sind wiederum zwei Faktoren ausschlaggebend: Zum einen sinkt mit steigendem Bildungsgrad der Frau die Zahl der Geburten und zum anderen reduziert sich die Dauer der erziehungsbedingten Erwerbsunterbrechung. Beide Sachverhalte lassen sich ökonomisch durch Opportunitätskostenüberlegungen schlüssig erklären. Ein nachhaltiger Einfluss auf das Erwerbsverhalten der Frau dürfte auch von dem in einer Gesellschaft verfolgten familienpolitischen Leitbild ausgehen. Hier stehen aktuell mit dem Leitbild der sukzessiven Vereinbarkeit von Familie und Beruf einerseits und dem „erwerbsorientierten" Leitbild der simultanen Vereinbarkeit zwei konkurrierende familienpolitische Leitbildvorstellungen im gesellschaftlichen Diskurs.[5] Das Leitbild der sukzessiven Vereinbarkeit von Familie und Erwerbstätigkeit unterstellt, dass sich ein Elternteil (in der Regel die Frau) nach der Geburt des Kindes für eine bestimmte Zeit aus dem Erwerbsleben zurückzieht und sich vollständig der Betreuung und Erziehung des Kindes widmet. Nach der Erziehungsphase tritt die Betreuungsperson wieder in den Arbeitsmarkt ein, wobei die Erwerbsintegration zunächst partiell, d. h. auf Teilzeitbasis, erfolgen kann. Das Leitbild der sukzessiven Vereinbarkeit ist also streng phasenspezifisch: nach der Phase der Berufsausbildung und einer ersten Erwerbsphase folgt die erziehungsbedingte Unterbrechung der Erwerbstätigkeit, an die sich wiederum eine weitere Erwerbsphase anschließt. Demgegenüber geht das Modell der simultanen Vereinbarkeit von der durchgängigen Erwerbstätigkeit beider Elternteile auf Vollzeitbasis aus. Die Betreuung und Erziehung der Kinder findet außerhalb der Familie durch familienergänzende externe Betreuungseinrichtungen statt.

Eine Familienpolitik, die sich an dem sukzessiven resp. simultanen Leitbild orientiert, setzt natürlich spezifische Anreize hinsichtlich der Erwerbstätigkeit der Erziehungsperson. So generiert ein System, das durch die Vergabe von Erziehungsgeld, die Berücksichtigung von Erziehungszeiten in der gesetzlichen Rentenversicherung und steuerliche Entlastungen während der Erziehungsphase die materiel-

---

[5] Eine umfassendere Darstellung dieser Leitbildvorstellungen und weitere Leitbilder wie das der „Hausfrauenehe" oder der simultan-sukzessiven Vereinbarkeit finden sich bei *Lampert* (1996) und *Althammer* (2000).

len Folgen der Erwerbsunterbrechung zumindest teilweise kompensiert, eine deutlich geringere Erwerbsbeteiligung der Frau als ein System, das durch die flächendeckende Versorgung mit externen Kinderbetreuungseinrichtungen für Kinder aller Altersstufen die simultane Vereinbarkeit fördert (*Gustafsson* 1993).

III. Die bisherige Entwicklung

1. Die demographische Entwicklung

a) Die natürliche Bevölkerungsbewegung

Die natürliche Bevölkerungsbewegung der Bundesrepublik Deutschland, also der Saldo aus Lebendgeburten und Sterbefällen, ist in den alten Ländern durch zwei Phasen gekennzeichnet. Die erste Phase umfasst den Zeitraum zwischen 1950 und 1965; in diesem Zeitraum wies die Bundesrepublik Deutschland wie auch die ehem. DDR eine hohe Geburtenziffer auf, so dass die Fertilitätsrate das bestandserhaltende Niveau überstieg. In der zweiten Hälfte der 60er Jahre erfolgte in beiden Teilen Deutschlands ein drastischer Einbruch der Geburtenzahlen. Die Anzahl der Geburten je Frau fiel in den alten Ländern zwischen 1970 und 1980 von ca. 2,0 auf etwas unter 1,5 rapide ab und bewegt sich seitdem deutlich unterhalb des bestandserhaltenden Niveaus. In der ehem. DDR und den neuen Ländern verlief die Entwicklung der Fertilitätsraten etwas differenzierter. Nach dem drastischen Einbruch der Geburtenraten in der zweiten Hälfte der 60er Jahre gelang es durch den Einsatz massiver bevölkerungspolitischer Instrumente, die Geburtenziffer in den 70er Jahren wieder etwas anzuheben. Das politische Ziel der Bestandserhaltung wurde jedoch nicht erreicht. Außerdem war dieser Anstieg nicht von Dauer: bereits in den 80er Jahren flachte die Reproduktionsrate wieder ab, so dass die Fertilitätsziffer in den alten Bundesländern und in der ehem. DDR Ende der 80er Jahre, also noch vor dem Fall der Mauer, in etwa ein vergleichbares Niveau aufwies. Seit der deutschen Wiedervereinigung ist ein nochmaliger drastischer Rückgang der Geburtenzahlen in den neuen Ländern zu verzeichnen.

Differenziert man die Frauen einer Geburtskohorte nach der Anzahl der geborenen Kinder, so stellt man fest, dass der Rückgang der durchschnittlichen Kinderzahl auf zwei Faktoren zurückzuführen ist (vgl. Tabelle 1). Wesentlichen Anteil an diesem Rückgang hat der deutliche Anstieg der Kinderlosenquote. Waren von den Frauen des Jahrgangs 1940 etwa 10% kinderlos, so bleibt mittlerweile in etwa ein Viertel aller Frauen lebenslang ohne Kinder; die steigende Tendenz der Kinderlosenquote ist nach wie vor ungebrochen. Neben dem bekannten Anstieg der Kinderlosenquote ist aber noch ein zweiter Faktor ausschlaggebend, der in der öffentlichen Diskussion weit weniger Beachtung findet: nämlich ein deutlicher Rückgang der kinderreichen Familien. Waren in Westdeutschland noch 27% des Frauenjahrgangs 1940 kinderreich, d. h. mit drei und mehr Kindern, so verringerte sich dieser Anteil bei der Mütterkohorte des Jahrgangs 1960 auf unter 18%.

Tabelle 1

Entwicklung der mittleren Kinderzahl je Frau und der Familiengröße

Geburtsjahr der Frau	Frauenanteil mit ... Kindern				Mittlere Kinderzahl je Frau
	0	1	2	3 u. mehr	
	in vH				
Früheres Bundesgebiet					
1940	10,1	23,6	39,4	27,0	1,97
1945	13,3	26,9	39,4	20,4	1,78
1950	14,9	27,2	39,5	18,5	1,70
1955	19,4	24,3	38,5	17,8	1,62
1960	23,3	21,6	37,4	17,8	1,57
Ehemalige DDR / Neue Bundesländer					
1940	8,9	33,2	47,4	10,5	1,98
1945	8,5	33,0	47,7	10,8	1,86
1950	8,0	29,3	49,6	13,1	1,79
1955	6,0	25,7	53,7	14,6	1,82
1960	10,6	20,7	54,0	14,8	1,77

Quelle: Bundesministerium für Familie, Senioren, Frauen und Jugend (Hrsg.), Die Familie im Spiegel der amtlichen Statistik, Bonn 1998, S. 103.

Auffallend ist weiterhin, dass der Rückgang der kinderreichen Familien zeitlich vor dem Anstieg der Kinderlosenquote liegt. So liegt der Einbruch der Zahl der kinderreichen Familien zwischen den Müttergeburtskohorten der Jahre 1940 und 1945, während der verschärfte Anstieg der Kinderlosenquote ab dem Mütterjahrgang 1955 festzustellen ist.

b) Migration

Die stark rückläufige Geburtenziffer Deutschlands hat zur Konsequenz, dass die einheimische Bevölkerung Deutschlands seit Anfang der 70er Jahre rückläufig ist (vgl. Abbildung 1). Dass sich dieser Geburtenrückgang zumindest bislang nicht in einem zahlenmäßigen Rückgang der inländischen Bevölkerung niedergeschlagen hat, ist auf die Zuwanderung zurückzuführen. Seit ihrer Gründung weist die Bundesrepublik Deutschland einen positiven Migrationssaldo auf. Die Zuwanderung erfolgte dabei nicht kontinuierlich, sondern in mehreren „Wellen" (vgl. auch *Klauder* 1993):

- Unmittelbar nach dem Ende des II. Weltkriegs strömten bis 1950 über 8 Mio. Vertriebene in das Gebiet der alten Bundesrepublik. Im darauffolgenden Jahrzehnt flüchteten nochmals ca. 3 Mio. Deutsche aus der ehem. DDR und Osteuropa nach Westdeutschland.

- In den 60er und der ersten Hälfte der 70er Jahre führte die Arbeitskräfteknappheit zu einer arbeitsmarktpolitisch bedingten Zuwanderung von etwa 3,5 Mio. Gastarbeitern aus den südeuropäischen Ländern und der Türkei. Diese Entwicklung wurde erst durch den Anwerbestopp ab 1974 unterbrochen; seitdem ist der Zuzug von Ausländern auf Familienzusammenführungen beschränkt.

- In der Phase von 1988 bis Mitte der 90er Jahre kam es schließlich durch den Fall der Mauer und die politischen Umwälzungen im ehemaligen Ostblock zu einer zweiten massiven Ost-West-Wanderungsbewegung. Von 1988 bis 1997 kamen insgesamt 2,4 Mio. Aussiedler in das Gebiet der Bundesrepublik, davon allein im Jahr 1990 fast 400 000 Personen.

Diese Zuwanderungsbewegungen hatten zur Folge, dass der Anteil der Ausländer von etwa 3% Mitte der 60er Jahre auf aktuell etwas über 9% gestiegen ist. Wie die Abbildung 1 zeigt, ist die inländische Bevölkerung bereits seit Beginn der 70er Jahre rückläufig und läge derzeit in etwa auf dem Wert von 1962. Dass dieser Wert um gut 7,5 Mio. Personen überschritten wird, ist auf den gestiegenen Ausländeranteil an der inländischen Wohnbevölkerung zurückzuführen.

2. Die Erwerbsquote

Die Erwerbsquote gibt an, in welchem Umfang sich eine gegebene Bevölkerungsgröße als Angebot auf dem Arbeitsmarkt niederschlägt. Betrachtet man nur die aggregierten Zahlen, so erweist sich die Erwerbsquote im Zeitablauf erstaunlich stabil; sie erhöhte sich nur geringfügig von 47,8% in 1960 (alte Bundesländer) auf 48,3% in 1998 (Deutschland).[6]

Hinter diesen Durchschnittsangaben verbergen sich jedoch stark divergente Entwicklungen der Teilaggregate. Um sich ein umfassendes Bild über die Entwicklung der Erwerbsbeteiligung zu verschaffen, ist die Erwerbsquote nach Geschlecht, Region und ethnischer Zugehörigkeit zu differenzieren. So hat sich die Erwerbsquote der Männer von 64,2% (1960) auf 55,9% (1998) erkennbar verringert; verantwortlich hierfür ist die Verkürzung der Lebensarbeitszeit durch die Verlängerung der Ausbildungsphase einerseits und durch den vorgezogenen Eintritt in den Ruhestand andererseits.

---

[6] Vgl. BMA (2000), Tabelle 2.3.

Die Erwerbsquote der Frau weist eine gegenläufige Entwicklung auf. Die zunehmende Erwerbspartizipation der Frauen kann als eine der signifikantesten Änderungen auf der Angebotsseite des Arbeitsmarktes der letzten Dekaden gewertet werden. So stieg die Erwerbsquote der Frauen in Deutschland zwischen 1970 und 1998 von 30,3% auf 41,1% (BMA 2000). Eine Disaggregation dieser Zahlen nach soziodemographischen Merkmalen macht deutlich, dass der Anstieg der Frauenerwerbsquote im Wesentlichen auf eine Erhöhung der Arbeitsmarktpartizipation verheirateter Mütter zurückzuführen ist. Während der Anteil der erwerbstätigen kinderlosen Frauen schon immer überdurchschnittlich hoch lag und die Quote erwerbstätiger alleinerziehender Mütter entgegen dem allgemeinen Trend sogar leicht rückläufig ist, stieg der Anteil berufstätiger verheirateter Mütter stark an (*Althammer* 2000, S. 190).

Darüber hinaus unterscheidet sich die Erwerbsbeteiligung der Frau nach wie vor signifikant zwischen den alten und den neuen Bundesländern. In der ehemaligen DDR und den neuen Bundesländern liegt die Frauenerwerbsquote traditionell höher (vgl. Tabelle 2): hier liegt die Erwerbsquote der Mütter mit Kindern im Kleinkindalter bei 33%, im Kindergartenalter bei 88% und im Grundschulalter sogar bei 91%. Die korrespondierenden Werte für die alten Länder lauten 25%, 61% und 67%. Insofern kann man in den neuen Bundesländern bereits von einer „Vollauslastung" des weiblichen Erwerbspersonenpotenzials sprechen. Die im Durchschnitt höhere Erwerbspartizipation der Frau in den neuen Bundesländern ist auf verschiedene Faktoren zurückzuführen; wesentliche Ursachen dürften der hohe politische Stellenwert der Frauenerwerbstätigkeit in der ehem. DDR, die breite Verfügbarkeit externer Kinderbetreuungseinrichtungen für alle Altersgruppen sowie das im Durchschnitt etwas geringere Haushaltseinkommen in den neuen Bundesländern sein. Allerdings wäre es übertrieben, aufgrund der Arbeitsmarktdaten von einem „gespaltenen" Erwerbsverhalten der Frauen zwischen alten und neuen Ländern zu sprechen. Wie eine aktuelle Untersuchung des IAB zu den Arbeitszeitwünschen von Müttern zeigt, präferieren nahezu zwei Drittel aller Mütter in West- wie Ostdeutschland eine Halbtagsbeschäftigung bei Vollzeiterwerbstätigkeit des Mannes (vgl. Tabelle 2). Dies gilt unabhängig vom Alter des jüngsten im Haushalt lebenden Kindes. Allenfalls ist in den neuen Ländern eine etwas ausgeprägtere Präferenz für das Leitbild der simultanen Erwerbstätigkeit festzustellen („beide Partner arbeiten Vollzeit"), während in den alten Ländern das Modell der sukzessiven Vereinbarkeit noch stärker akzeptiert wird („einer arbeitet Vollzeit, der andere gar nicht").

Tabelle 2

Erwerbsbeteiligung und Arbeitszeitwünsche von Müttern

	Kleinkinder	Kindergartenkinder	Grundschulkinder
Erwerbsbeteiligung von Müttern			
Alte Länder			
Vollzeit	5	10	16
Teilzeit	18	43	48
Erziehungsurlaub (Elternzeit)	47	–	–
arbeitslos / arbeitsuchend	2	8	3
nicht erwerbstätig	28	39	33
Erwerbsquote[a]	25	61	67
Neue Länder			
Vollzeit	12	36	40
Teilzeit	15	29	28
Erziehungsurlaub (Elternzeit)	44	–	–
arbeitslos / arbeitsuchend	6	23	23
nicht erwerbstätig	23	12	9
Erwerbsquote[a]	33	88	91
Arbeitszeitwünsche von Müttern			
Alte Länder			
beide Partner arbeiten Vollzeit	7	5	6
beide arbeiten weniger als Vollzeit, aber mehr als die Hälfte der üblichen Arbeitszeit	9	9	9
beide arbeiten die Hälfte der üblichen Arbeitszeit	7	6	9
einer arbeitet Voll-, der andere Teilzeit	63	64	65
einer arbeitet Vollzeit, der andere gar nicht	14	16	11
Neue Länder			
beide Partner arbeiten Vollzeit	17	24	19
beide arbeiten weniger als Vollzeit, aber mehr als die Hälfte der üblichen Arbeitszeit	9	8	6
beide arbeiten die Hälfte der üblichen Arbeitszeit	5	2	2
einer arbeitet Voll-, der andere Teilzeit	65	63	66
einer arbeitet Vollzeit, der andere gar nicht	4	3	7

[a] Anteil der Erwerbspersonen (Vollzeit, Teilzeit, arbeitslos / -suchend).
Quelle: Engelbrech, G. / Jungkunst, M. (2001).

IV. Prognosen der künftigen Entwicklung

1. Simulation der Bevölkerungsentwicklung

In der wirtschaftswissenschaftlichen Literatur sind Prognosen, die einen Zeitraum von mehreren Dekaden umfassen, aufgrund des hohen Prognosefehlers sehr selten. In der Demographie sind derart langfristige Projektionen durchaus gängig, da sich die Ereignisdaten (Geburten, Sterbefälle) nur langfristig auf die Bestandsdaten (Bevölkerungsgröße und -struktur zu einem bestimmten Zeitpunkt) auswirken und da die den Ereignisdaten zugrundeliegenden Entwicklungsparameter (Lebenserwartung, Fertilitätsrate) über lange Zeiträume konstante Verläufe aufweisen (*Mackensen* 1989). Kurzfristige und abrupte Änderungen in den demographischen Variablen, wie der Einbruch der Nettoreproduktionsrate in der zweiten Hälfte der 60er Jahre in beiden Teilen Deutschlands und unmittelbar nach dem Fall der Mauer in den neuen Bundesländern, stellen – wirtschaftspolitisch allerdings gravierende – Ausnahmen dar. Wesentlich problematischer als die Prognose der natürlichen Bevölkerungsentwicklung ist die Projektion des Wanderungssaldos. Dies ist darauf zurückzuführen, dass internationale Wanderungsströme in erheblichem Umfang durch unvorhersehbare politische Veränderungen induziert sind und Deutschland (noch) über keine rechtlichen Regelungen zur gezielten Steuerung der Zuwanderung verfügt. Insofern ist die Unsicherheitsspanne der Bevölkerungsvorausschätzungen im Wesentlichen auf unterschiedliche Annahmen über den Migrationssaldo zurückzuführen.

Die Abbildung 1 enthält für die Jahre ab 2000 die Ergebnisse der ersten „probabilistischen Bevölkerungsvorausschätzung auf Expertenbasis", die von der Demographie-Enquete-Kommission publiziert wurde (Demographie-Enquete-Kommission 1998, S. 125 ff.). In dieser Studie wurden die aktuellen Bevölkerungsvorausschätzungen zusammengefasst und die zugrundeliegenden Annahmen ihrer Häufigkeit nach gewichtet. Damit ist es nicht nur möglich, eine Spannbreite der voraussichtlichen Bevölkerungsentwicklung anzugeben, sondern es lassen sich zusätzlich Eintrittswahrscheinlichkeiten der jeweiligen Szenarien angeben. Die Abbildung zeigt den wahrscheinlichsten Entwicklungspfad (Median) sowie die Abweichungen im 0,4- und 0,6-Fraktil.[7]

Den Berechnungen der Enquete-Kommission zufolge ist das wahrscheinlichste Szenario ein Rückgang der Wohnbevölkerung Deutschlands um ca. 10 Mio. Personen bis 2050; der Median der Wohnbevölkerung sinkt von aktuell 82,02 Mio. auf 71,76 Mio. in 2050. Die Spannbreite der Projektionen ist für einen derart langfristigen Prognosezeitraum relativ eng und beträgt für das 0,4–0,6-Fraktil in 2050 gerade 5 Mio. Personen; mit einer 80%igen Wahrscheinlichkeit ist davon auszugehen, dass die Wohnbevölkerung Deutschlands bis 2050 sinkt.

---

[7] Die fehlenden Zwischenwerte wurden durch lineare Interpolation ermittelt.

Der demographische Wandel in Deutschland schlägt sich jedoch nicht nur in einer Änderung der Bevölkerungsgröße, sondern auch in einer Änderung der Bevölkerungsstruktur nieder. Der gängigste und wirtschafts- und sozialpolitisch relevanteste Indikator ist der Gesamtquotient; er ist definiert als die Summe der Anteile der unter 20-jährigen (Jugendquotient) und der über 65-jährigen (Altenquotient) an der Bevölkerung im erwerbsfähigen Alter, hier definiert als die 20 – 65-jährigen. Der Gesamtquotient hat sich in den 90er Jahren deutlich von 80,4% (1990) auf 75,2% (1995) verringert und liegt damit erheblich unter den Spitzenwerten Anfang der 70er Jahre, als der Gesamtquotient knapp über 100 lag.[8] Der aktuelle Rückgang des Gesamtquotienten ist zum größten Teil auf den stark rückläufigen Jugendquotient zurückzuführen; der Altenquotient lag in den 90er Jahren weitgehend konstant bei ca. 27%.

Aufgrund der oben beschriebenen demographischen Entwicklung ist davon auszugehen, dass der Altenquotient in den nächsten Jahren zu steigen beginnt. Zwar wird dieser Anstieg zunächst moderat verlaufen und anfangs durch den weiteren Rückgang des Kinder- und Jugendquotienten noch überkompensiert werden. Ab 2020 wird aber der Gesamtquotient aufgrund des zunehmenden Altersquotienten stark ansteigen und bis 2050 den Wert von 118 erreichen.

2. Projektionen des Arbeitsangebots und der Beschäftigungsentwicklung

Wesentlich problematischer als die Prognose der Bevölkerungsentwicklung stellen sich langfristige Projektionen des Erwerbspersonenpotenzials und der Beschäftigung dar. Bei der Prognose des Arbeitskräftepotenzials tritt zu den Prognoseunsicherheiten der Bevölkerungsentwicklung noch die unsichere Erwartung über die Entwicklung der Erwerbsneigung. Eine Prognose der Arbeitsnachfrage würde zusätzlich eine Projektion der wirtschaftlichen Situation, also der Dynamik des wirtschaftlichen Wachstums und des Strukturwandels, der Art und des Umfangs des technischen Fortschritts, der Lohnentwicklung, der Entwicklung des Steuer- und Sozialsystems etc. erfordern. Es liegt auf der Hand, dass angesichts der hohen Prognoseunsicherheit dieser Größen selbst in der kurzen Frist eine langfristige Prognose faktisch unmöglich ist. Bei der Vorausberechnung des Arbeitskräfteangebots behilft man sich überwiegend mit Szenario-Analysen, d. h. man ermittelt aus der Bevölkerungsentwicklung Aussagen über die Entwicklung des Arbeitskräfteangebots unter alternativen Annahmen über den Wanderungssaldo und die Entwicklung der Erwerbsneigung. Im Gegensatz zu probabilistischen Prognosen sind jedoch keine Aussagen über die Eintrittswahrscheinlichkeit eines bestimmten Szenarios möglich. Das Institut für Arbeitsmarkt- und Berufsforschung (IAB) und das Deutsche Institut für Wirtschaftsforschung (DIW) legen seit einiger Zeit detaillierte Untersuchungen hierüber vor (vgl. Fuchs / Thon 1999 sowie Schulz 2000).

---

[8] Vgl. Statistisches Bundesamt (1998); Demographie-Enquete-Kommission (1998).

Die Abbildung 2 enthält die Ergebnisse der Simulationsstudie des IAB zur Entwicklung des Erwerbspersonenpotenzials bis 2040. Die untere Variante (V1) unterstellt konstante Erwerbsquoten aus dem Jahr 1995 und einen ausgeglichenen Migrationssaldo. Die obere Variante (V5) geht von einem Wanderungssaldo von 200 000 Personen ab 2000 und einem Anstieg der Erwerbsquote verheirateter Frauen in Westdeutschland auf das aktuelle ostdeutsche Niveau aus.[9] Die Abbildung macht deutlich, dass selbst derart gravierende Unterschiede in den Annahmen über die Entwicklungsparameter das Ergebnis zumindest in qualitativer Hinsicht kaum ändern. Nach der unteren Variante wird das Erwerbspersonenpotenzial von derzeit ca. 40 Mio. stetig auf 24,8 Mio. in 2040 sinken. Gemäß der oberen Variante steigt das Erwerbspersonenpotenzial zwar bis 2010 an, sinkt dann jedoch deutlich ab und liegt 2040 mit ca. 33,8 Mio. um 7 Mio. Personen unter den aktuellen Werten.

Die Prognose des DIW unterscheidet sich von der des IAB nur unwesentlich. Im Gegensatz zum IAB hat das DIW in seinen Berechnungen die Änderungen der Altersgrenzen beim Rentenzugang und die Novellierung der Erwerbs- und Berufsunfähigkeitsrente berücksichtigt; beide Maßnahmen werden dazu beitragen, dass sich die Erwerbsquote der älteren Arbeitnehmer in den nächsten Jahren spürbar erhöht.[10] Bei einer unterstellten Nettozuwanderung von 140 000 Personen wird die Zahl der Erwerbspersonen bis 2020 mit rund 40 Mio. in etwa konstant bleiben und anschließend deutlich auf 30,7 Mio. in 2040 sinken. Bei einer unterstellten Zuwanderung von 260 000 Personen p. a. steigt das Erwerbspersonenpotenzial bis 2020 auf 41,3 Mio. Personen leicht an, sinkt dann aber bis 2040 auf 33,7 Mio. ab. Auch diese Studie macht deutlich, dass höhere Zuwanderungsraten den Rückgang des Erwerbspersonenpotenzials zwar verzögern und abschwächen kann. Eine Umkehr dieses Trends ist aber bei realistischen Annahmen über den Wanderungssaldo nicht zu erwarten.

Ob sich dieser Rückgang des Arbeitskräfteangebots entlastend am Arbeitsmarkt auswirkt, hängt im Wesentlichen von der Entwicklung der Arbeitskräftenachfrage ab. Aufgrund der bereits oben angeführten Probleme bei langfristigen Prognosen der arbeitsnachfragebeeinflussenden Größen behilft man sich in der Regel mit Trendextrapolationen des Wirtschaftswachstums und der Zuwachsrate der durchschnittlichen Arbeitsproduktivität; der Bedarf an Erwerbstätigen ergibt sich dann als Differenz beider Größen.[11] Auf der Grundlage dieser Trendextrapolationen er-

---

[9] Das IAB errechnet noch eine weitere Variante, in der ein Wanderungssaldo von 500 000 Personen jährlich unterstellt wird. Diese Variante wurde aber vor allem errechnet, um den Einfluss der Migration auf die Simulationsergebnisse zu kontrollieren. Grundsätzlich erscheint ein jährlicher Wanderungssaldo von 500 000 Personen pro Jahr über mehrere Dekaden als extrem unwahrscheinlich.

[10] Das DIW geht davon aus, dass sich die Erwerbsquote der 60 – unter 65-jährigen deutschen Männer auf 75%, die der ausländischen Männer auf 70% erhöht.

[11] Lediglich das ifo-Institut legt eine detaillierte ökonometrische Simulation des Arbeitskräftebedarfs vor; vgl. *Langmantel / Vogler-Ludwig* (1997).

Bevölkerungsentwicklung, Arbeitsangebot und Beschäftigung 39

wartet die Bund-Länder-Kommission für Bildungsplanung und Forschungsförderung bis 2020 eine geringfügige Beschäftigungsausweitung um durchschnittlich 0,6% p. a. Zu ähnlichen Ergebnissen kommt das Institut der deutschen Wirtschaft, das einen Anstieg der Zahl der Erwerbstätigen von derzeit 34,9 Mio. auf 37 Mio. bis 2020 unterstellt. Anschließend sinkt die Erwerbstätigenzahl auf etwa 35 Mio. bis 2040 (IW 1997).

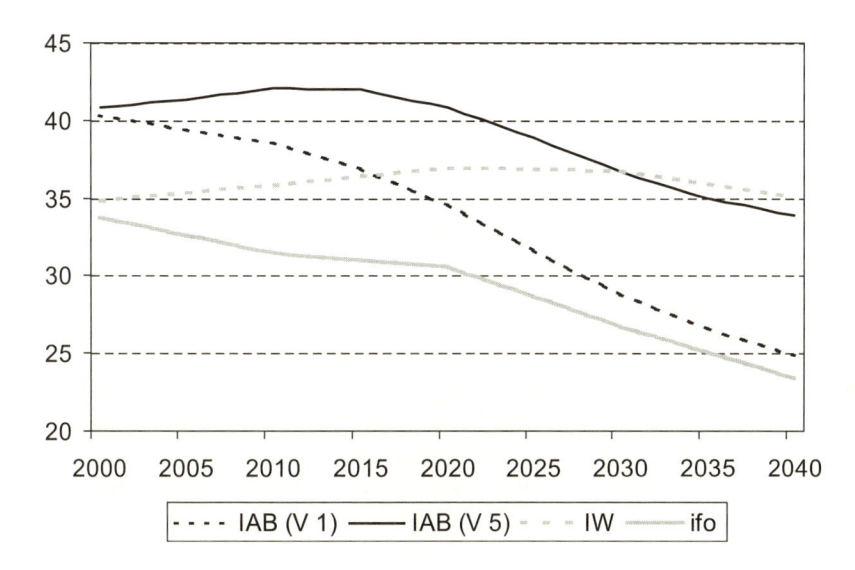

Quellen: Langmantel / Vogler-Ludwig (1997), Institut der deutschen Wirtschaft (1997), Fuchs / Thon (1999); eigene Berechnungen.

Abbildung 2: Entwicklung des Erwerbspersonenpotenzials und der Arbeitsnachfrage nach alternativen Projektionen

Diese Vorgehensweise ist jedoch aus ökonomischer Perspektive nicht haltbar. Denn die Beziehungen zwischen Wirtschaftswachstum, Wachstum der durchschnittlichen Arbeitsproduktivität und Zuwachsrate der Erwerbstätigen sind definitorische Tautologien, die ex post, also nach Abschluss aller Anpassungsvorgänge auf den Güter- und Faktormärkten, immer gelten müssen und sich deshalb zwangsläufig in der Arbeitsmarktstatistik niederschlagen. Sie sagen aber nichts darüber aus, welche Faktoren für eine empirisch feststellbare Entwicklung ausschlaggebend waren. Insofern ist es auch nicht überraschend, dass Ergebnisse, die auf dieser methodischen Grundlage gewonnen werden, bereits nach kurzer Zeit überholt sein können.[12]

---

[12] Dies wird geradezu schlaglichtartig durch die Projektionen der Bund-Länder-Kommission verdeutlicht. Während die BLK noch Mitte der 90er Jahre bis zum Jahr 2010 einen angespannten Arbeitsmarkt und steigende Arbeitslosenquoten prognostizierte, geht sie gerade sechs Jahre später von einer gegenteiligen Entwicklung aus; vgl. BLK (1995) und (2001).

Das Bindeglied zwischen den drei Größen Wirtschaftswachstum, Zuwachsrate der Arbeitsproduktivität und Beschäftigungsgrad ist die Lohnpolitik. Wie die ökonomische Theorie zeigt, ist jede Rate des Wirtschaftswachstums mit Vollbeschäftigung kompatibel, sofern der Lohnanstieg nicht über den zur Verfügung stehenden Verteilungsspielraum hinausgeht. Die Zuwachsrate der gesamtwirtschaftlichen Arbeitsproduktivität ist insofern nicht exogen vorgegeben, sondern wird durch die Lohnpolitik in hohem Maße beeinflusst.

Fasst man trotz dieser grundsätzlichen Bedenken die Projektionen zur Entwicklung der Angebots- und Nachfrageseite zusammen, so erhält man ein doch sehr differenziertes Bild der zu erwartenden Beschäftigungsentwicklung auf aggregierter Ebene (vgl. Abbildung 2). In dieser Abbildung sind zwei Varianten der Prognose des Erwerbspersonenpotenzials durch das IAB den Erwerbstätigenprognosen des IW und des ifo-Instituts gegenübergestellt, wobei die hier ausgewiesenen Varianten des Arbeitsangebots und der Nachfrage die Ober- und Untergrenzen der in der Literatur vorfindbaren Entwicklungsszenarien darstellen.[13] Wie die Abbildung 2 zeigt, ist ein schneller Abbau des gesamtwirtschaftlichen Arbeitsplatzdefizits in den nächsten Jahren nur dann möglich, wenn sich die Erwerbsquote der Frau nicht verändert, der Migrationssaldo ausgeglichen bleibt und gleichzeitig die aggregierte Arbeitsnachfrage zumindest nicht rückläufig ist (untere Variante des Erwerbspersonenpotenzials und obere Variante der Arbeitsnachfrage). Unter diesen günstigen Bedingungen könnte sich schon bald ein demographisch bedingter Entlastungseffekt auf dem Arbeitsmarkt bemerkbar machen, der die Rückkehr zur Vollbeschäftigung innerhalb dieses Jahrzehnts zur Folge haben könnte. Ein vergleichbares Szenario liegt offensichtlich dem Gutachten der Bund-Länder-Kommission zugrunde, das entsprechend weitreichende Forderungen zur Bekämpfung einer Arbeitsplatzlücke ab 2015 enthält. Dass diese Situation eintritt, ist jedoch nicht zwingend. Zwar haben sich die Arbeitsmarktperspektiven in den letzten Jahren erkennbar verbessert; so ist die Zahl der Erwerbstätigen in den Jahren seit 1997 konjunkturell bedingt gestiegen, was sich aufgrund des weitgehend konstanten Erwerbspersonenpotenzials auch entlastend am Arbeitsmarkt bemerkbar gemacht hat. Die sich abzeichnende Eintrübung der Konjunktur lässt es jedoch fraglich erscheinen, ob dieser Trend von Dauer ist.

Für die längerfristige Entwicklung am Arbeitsmarkt ist die konjunkturelle Entwicklung natürlich von untergeordneter Bedeutung. Viel relevanter sind strukturelle Faktoren, die auf die Angebots- wie Nachfrageseite des Arbeitsmarkts einwirken. So könnte sich der Abbau der Arbeitslosigkeit auch bei leicht steigender Arbeitsnachfrage zeitlich erheblich verzögern, wenn sich die Erwerbsquote der Frau wie in der Vergangenheit weiter erhöht und gleichzeitig die Erwerbsneigung älterer Arbeitnehmer steigt. Er könnte aber auch völlig unterbleiben, sofern – wie vom ifo-Institut unterstellt – die Lohnpolitik den Produktivitätsfortschritt weiterhin

---

[13] Die in diesen Studien fehlenden Werte zwischen den Zeitpunkten wurden wiederum durch lineare Interpolation ersetzt.

vollständig inkorporiert und leichte Entspannungen am Arbeitsmarkt zum Anlass für weitere Lohnsteigerungen nimmt. Unter diesen Bedingungen prognostiziert das ifo-Institut einen deutlichen Rückgang der Arbeitsnachfrage von aktuell ca. 34 auf unter 25 Mio. Erwerbstätige. Die Arbeitslosigkeit steigt danach zunächst noch leicht an, und verharrt dann dauerhaft auf über 10%.

V. Fazit: Brauchen wir mehr Zuwanderung?

Immigration ist für die Bundesrepublik Deutschland nichts Neues. Seit ihrer Gründung weist die Bundesrepublik einen positiven Wanderungssaldo auf, so dass mittlerweile mehr als 10% der Bevölkerung aus zugewanderten Aussiedlern und Ausländern besteht. Sie darf auch nicht vorwiegend aus wirtschaftlicher Perspektive betrachtet werden. Die Aufnahme und Integration ausländischer Mitbürger ist eine kulturelle Bereicherung unseres täglichen Lebens, die wir als selbstverständlich hinzunehmen gewohnt sind. Insofern kann in der freien Migration, so wie sie innerhalb der Mitgliedsstaaten der Europäischen Union praktiziert wird, durchaus ein „Wert an sich" gesehen werden.

Aber natürlich spielen auch bei der Frage des Zuzugs ausländischer Mitbürger wirtschaftliche Überlegungen eine Rolle. Um Immigration breiten Bevölkerungsschichten als Bereicherung deutlich werden zu lassen und die Integration von Ausländern friktionsfrei zu gestalten, ist es legitim, nach den wirtschaftlichen, insbesondere den arbeitsmarktpolitischen Folgen einer verstärkten Zuwanderung zu fragen. Vor dem Hintergrund der aktuellen arbeitsmarktpolitischen Situation und den vorliegenden beschäftigungspolitischen Prognosen ist selbst unter günstigen Rahmenbedingungen für die absehbare Zukunft, d. h. für die nächsten 10 bis 15 Jahre, noch kein Bedarf an arbeitsmarktbedingter Zuwanderung feststellbar. Innerhalb dieses Zeitraums kann sich die Lage am Arbeitsmarkt aber nachhaltig ändern: so wird die Osterweiterung der Europäischen Union und die bis dahin erfolgte Ausdehnung der vollständigen Freizügigkeit auf die Beitrittsländer aller Voraussicht nach Migrationsbewegungen in Gang setzen, die eher die oberen Varianten der Entwicklung des Erwerbspersonenpotenzials wahrscheinlich machen. Insofern ist die Gefahr eines aggregierten Arbeitskräftemangels als eher gering zu veranschlagen und die Frage einer „gesteuerten" Zuwanderung von sekundärer Bedeutung.

Wesentlich wichtiger wird sein, dass die Integration ausländischer Arbeitskräfte in den inländischen Arbeitsmarkt in Zukunft besser gelingt, als das bisher der Fall war. Dass die Integration in der Vergangenheit nur bedingt erfolgreich war, dokumentieren die überdurchschnittlich hohe Arbeitslosenquote ausländischer Arbeitnehmer und die weit unter dem Durchschnitt liegende Erwerbspartizipation ausländischer Frauen. Die Integration ausländischer Mitbürger in den inländischen Arbeitsmarkt ist nicht nur arbeitsmarktpolitisch, sondern insbesondere gesellschaftspolitisch von vorrangiger Bedeutung.

Höhere Aufmerksamkeit als bisher sollte auch die Tatsache finden, dass sich in einer alternden Gesellschaft die Rahmenbedingungen der unternehmerischen Personalpolitik nachhaltig ändern werden. Die in den Jahrzehnten des Arbeitskräfteüberschusses betriebene Politik einer „Verjüngung" der Belegschaft durch den „sozialverträglichen Abbau" älterer Arbeitnehmer im Rahmen von Vorruhestandsregelungen, den vorgezogenen Renteneintritt oder die Rente wegen Arbeitslosigkeit gehört ja bereits der Vergangenheit an. Für die Unternehmen bedeutet das, dass sie künftig aktuelles know how und den im Faktor Arbeit gebundenen technischen Fortschritt nicht mehr extern durch die Personalfluktuation beziehen können. Sie werden in Zukunft in wesentlich höherem Ausmaß als bisher den vorhandenen Personalbestand für neue Aufgaben qualifizieren und mit neuen Produktionstechniken und Arbeitsabläufen vertraut machen müssen. Lebenslanges Lernen und betriebliche Weiterbildung stellen aber ganz neue Anforderungen an die Arbeitszeitpolitik, die mit flexiblen Arbeitszeitmodellen wie Bildungsurlaube, Sabbaticals u. ä. auf diese Herausforderungen reagieren muss. Die Schwierigkeiten, die die arbeitsmarktpolitischen Akteure hierzulande nach wie vor mit der Verbreitung von Teilzeitbeschäftigungsmöglichkeiten oder der Entkoppelung von Arbeits- und Betriebszeiten haben, zeigen, dass die eigentliche Herausforderung nicht im Rückgang des Erwerbspersonenpotenzials, sondern in der Bewältigung des strukturellen Wandels des Arbeitskräfteangebots liegen dürfte.

Literatur

Althammer, J. (2000): Ökonomische Theorie der Familienpolitik, Heidelberg.

BLK (1995): Beschäftigungsperspektiven der Absolventen des Bildungswesens. Bericht der Bund-Länder-Kommission für Bildungsplanung und Forschungsförderung an die Regierungschefs von Bund und Ländern, 2. Aufl., Bonn.

– (2001): Zukunft von Bildung und Arbeit. Perspektiven von Arbeitskräftebedarf und -angebot bis 2015. Bericht der Bund-Länder-Kommission für Bildungsplanung und Forschungsförderung an die Regierungschefs von Bund und Ländern, Bonn.

BMA (2000): Statistisches Taschenbuch 1999. Arbeits- und Sozialstatistik, Bundesministerium für Arbeit und Sozialordnung (Hrsg.), Bonn.

Demographie-Enquete-Kommission (1998): Demographischer Wandel. Zweiter Zwischenbericht der Enquete-Kommission „Demographischer Wandel", Bonn.

Engelbrech, G. / *Jungkunst,* M. (2001): Wie bringt man Beruf und Kinder unter einen Hut?, IAB Kurzbericht Nr. 7 v. 12. 4. 2001.

Fuchs, J. / *Thon,* M. (1999): Nach 2010 sinkt das Angebot an Arbeitskräften. IAB Kurzbericht Nr. 4 v. 20. 5. 1999.

Gustafsson, S. (1993): Getrennte Besteuerung und subventionierte Kinderbetreuung. Warum schwedische Frauen häufiger erwerbstätig sind als Frauen in Deutschland, den Niederlanden und den USA, in: Grözinger u. a. (Hrsg.), Jenseits von Diskriminierung. Zu den institutionellen Bedingungen weiblicher Arbeit in Beruf und Familie, Marburg.

Hohlstein, M. (1992): Demographisch bedingte Arbeitslosigkeit. Eine Analyse des Einflusses von Bevölkerungsveränderungen auf den Arbeitsmarkt, Tübingen.

Institut der deutschen Wirtschaft (IW) (1997): Reform des Sozialstaats: Vorschläge, Argumente, Modellrechnungen zur Alterssicherung, Köln.

Klauder, W. (1980): Die Bedeutung des Bevölkerungsrückgangs für Arbeitsmarkt, Wirtschaft und Politik, in: Mitteilungen aus der Arbeitsmarkt- und Berufsforschung, 13. Jg., Heft 4, S. 485 - 497.

Lampert, H. (1996): Priorität für die Familie. Plädoyer für eine rationale Familienpolitik, Berlin.

Langmantel, E. / *Vogler-Ludwig,* K. (1997): Entlastungspotenzial eines Teilkapitalstocks unter alternativen Bevölkerungsannahmen. Studie im Auftrag der Enquete-Kommission „Demographischer Wandel" des Deutschen Bundestages, München.

Mackensen, R. (1989): Wie sicher sind die demographischen Prognosen?, in: Chr. v. Ferber u. a. (Hrsg.), Die demographische Herausforderung. Das Gesundheitssystem angesichts einer veränderten Bevölkerungsstruktur. Beiträge zur Gesundheitsökonomie Nr. 23, Gerlingen, S. 17 - 62.

Sachverständigenrat (2001): Chancen auf einen höheren Wachstumspfad. Jahresgutachten 2000 / 01 des Sachverständigenrats zur Begutachtung der gesamtwirtschaftlichen Entwicklung, Stuttgart.

Schulz, Chr. (2000): Migration und Arbeitskräfteangebot bis 2050, in: DIW Wochenbericht Nr. 48.

Statistisches Bundesamt (1998): Fachserie 1: Bevölkerung und Erwerbstätigkeit, Reihe 1: Gebiet und Bevölkerung.

Wagner, A. (1994): Demographisch bedingte Arbeitslosigkeit in Deutschland, in: ifo-Schnelldienst, Heft 26 – 27, S. 19 – 22.

Tarifautonomie, Lohnpolitik und Beschäftigung

Von Gerhard Kleinhenz

I. Arbeitsmarktordnung und Beschäftigungsentwicklung

Die langanhaltende Massenarbeitslosigkeit in Deutschland wird verbreitet als überwiegend „strukturelle Arbeitslosigkeit" eingestuft. Konkret wird meist darauf abgestellt, dass das über die Konjunkturzyklen hinweg angestiegene Niveau der Arbeitslosigkeit und der durchschnittlichen Arbeitslosenquoten (auch schon in Westdeutschland – vgl. Abb. 1) nicht als „konjunkturelle Arbeitslosigkeit" angesehen werden kann und nicht durch ein gesamtwirtschaftliches Nachfragedefizit bzw. eine entsprechende Unterauslastung an sich vorhandener Produktionskapazitäten verursacht ist. Was dabei im eigentlichen Sinne als „strukturelle Arbeitslosigkeit" verstanden werden soll, wird vielfach nicht näher bestimmt. Unter „struktureller Arbeitslosigkeit" könnte insofern jede Arbeitslosigkeit von längerer Dauer, also auch die mit freiwilligen Arbeitsplatzwechseln verbundene unvermeidbare Rate der friktionellen Arbeitslosigkeit verstanden werden. In einer strengeren Begriffsbildung könnte „strukturelle Arbeitslosigkeit" sowohl als ein reines Mismatch-Problem zwischen den Anforderungen der Betriebe und den Angebotsprofilen der Arbeitslosen als auch als ein Problem mangelnder Anpassungsflexibilität auf den Arbeitsmärkten sowie schließlich des Wachstumsmangels infolge einer unzureichenden Innovations- und Investitionstätigkeit, angesehen werden.

Im Vordergrund der zunehmend auch von internationalen Vergleichen geprägten ökonomischen Debatte um die Erklärung der strukturellen Arbeitslosigkeit in Deutschland stehen dabei Thesen, die der besonderen sozialen Ausgestaltung der Arbeitsmarktordnung eine entscheidende Rolle bei der Verursachung der andauernden Arbeitsmarktkrise bzw. bei der politischen Unfähigkeit sie zu überwinden, zuweisen.

Die Fokussierung auf den Zusammenhang von institutionellen Arrangements am Arbeitsmarkt und Beschäftigungsentwicklung kann a priori auch kaum als irrelevant abgetan werden, da die gegebene Institutionalisierung des Arbeitsmarktes über Regulierung, Lohnbestimmung, Lohnnebenkosten und Lohnersatzleistungen sowohl unternehmerische Investitionen und Angebotsentscheidungen als auch die Leistungsanreize und den Mobilitäts- und Flexibilitätsdruck für Arbeitnehmer beeinflusst und somit alle denkbaren Phänomene struktureller Arbeitslosigkeit beeinflussen kann.

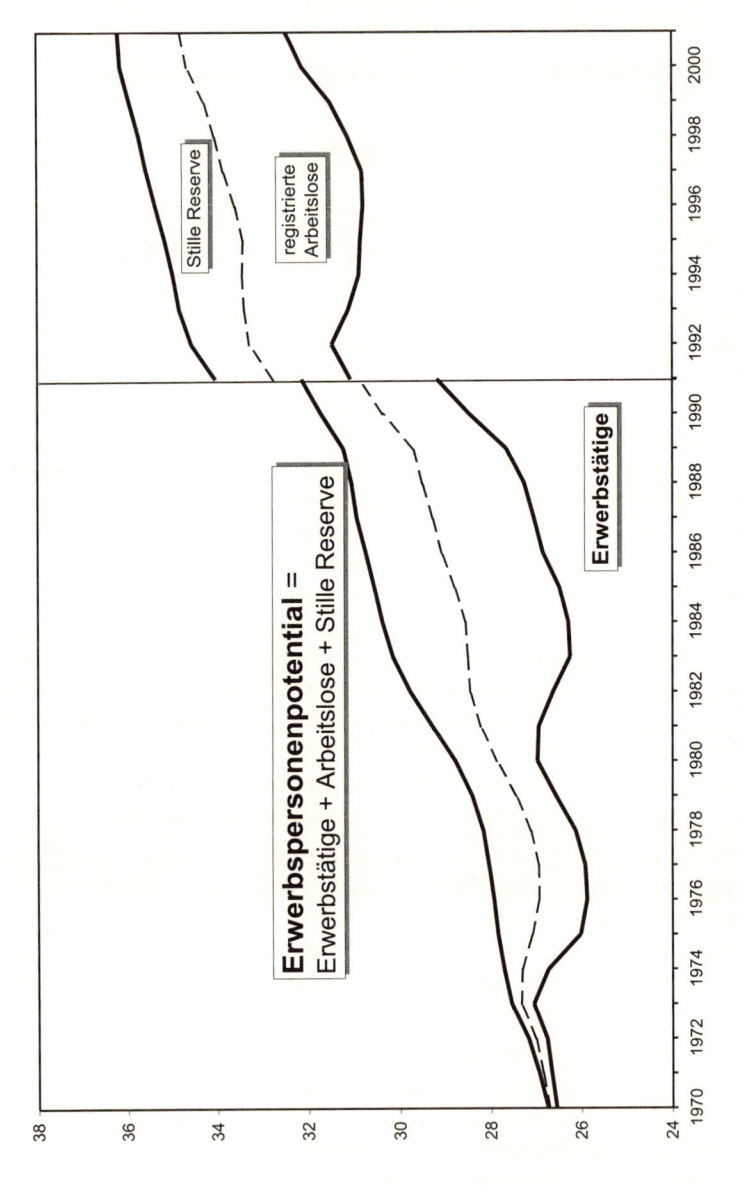

Erwerbspersonenpotential =
Erwerbstätige + Arbeitslose + Stille Reserve

Stille Reserve

registrierte Arbeitslose

Erwerbstätige

Anmerkung: Vergleichbarkeit eingeschränkt, da ab 1991 die Zahlen an die jüngste VGR-Revision angepasst.

Abbildung 1: Westdeutsche Arbeitsmarktbilanz 1970–2001

Das Thema dieses Beitrages greift mit dem Zusammenhang von Tarifautonomie, Tarifpolitik und Beschäftigung einen zentralen Strang dieser Argumentation auf, die Bestandteil der Deregulierungsdebatte und der Diskussion um die Krise und Reform des Sozialstaats ist (vgl. *Lampert* 2000, *Kleinhenz* 1992 und 1997). Im Zentrum dieser Diskussion um institutionelle Reformen am Arbeitsplatz stehen:

– die Tarifautonomie als „Kartell am Arbeitsmarkt";

– die Tarifpolitik in Bezug auf Niveau und Differenzierung der Löhne;

– die Mindestlohn- bzw. Mindesteinkommenssicherung über Arbeitslosenversicherung, Arbeitslosenhilfe oder Sozialhilfe;

– Arbeitnehmerschutznormen, insbesondere Kündigungsschutz;

– Regelungen zur Erschwerung von Entlassungen (Sozialpläne, Abfindungen).

Da hier nicht immer wieder die Einordnung in und die Abgrenzung zu dieser um die Erklärung der Arbeitsmarktkrise herum entwickelten Debatte möglich ist, erscheint ein einführender Blick auf die Bedeutung der Gesamtheit der sozialen Elemente der Arbeitsmarktordnung und die grundlegende Klärung der Beziehung dieses Beitrages zur vorherrschenden Argumentation angebracht.

– Wenn die institutionellen Arrangements der Arbeitsmarktordnung in Deutschland die entscheidende Krisenursache sein sollten, stellt sich vor allem im Zusammenhang mit dem oft strapazierten Vergleich mit dem „Beschäftigungswunder" der USA die Frage, warum bei weitgehender Konstanz des Ordnungsrahmens hier wie dort der Wechsel der Positionen in der Rangliste der Arbeitsmarktperformance zwischen Deutschland und USA eingetreten sein sollte (vgl. *Schettkat* 2001). Auch wenn die Argumentation nicht zur Erklärung der historischen Arbeitsmarktprobleme geeignet ist, sollte sie allerdings auf der Suche nach Wegen zur Überwindung der Krise nicht grundsätzlich ausgeschlossen werden.

– Wenn die Zurückführung der Beschäftigungsprobleme auf die soziale Arbeitsmarktordnung nicht nur ideologisch durch Wert- und Interessenpositionen begründet ist, müssten als Referenz die besonderen Unvollkommenheiten des Arbeitsmarktes berücksichtigt werden, die auch in den theoretisch fundierten, realitätsbezogenen (neo- und ordoliberalen) Konzepten einer Marktwirtschaft und Wettbewerbsordnung einen Mindestumfang an Institutionalisierung und regulierender Intervention für den Bereich der Erwerbsarbeit begründen: Sicherung eines soziokulturellen Existenzminimums (F. A. v. *Hayek*), Regelungen zur Ausschaltung der Angebotsanomalie, wie die Tarifautonomie (W. *Eucken*), Mindestnormen zum Gesundheits- und Gefahrenschutz sowie für die Beschäftigung bestimmter Personengruppen (Kinder, Mütter, Behinderte, Arbeitnehmervertreter) oder Normen zur Sicherung einer ausreichenden Stabilität von Arbeitsverhältnissen für die erforderlichen Investitionen in Humanvermögensbildung und Erwerb betriebsspezifischer Qualifikationen.

— Allerdings zeigen die ökonomischen Begründungen für eine besondere Arbeitsmarktordnung (ökonomische Theorie der sozialpolitischen Institutionen, Effizienzlohntheorie) nur, dass unter bestimmten Bedingungen besondere Arbeitsmarktregelungen und soziale Sicherungseinrichtungen zu einer Wohlfahrtsverbesserung (zu pareto-superioren Lösungen) führen können. Soweit es um die „Plausibilität" wohlfahrtsökonomischer Wirkungen grundlegender sozialer Regulierungen geht, steht damit immerhin den im ökonomischen mainstream (für eine Idealwelt) als plausibel abgeleiteten Wohlfahrtsverlusten auch eine mögliche Vorteilhaftigkeit unter anderen (realitätsnäheren) Bedingungen gegenüber. Beide Argumentationen geben jedoch keine hinreichende Grundlage für eine ökonomische Beurteilung der Institutionen unter den konkreten historischen Bedingungen und bei unterschiedlicher Ausgestaltung und Handhabung der Regelungen.

— Im Gegensatz zu der verbreiteten Vorgehensweise in der bundesdeutschen Debatte um den Sozialstaat sollte daher die Beurteilung der Institutionen von der Beurteilung ihrer konkreten Anwendung unterschieden werden. Dabei ist insbesondere die Problematik der Systemtransformation und der Eingliederung Ostdeutschlands in die Wirtschafts- und Sozialordnung der Bundesrepublik als besondere Herausforderung (vielleicht Überforderung) für diese institutionellen Regelungen und für die verantwortlichen Akteure (mehr als dies üblich geschieht) zu berücksichtigen.

II. Zur ökonomischen Begründung einer besonderen Arbeitsmarktordnung mit Tarifautonomie

1. Die Notwendigkeit einer besonderen Ordnung für Arbeit und Soziales

Die grundsätzliche Notwendigkeit einer besonderen Arbeitsmarkt- und Sozialordnung im Rahmen einer Marktwirtschaft und Wettbewerbsordnung, wie sie als Reaktion auf die Arbeiterfrage des 19. Jahrhunderts entstanden war, lässt sich auch für die gegenwärtige Situation im wiedervereinigten Deutschland ökonomisch gut begründen.

— Der Arbeitsmarkt ist intransparent und Arbeit in hohem Maße heterogen; das Arbeitsverhältnis bleibt ein unvollständiger Vertrag, weil u. a. die Arbeitsleistung entscheidend durch die Motivation und die Entlohnung, auch durch das Betriebsklima bestimmt wird.

— Für die Mehrzahl der vermögenslosen oder höchstens mit Humanvermögen, Konsumvermögen und bescheidenen Anteilen an Produktionsvermögen ausgestatteten Haushalte bleibt ein Angebotsdruck für den Einsatz der Arbeitskraft, bei dem der Einzelne in einer „Machtasymmetrie" zum Arbeitgeber stehen würde. Gesellschaftliche Wertvorstellungen, Wertewandel und nachhaltiges Streben nach Selbstverwirklichung in gesellschaftlich organisierter Arbeit haben zwar das Haushaltsmodell mit dem *einen* männlichen Hauptverdiener abgelöst und zu grundsätzlich gleichen Erwerbslebensplänen sowie entsprechend zunehmend gleichmäßiger Erwerbstätigkeit von Frauen und Männern geführt. Gleichzeitig wurde aber auch die Teilhabe an gesellschaftlicher Arbeit für alle Menschen zu einem zentralen Aspekt der gerechten Verteilung von Lebenslagen und der Gerechtigkeit der Gesamtordnung (vgl. *Sen* 1997).

– Die gegenwärtige Arbeitsmarktkrise in Deutschland nach der Vereinigung oder eine Beeinträchtigung der Wettbewerbsfähigkeit in der globalisierten Wirtschaft würden zu einem erheblichen Verfall von Arbeits- und Entlohnungsbedingungen führen können, der nicht nur die Akzeptanz der gesamten freiheitlichen Wirtschafts- und Gesellschaftsordnung in der Bevölkerung gefährden, sondern auch zum Verlust der eigentlichen komparativen Vorteile der deutschen Wirtschaft (hohe Qualifikation breiter Bevölkerungsschichten, Leistungsmotivation) beitragen könnte.

– Eine ähnliche besondere Arbeitsmarkt- und Sozialordnung würde sich vermutlich auch in einer Wettbewerbsordnung unter freien und gleichen Bürgern herausbilden und wegen ihrer ökonomischen Vorteile auch Bestand haben. Sie würde mindestens Regelungen zur Ausschaltung der Wirkungen der Angebotsanomalie und eine Existenzminimumsicherung umfassen. Insgesamt dürfte unter den gegenwärtigen Bedingungen die Sozialordnung (mehr noch als früher) nur durch ein System rechtlicher Regelungen sowie deren weitere Ausgestaltung durch die sachnahen Tarifparteien (Tarifautonomie) und Betriebsräte (Mitbestimmung) den Erfordernissen einer freiheitlichen und rechtsstaatlich gesicherten Arbeitsmarktordnung gerecht werden können. In Zukunft wird dabei im Verhältnis zu den kollektiven Regelungen dem freien Vertrag auch im Arbeitsleben aber wohl wieder eine zunehmende Bedeutung zukommen (vgl. *Kleinhenz* 2000).

– Letztlich bedürfte auch eine freie Welthandelsordnung und die sich entwickelnde Internationalisierung (Globalisierung) der wirtschaftlichen Wertschöpfungsprozesse eines vergleichbaren Mindestkanons von Regulierungen in Bezug auf Arbeit und Soziales, z. B. mit einem Verbot von Kinderarbeit als Einstieg in eine Weltsozialpolitik (vgl. *Kleinhenz* 1997a).

2. Tarifautonomie – systemwidriges Kartell am Arbeitsmarkt?

Allein die Charakterisierung der Arbeitgeberverbände und der Gewerkschaften als Kartelle am Arbeitsmarkt genügt manchen Ökonomen für die Skepsis gegenüber der Tarifpolitik oder gar für die Ablehnung der Tarifautonomie. Die Gewerkschaften können allerdings nur im Arbeitskampf beim Streik das Arbeitsangebot als Kartell verweigern. Wenn Tarifverbände in der Marktform des „bilateralen Monopols" Mindestbedingungen für Einzelarbeitsverträge aushandeln, kann dies gegenüber einer realistischen Referenzsituation noch nicht Wohlfahrtsverluste,

Mindestlohnarbeitslosigkeit und Verfestigung von Arbeitslosigkeit begründen. Auch auf nicht kartellierten Märkten würden ökonomisch rationale Arbeitgeber bereit sein, über dem markträumenden Lohnsatz liegende „Effizienzlöhne" zu zahlen, um z. B. „Bummelei" (shirking) zu unterbinden, Leistungsanreize zu gewähren und unerwünschte Fluktuationskosten zu senken. Die Notwendigkeit für die Tarifparteien auch für die weniger leistungsfähigen Unternehmen noch tragbare Bedingungen im „Flächentarifvertrag" zu verankern, belässt bei den leistungsfähigeren Unternehmen Gewinn- und Selbstfinanzierungspotenziale, die bei dezentralen betrieblichen Vereinbarungen vermutlich abgeschöpft werden würden (vgl. *Sadowski, Backes-Gellner* 1997).

Die Tarifnormen stellen nur Mindestnormen dar. Für den Zusammenhang von Lohn und Beschäftigung sind jedoch die effektiven Reallohnsätze entscheidend, die nicht nur von den Tarifparteien bestimmt werden. Durch die „kollektive" Verhandlung über einen Flächentarifvertrag werden den einzelnen Arbeitgebern zudem „Transaktionskosten" erspart und der Interessenkonflikt über die Entlohnung aus den Betrieben herausgehalten. Insgesamt erweist sich die Tarifautonomie damit grundsätzlich als eine Institution, die nicht nur sozialpolitisch einen Lohnverfall bei Überangebot von Arbeit verhindern, sondern auch gesamtwirtschaftlich wohlfahrtssteigernd wirken kann (vgl. nur *Franz* 1996).

In der wirtschaftswissenschaftlichen Diskussion spielt schließlich die Wirkung von zentralen und dezentralen Verhandlungen auf die Höhe des Reallohnes und damit auf die Beschäftigung eine besondere Rolle. Die international vergleichenden ökonometrischen Untersuchungen dieses Zusammenhangs kommen letztlich nicht zu ganz eindeutigen Ergebnissen. Allerdings begründen sie eine Präferenz für völlig dezentrale oder völlig zentrale Lösungen der Bestimmung des Reallohns (vgl. *Calmfors* 1993). Hier erscheint allerdings schon die Einordnung des bundesdeutschen Tarifsystems auf der Skala von dezentral zu zentralistisch als problematisch. Aufgrund der gegebenen Organisation der Tarifparteien weisen die Verhandlungen zwar eine „mittlere" Lösung, eine dezentrale Zentralität auf, in der sich aber sowohl lohnniveausteigernde Führungskonkurrenz und Angleichungszwänge als auch eine lohndämpfende Willensbildung über eine gesamtwirtschaftlich verantwortliche Lohnpolitik niederschlagen können.

Bei grundsätzlich dezentralen Verhandlungen in den Tarifbereichen kann sich durch Tarifführerschaft und Orientierung an den „Besten" eine Angleichung der Löhne zwischen unterschiedlichen Tarifbereichen ergeben. Ein vertrauensbildender Dialog zwischen den Tarifparteien wie im „Bündnis für Arbeit, Ausbildung und Wettbewerbsfähigkeit" kann ebenso wie ein Gefühl von gesamtwirtschaftlicher Verantwortung zu einer einheitlichen Willensbildung führen. So kann im Rahmen der Tarifautonomie durch eine zurückhaltende Tarifpolitik und über die Verstetigung einer beschäftigungsorientierten (moderaten) Lohnpolitik auf das Niveau der Beschäftigung und auch auf die Substitution von Arbeit durch Kapital eingewirkt werden.

3. Tarifpolitik und Beschäftigung

Bei grundsätzlich auch beschäftigungspolitisch positiver Beurteilung der Institution Tarifautonomie kann jedoch die tatsächliche Tarifpolitik zu Problemen bei der Bekämpfung der Arbeitslosigkeit und auf dem Wege zu mehr Beschäftigung führen.

Arbeitslosigkeit wird in der Ökonomik insgesamt und auf Teilmärkten (insbesondere für Geringqualifizierte) vielfach als tarifvertraglich verursachte „Mindestlohnarbeitslosigkeit" interpretiert, obwohl die Tarifvertragsparteien nicht die (ökonomisch entscheidenden) effektiven Reallöhne bestimmen.

In der Bundesrepublik Deutschland hatte sich in der Vollbeschäftigungsphase der 60er und Anfang der 70er Jahre eine Lücke zwischen Effektiv- und Tariflöhnen („wage gap") aufgetan, bei der die Tarifpolitik sogar die entscheidende Bedeutung für die Lohnentwicklung zu verlieren drohte.

Eine besondere Verantwortung für die Arbeitslosigkeit bei beruflich nicht oder nur gering Qualifizierten wird der überproportionalen Tarifanhebung bei diesen Arbeitnehmergruppen und der mangelnden Differenzierung, insbesondere der unzureichenden Spreizung der Löhne nach unten zugeschrieben.

Die tariflichen Lohnsätze für beruflich nicht Qualifizierte müssen von den Tarifparteien allerdings immer auch im Abstand zur Sozialhilfe oder zu Schwarzmarktlöhnen gesehen werden.

Auf der anderen Seite werden von Ökonomen „Falleneffekte" der Arbeitslosen- oder Sozialhilfe als Erklärung für Langzeitarbeitslosigkeit angeboten, für deren Ausgestaltung und Anwendung jedoch politische Entscheidungen verantwortlich sind. Ohne die empirische Relevanz der Argumente zu klären, wird allein aus der partiellen ökonomischen Plausibilität einer Reaktion auf deren faktische Bedeutung geschlossen. Abgesehen von der hohen Transferentzugsrate, die sich durch die Anrechnung von Arbeitseinkommen über bestimmte Freibeträge ergibt, können eine Reihe anderer Gründe zu einem Verbleib im Transferbezug führen.

In besonderem Maße verdeutlicht die (auch emotional ansprechende) Diskussion der *Insider-Outsider-Problematik* die Schwierigkeiten, die übliche wirtschaftswissenschaftliche Analyse der Regelungen im Bereich Arbeit und Soziales für die Erklärung der historischen Realität in der Bundesrepublik Deutschland und für tatsächlich relevante differenzierte Aussagen für beschäftigungsförderliche Reformen der Arbeitsmarktordnung heranzuziehen. Die These ist: Die Beschäftigten („Insider") verfolgen über gewerkschaftliche Willensbildung und eine auf Einkommenszuwächse ausgerichtete Tariflohnpolitik nicht nur unmittelbar ihre eigenen Interessen, sondern hindern zudem die möglicherweise schon durch Langzeitarbeitslosigkeit in ihrer Produktivität geminderten Arbeitsuchenden („Outsider") am Unterbietungswettbewerb. Diese Argumentation, die im Übrigen für (die sonst präferierten) dezentralen Lohnverhandlungen auf betrieblicher Ebene ebenso anwendbar wäre, wird in Deutschland vorrangig als Kritik gewerkschaftlicher Tarifpolitik vorgetragen. Dabei wird allein die ökonomische Rationalität der an den Interessen ihrer Mitglieder (typisiert durch den Medienwähler) orientierten Funktionäre auch schon als der Beleg für eine entsprechende tatsächliche Ausrichtung der Tarifpolitik gegen die Interessen der Outsider angesehen. Die von Gewerkschaften mit den Interessen der Outsider begründete Politik der Arbeitszeitverkürzung wird nicht als Beleg für ein anderes Interessenspektrum angenommen, obwohl jenseits der Kosteneffekte einer generellen Arbeitszeitverkürzung mit Lohnausgleich jeder Verzicht auf Lohnerhöhungsspielräume zugunsten einer (nach Möglichkeit flexibel gestalteten) Verkürzung der (durchschnittlichen) Arbeitszeit den Arbeitsmarkt entlastet und damit c. p. auch Beschäftigungspotenziale für Outsider eröffnet.

Der grundlegende Zusammenhang zwischen Lohnhöhe und Beschäftigung kann heute nicht mehr bestritten werden. Er ist in mikro- und makroökonometrischen Studien vielfach bestätigt. Das Institut für Arbeitsmarkt- und Berufsforschung der Bundesanstalt für Arbeit (IAB) hat die Auswirkungen einer moderaten Lohnpolitik im Rahmen seiner Empfehlung für ein Strategiebündel für mehr Beschäftigung auf der Grundlage des IAB-Westphal-Modells simuliert (vgl. *Klauder / Schnur / Zika* 1996 sowie IAB-Kurzbericht Nr. 15/1998; IAB-Werkstattbericht Nr. 10/1998). Eine Orientierung der Tariflohnentwicklung am Produktivitätszuwachs, bei der z. B. 1 %-Punkt des Produktivitätszuwachses zugunsten von mehr Beschäftigung bis zum Erreichen von Vollbeschäftigung nicht für Lohnerhöhungen ausgeschöpft werden würde, könnte mittel- bis längerfristig erhebliche Beschäftigungsgewinne erbringen (vgl. Abb. 2). In Verbindung mit den gleichgerichteten Beschäftigungseffekten einer Senkung der Lohnnebenkosten, einer flankierenden (flexiblen) Arbeitszeitpolitik sowie einer gestreckten Konsolidierungspolitik der Haushalte der Gebietskörperschaften hätte das gesamte Strategiebündel für mehr Beschäftigung mittelfristig zu einer Halbierung der Arbeitslosigkeit führen können (vgl. Abb. 3).

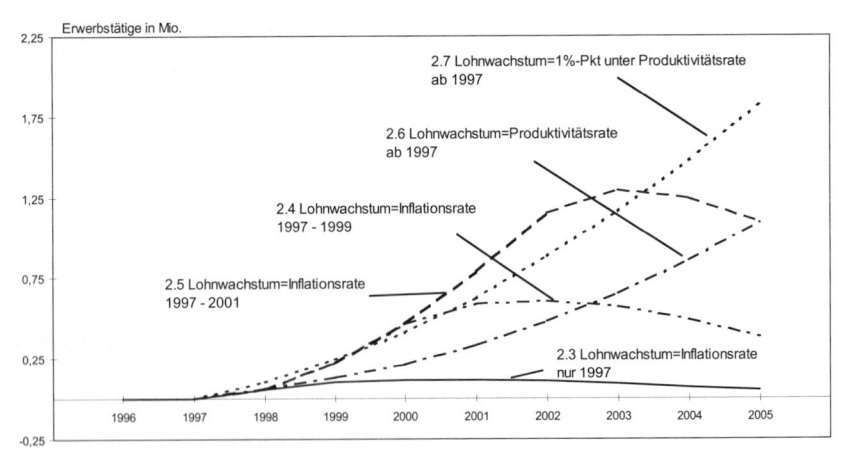

Abbildung 2: Erwerbstätige bei unterschiedlichem Tariflohnwachstum – Gebietsstand: Westdeutschland (Abweichung vom Referenz-Szenario)

Tarifautonomie, Lohnpolitik und Beschäftigung 53

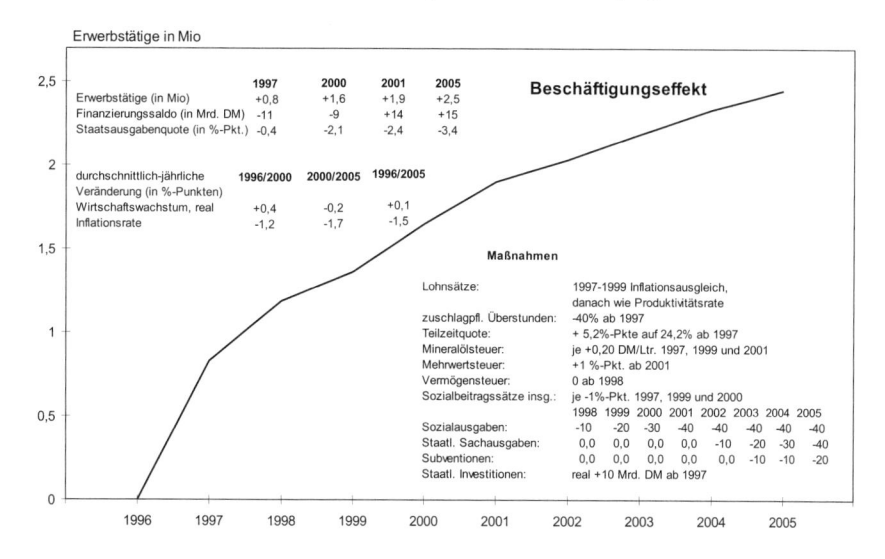

Abbildung 3: Veränderung der Beschäftigung beim Strategiebündel S6 –
Gebietsstand: Westdeutschland (Abweichungen vom Referenz-Szenario)

Erwerbstätige in Mio	1997	2000	2001	2005
Erwerbstätige (in Mio)	+0,8	+1,6	+1,9	+2,5
Finanzierungssaldo (in Mrd. DM)	-11	-9	+14	+15
Staatsausgabenquote (in %-Pkt.)	-0,4	-2,1	-2,4	-3,4

durchschnittlich-jährliche Veränderung (in %-Punkten)	1996/2000	2000/2005	1996/2005
Wirtschaftswachstum, real	+0,4	-0,2	+0,1
Inflationsrate	-1,2	-1,7	-1,5

Maßnahmen

Lohnsätze:	1997-1999 Inflationsausgleich, danach wie Produktivitätsrate
zuschlagpfl. Überstunden:	-40% ab 1997
Teilzeitquote:	+ 5,2%-Pkte auf 24,2% ab 1997
Mineralölsteuer:	je +0,20 DM/Ltr. 1997, 1999 und 2001
Mehrwertsteuer:	+1 %-Pkt. ab 2001
Vermögensteuer:	0 ab 1998
Sozialbeitragssätze insg.:	je -1%-Pkt. 1997, 1999 und 2000

	1998	1999	2000	2001	2002	2003	2004	2005
Sozialausgaben:	-10	-20	-30	-40	-40	-40	-40	-40
Staatl. Sachausgaben:	0,0	0,0	0,0	0,0	-10	-20	-30	-40
Subventionen:	0,0	0,0	0,0	0,0	0,0	-10	-10	-20
Staatl. Investitionen:	real +10 Mrd. DM ab 1997							

Zusätzliche Beschäftigungsmöglichkeiten, vor allem für Langzeitarbeitslose und Geringqualifizierte, werden von Wirtschaftswissenschaftlern vielfach von einer größeren *Lohnspreizung* und von der Eröffnung eines sog. Niedriglohnsektors erwartet. Tatsächlich werden jedoch in vielen Tarifbereichen in der Industrie die verfügbaren untersten Lohngruppen kaum genutzt. Während von der früheren Tarifpolitik überproportionaler Lohnanhebungen für die Beschäftigten in den unteren Lohngruppen wohl Impulse zu Rationalisierung und Arbeitsplatzabbau ausgegangen sein dürften, sind die Erfolge einer Öffnung der Lohnskala nach unten eher zweifelhaft. Bei der gegenwärtigen Ausgestaltung von Sozialtransfers würden Beschäftigungen in einem solchen Niedriglohnsektor kaum dem subjektiv empfundenen Abstandsgebot gerecht werden, also keine ausreichenden Arbeitsanreize erhalten. An der mangelnden Attraktivität der Gesamtsituation mancher Transferempfänger bei einer Niedriglohnbeschäftigung im Vergleich zum Arbeitslosenhilfe- oder Sozialhilfebezug (z. B. wegen drohender Pfändungen bei Verschuldung, wegen der Erfüllung von Unterhaltsansprüchen oder wegen des Verlustes der Wohnungsfürsorge) könnte auch die (theoretisch plausible) Senkung der Transferentzugsrate bei eigenem Erwerbseinkommen vermutlich wenig ändern. Andererseits würde die Erhöhung der Bedürftigkeitsschwellen neue Ansprüche entstehen lassen und könnten Mitnahmeeffekte auftreten, so dass letztlich das Volumen der Transfers zur Sicherung des sozial kulturellen Existenzminimums sogar ansteigen würde. Zudem würden von einer solchen (möglicherweise durch Übernahme der Sozialversicherungsbeiträge subventionierten) tarifpolitischen Strategie der Erschließung eines Niedriglohnsektors Qualifizierungsbemühungen bei den Gering-qualifizierten in ihren Erfolgsaussichten beeinträchtigt. Beschäftigungschancen für Geringqualifizierte oder für weniger produktive Langzeitarbeitslose kann Tarifpolitik vermutlich am ehesten über Einstiegstarife sowie für (weniger intensiv belastende Arbeit) in einer differenzierten Arbeitszeitpolitik eröffnen.

Moderne und innovative Gewerkschaften haben im Verein mit den Arbeitgeberverbänden solche *Einstiegstarifverträge* geschaffen, die einen geregelten wohlfahrtsverbessernden Weg für den Wiedereinstieg von Langzeitarbeitslosen und deren schrittweise Heranführung an die üblichen Entlohnungsbedingungen darstellen. Der von manchen Ökonomen für Langzeitarbeitslose geforderte offene Unterbietungswettbewerb verspricht (auch im ökonomischen Denken) kaum einen Eingliederungserfolg. Zum einen verfügen die Insider (auch ohne gewerkschaftliche Organisation) über diverse informelle Möglichkeiten, die über Niedriglohnkonkurrenz eingestellten Outsider bei der Entfaltung ihrer Leistungsfähigkeit zu behindern. Zum anderen würden die Outsider über relativ niedrige Lohnforderungen dem Arbeitgeber ein falsches, eher zur Nichteinstellung führendes Signal über ihre Leistungsfähigkeit geben (vgl. *Winkelhake* 1994).

III. Versuch einer zusammenfassenden Beurteilung der Tarifautonomie in Bezug auf die Beschäftigungsperformance in Deutschland

Die Tarifautonomie ist eine der bewährten Institutionen des „rheinischen Kapitalismus", die sich auch unter veränderten Bedingungen immer wieder als anpassungs- und zukunftsfähig erwiesen hat und wohl auch in Zukunft bewähren dürfte.

Die Bundesrepublik Deutschland wird im Ausland mit Blick auf die Tarifautonomie als ein „Konsensmodell" der Ordnung der Arbeitsbeziehungen verstanden. Dazu tragen sicher auch die Mitbestimmung und die ständigen Beziehungen von Arbeitgeberverbänden und Gewerkschaften im Rahmen der Selbstverwaltung der Sozialversicherungseinrichtungen bei. Die Chancen eines solchen Konsensmodells für eine beschäftigungsorientierte Tarifpolitik wurden bislang jedoch noch nicht ausgeschöpft. Die Gespräche im Bündnis für Arbeit könnten auf lange Sicht vertrauensbildend wirken und eine gesamtwirtschaftlich moderate Tariflohnpolitik auf Dauer begünstigen.

Auch die Arbeitgeberverbände und die Gewerkschaften, ebenso wie die Institution der Tarifautonomie und das Instrument der Flächentarifverträge müssen sich auf die durch technologische, ökonomische und gesellschaftliche Gesetzmäßigkeiten geprägten Megatrends des Wandels der Erwerbsarbeit einstellen. Zunehmende Nachfrage- und Kundenorientierung, der Flexibilitätsbedarf im globalen Wettbewerb sowie das Gründungsgeschehen und die Lebenszyklen von Betrieben führen gegenwärtig zu Kritik am „Flächentarifvertrag", zur Ausbreitung von Öffnungsklauseln, zu Haus- und Firmentarifverträgen sowie zur Flucht aus der Tarifbindung. Flächentarifverträge können jedoch allen betrieblichen und individuellen

Flexibilitäts- und Differenzierungserfordernissen gerecht werden, wenn die Tarifnormen für den jeweiligen Geltungsbereich wirkliche *Mindestnormen* darstellen.

Das deutsche System der Tarifbeziehungen wird oft vorschnell als zentralistisches System eingestuft. Tatsächlich weist es jedoch eine erhebliche Dezentralität auf („dezentrale Zentralität"), bei der sektoralen, branchenmäßigen und regionalen Bedingungen Rechnung getragen werden kann.

Im übrigen haben die Tarifparteien in der letzten Zeit vielfältige Differenzierungs- und Flexibilisierungsmöglichkeiten (insbesondere bei der Arbeitszeit) eröffnet:

– Individuelle „Öffnungsklauseln" können als Sondertarife oder Ausnahmeregelung zur Eingliederung von längerfristig arbeitslosen „Outsidern" (mit teilweise entwerteten Qualifikationen) vorgesehen werden. Die Tarifparteien können allerdings nicht alle Barrieren, mit denen Insider den Zugang von Outsidern in den Betrieb erschweren können, aus dem Weg räumen.

– Betriebliche Öffnungsklauseln erlauben zusätzliche Abweichungen gegenüber dem Flächentarifvertrag für Grenzbetriebe. Da eine Diskussion über die Inanspruchnahme einer betrieblichen Öffnungsklausel aber die wirtschaftliche Entwicklung eines Betriebes gerade gefährden kann, gilt hier verstärkt die Forderung, dass der Flächentarifvertrag selbst für alle (normalen) Betriebe der Branche bzw. der kleiner zugeschnittenen homogenen Wirtschaftszweige einhaltbare Mindestbedingungen enthalten sollte.

Für die gesamtwirtschaftliche Lohnentwicklung sollten die Gewerkschaften nach der in den 50er Jahren begonnenen expansiven („aggressiven") Lohnpolitik als „Produktivitätspeitsche" und nach der langen Phase einer möglichst konsequenten Ausschöpfung des (vermuteten) Verteilungsspielraumes nun der gesamtdeutschen Volkswirtschaft in Zukunft „lockere Zügel" zu einer galoppierenden Beschäftigungsentwicklung mit einer wieder zunehmend positiven Lohn-Drift lassen.

IV. Tarifpolitik und Beschäftigung: Krisenanalyse und Zukunftsperspektiven

Die Tarifparteien haben auch in der Wahrnehmung der Tarifautonomie in der Vergangenheit ihre Fähigkeit zur Einstellung auf veränderte Bedingungen immer wieder (wenn auch mit time lags und gelegentlichen Rückfällen) bewiesen.

– Dies gilt zunächst durchaus für die Bestimmung der Tariflöhne und in Bezug auf die Entwicklung des gesamtwirtschaftlichen Lohnniveaus im Verhältnis zur Produktivitätsentwicklung. Bei hohen Produktivitätszuwächsen wurden allerdings die Spielräume für mehr Beschäftigung bei Lohnzuwächsen unter dem Produktivitätsfortschritt nicht wie in anderen Ländern genutzt (vgl. *Walwei* 2001 / *Ochel* 2000). Im Zuge der Vereinigung prägte zudem das politische Signal der Angleichung der Lebensbedingungen auch die Tarifpolitik – letztlich zulasten der Wachstums- und Beschäftigungsdynamik in West- und Ostdeutschland (vgl. *Kleinhenz* 1992b).

- Die Tarifparteien haben in Deutschland eine stärkere Lohnspreizung nach unten zu verhindern gesucht und auch im letzten Jahrzehnt die Tariflöhne in den unteren Lohngruppen überdurchschnittlich angehoben (vgl. *Ochel* 2000). Die entsprechenden Arbeitsplätze sind jedoch relativ leicht durch Kapital, durch Importe oder durch Verlagerung substituierbar und in Zukunft besonders bedroht.

- Insgesamt haben die Tarifparteien in Deutschland langfristig offenbar durch die Tariflohnsetzung den gesamtwirtschaftlichen Verteilungsspielraum weitestgehend ausgeschöpft. Seit Mitte der 70er und noch deutlicher seit Anfang der 80er Jahre sowie im Zuge des Prozesses der Einkommensangleichung in den neuen Bundesländern (vgl. Abb. 4) wurde der Spielraum für Effektivlohndifferenzierungen oberhalb der Tarifnormen zunehmend eingeengt. Dafür spricht die Entwicklung der Lohn-Drift, durch die die Spanne zwischen Effektiv- und Tariflöhnen zunehmend verringert wurde (vgl. Abb. 5).

Dennoch kann man wohl davon ausgehen, dass sich die Tarifparteien sukzessive an den veränderten und sich weiter verändernden Knappheiten, insbesondere für gering qualifizierte Arbeit, anpassen werden, auch wenn dies vor allem den Gewerkschaften verständlicherweise schwer fällt. Mehr Beschäftigung für gering qualifizierte Arbeit könnten die Tarifparteien m. E. auch durch differenzierte Arbeitszeitregelungen entsprechend unterschiedlicher Arbeitsintensitäten und Belastungsbedingungen unterstützen; das Abstandsgebot und die Bedingungen des Sozialtransferbezugs sind politisch zu gestalten.

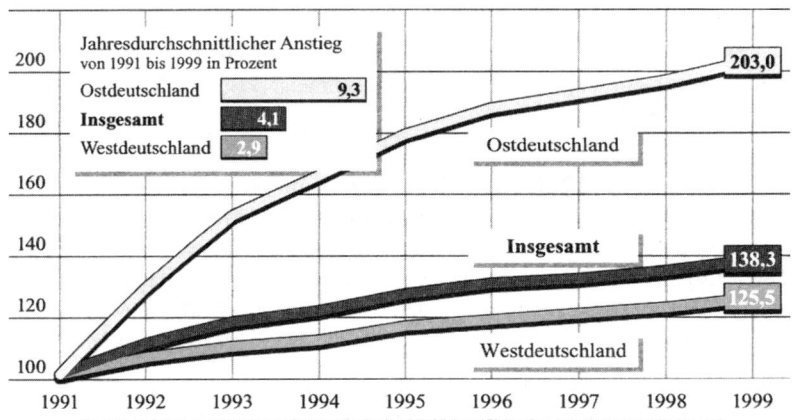

Quelle: 8 / 2001 Deutscher Instituts-Verlag.

Abbildung 4: Tariflöhne – der Osten drückt aufs Tempo (1991 = 100)

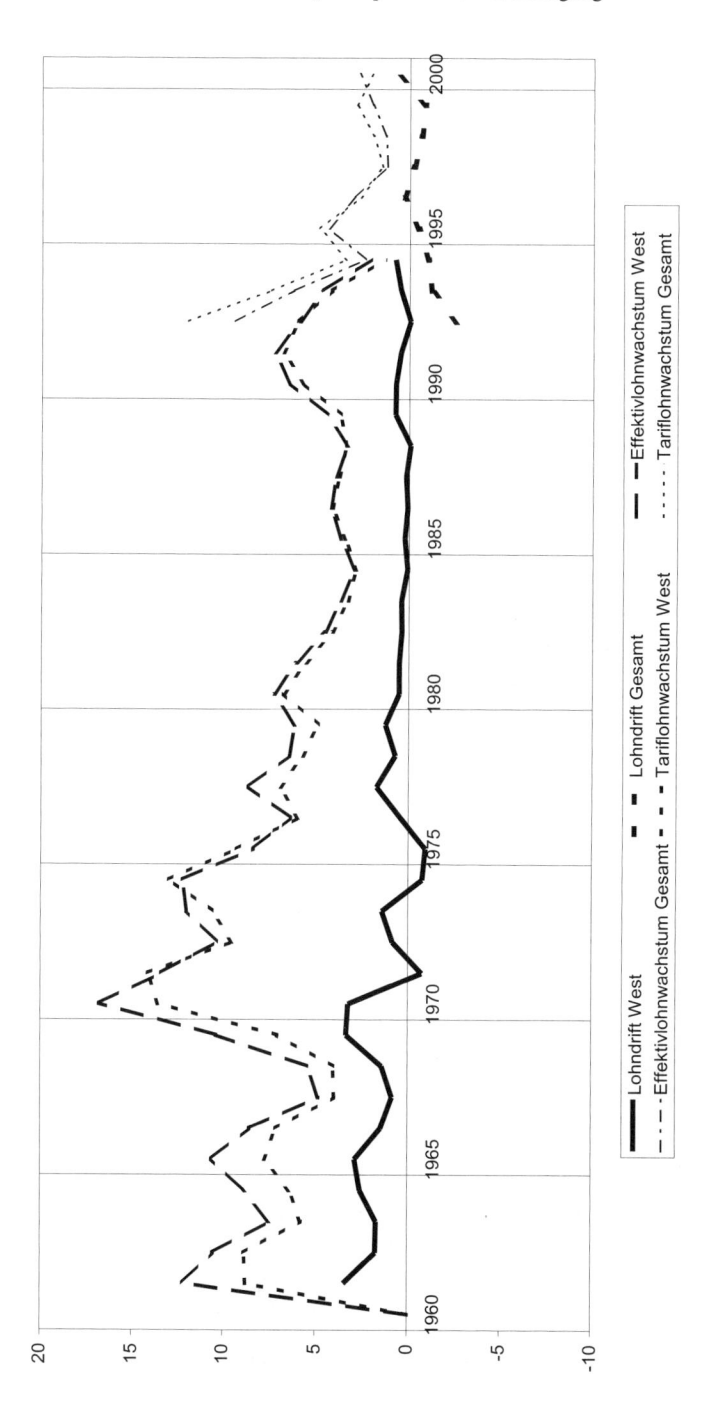

Abbildung 5: Lohndrift je Stunde (Ratendifferenz)

Literatur

Calmfors, L. (1993): Centralization of Wage Bargaining and Macroeconomic Performance: a Survey. In: OECD Economics Department Working Papers Nr. 131, Paris.

Franz, W. (1996): Arbeitsmarktökonomik. Berlin, Heidelberg, 3. Aufl., New York et al.

Gerlach, K. / *Jirjahn*, U. (1999): Längerfristige Beschäftigung, personalpolitische Konzepte und Beschäftigungsentwicklung. In: Ökonomie und Gesellschaft. Jahrbuch Nr. 15.

Klauder, W. / *Schnur*, P. / *Zika*, G. (1996): Strategien für mehr Beschäftigung. In: IAB-Kurzbericht Nr. 7 / 1996.

Kleinhenz, G. (1970): Probleme wissenschaftlicher Beschäftigung mit der Sozialpolitik. Dogmengeschichtlicher Überblick und Entwurf eines Wissenschaftsprogramms für die Theorie der Sozialpolitik. Berlin.

– (1992 a): Die Zukunft des Sozialstaats. In: Hamburger Jahrbuch für Wirtschafts- und Gesellschaftspolitik, 37. Jg., S. 43 ff.

– (1992 b): Tarifpartnerschaft im vereinten Deutschland. In: Aus Politik und Zeitgeschichte. B 12 / 92, S. 14 – 24.

– (1995): Die Wissenschaft von der Sozialpolitik am Ende des 20. Jahrhunderts. In: G. Kleinhenz (Hrsg.): Soziale Ausgestaltung der Marktwirtschaft. Festschrift für Heinz Lampert. Berlin S. V-XVI.

– (1997 a): Kinderarbeit als Problem einer Weltsozialpolitik. In: Heinz Lampert u. a. (Hrsg.): Schutz des menschlichen Lebens. Ethische, rechtliche und sozialpolitische Aspekte. St. Ottilien 1997, S. 171 – 188.

– (1997 b): Sozialstaatlichkeit in der Konzeption der Sozialen Marktwirtschaft. In: Kleinhenz, G. u. a. (Hrsg.): Sozialstaat Deutschland. Jahrbücher für Nationalökonomie und Statistik. Bd. 216 / 4+5, Stuttgart, S. 392 ff.

– (1998): Agenda für mehr Beschäftigung. In: IAB-Kurzbericht Nr. 15 / 1998; IAB-Werkstattbericht Nr. 10 / 1998.

– (2000): Welche arbeits- und ergänzenden sozialrechtlichen Regelungen empfehlen sich zur Bekämpfung der Arbeitslosigkeit? In: Deutscher Juristentag, Bd. 1, München 2000.

Lampert, H. (2000): Reformschädliche Schieflagen der Sozialstaatskritik. In: Sozialer Fortschritt. Jg. 49, Berlin, München, S. 7 ff.

Ochel, W. (2000): Löhne und Beschäftigung: Deutschland, Niederlande und USA im Vergleich. ifo Schnelldienst 30 / 2000.

Sadowski, D. / *Backes-Gellner*, U. (1997): Der Stand der betriebswirtschaftlichen Arbeitsrechtsanalyse. In: Zeitschrift für Betriebswirtschaft, Ergänzungsheft 4 / 97.

Schettkat, R.: Makro-ökonomischer Kontext – Zusammenhang zwischen Produkt und Arbeitsmärkten. Erscheint demnächst in: IAB (Hrsg.): i. d. R. Beiträge.

Sen, A. (1997): Arbeitsplätze sind das wichtigste Bindeglied in der sozialen Kette. In: Frankfurter Rundschau v. 21. 11. 1997.

Walwei, U. (2001): Beschäftigungspolitische Vergleiche und wissenschaftliche Politikberatung. In: IAB Werkstattbericht Nr. 2/2001.

Winkelhake, O. (1994): Eine ökonometrische Analyse deutscher Gewerkschaften unter besonderer Berücksichtigung der Möglichkeit von Freerider-Verhalten. (Diss.), Frankfurt/Main.

Aktive Beschäftigungspolitik

Von Ulrich van Suntum

I. Schlechte Arbeitsmarktbilanz in Deutschland

Deutschland ist beim Internationalen Beschäftigungsranking der Bertelsmann Stiftung 2000 vom 12. auf den 15. Rang von 21 Industriestaaten zurückgefallen.[1] Nachdem Deutschland in den 80er Jahren noch zu den beschäftigungspolitisch erfolgreicheren Ländern gehört hatte, liegt die standardisierte und konjunkturbereinigte Arbeitslosenquote von zuletzt 9,1% seit einigen Jahren über dem Durchschnitt der anderen Länder (8,2%). Deutschland ist zudem das Land mit dem geringsten Zuwachs der Erwerbstätigenzahl. Kein anderes Land hatte im mittelfristigen Trend (berechnet als gleitender Fünfjahresdurchschnitt) noch einen Beschäftigungsrückgang zu verzeichnen.

Maßgebliche Erklärungsfaktoren für diese schlechte Performance sind der niedrige Investitionsanteil am Bruttoinlandsprodukt und die hohe Staatsquote. Sie erklären zusammen rd. 30% der Unterschiede im beschäftigungspolitischen Erfolg, und Deutschland weist hier im internationalen Vergleich besonders schlechte Werte auf. So beträgt der Investitionsanteil am Bruttoinlandsprodukt nur rd. 13,5%, verglichen mit knapp 15% im Durchschnitt der anderen Länder. Dies ist besonders bedrückend, weil angesichts des immensen Investitionsbedarfs in den Neuen Bundesländern eigentlich ein gegenteiliges Ergebnis erwartet werden müsste. Offenbar fehlen aber trotz hoher staatlicher Fördersummen die grundlegenden Voraussetzungen für eine entsprechende Investitionsoffensive. Umgekehrt liegt Deutschland mit einem Staatsanteil von zuletzt immer noch 48% am Bruttoinlandsprodukt weit über dem Durchschnitt der 21 Vergleichsländer von knapp 45%.

Vergleichsweise günstig haben sich in Deutschland in den letzten Jahren die Lohnstückkosten entwickelt, freilich ausgehend von einem relativ hohen Niveau. Nach wie vor ein Pluspunkt ist auch der hohe Arbeitsfrieden, wobei allerdings die anderen Länder hier inzwischen dramatisch aufgeholt haben. In den 80er Jahren waren die soziale und auch die monetäre Stabilität in Deutschland noch Pfunde, mit denen im internationalen Wettbewerb gewuchert werden konnte. Nach Einfüh-

---

[1] Vgl. Bertelsmann Stiftung (Hrsg.), Internationales Beschäftigungs-Ranking 2000, Gütersloh 2000. Der Verfasser ist als Projektleiter und Mitautor verantwortlich an dieser zum vierten Mal erschienenen Studie beteiligt.

rung der Europäischen Währungsunion herrscht dagegen heute im Wesentlichen überall in Europa das gleiche Maß an Geldwertstabilität. Zusammen mit dem ebenfalls weithin eingekehrten Arbeitsfrieden hat dies dazu geführt, dass heute andere Vorzüge den Ausschlag für internationale Standortentscheidungen geben. Stichworte in diesem Zusammenhang sind Steuer- und Abgabenbelastung, Ausbildung der Arbeitskräfte sowie Flexibilität der Güter- und Arbeitsmärkte. Dass es mit letzterem in Deutschland nach wie vor nicht zum Besten bestellt ist, zeigt u. a. die nach wie vor vergleichsweise geringe Teilzeitarbeitsquote. Auch von der OECD erhält Deutschland regelmäßig schlechte Noten, wenn es um die Liberalisierung der Märkte und Arbeitsbeziehungen geht.

Auffällig ist, dass trotz eines verhältnismäßig hohen Aktivitätsgrades der Arbeitsmarktpolitik die Langzeitarbeitslosigkeit in Deutschland überdurchschnittlich hoch ist und weiter wächst. Gemessen an der international vergleichbaren OECD-Statistik waren 1999 die Hälfte aller Arbeitslosen langzeitarbeitslos, verglichen mit lediglich gut 37% im Durchschnitt der anderen Länder. Noch deutlicher werden die Unterschiede, wenn man die Zahl der Langzeitarbeitslosen direkt zum Erwerbspersonenpotenzial ins Verhältnis setzt. Die so berechnete Langzeitarbeitslosenquote betrug 1997 für Deutschland 4,7%, verglichen mit 3,2% in Schweden, 2,7% in Großbritannien und lediglich 1% in den USA.

Eine von der Katholischen Sozialwissenschaftlichen Zentralstelle und der Bertelsmann Stiftung gemeinsam finanzierte Studie aus dem Jahre 1997 hat die Gründe dafür näher untersucht.[2] Sie liegen demnach nicht zuletzt in den unterschiedlichen Lohnfindungs- und Sozialsystemen, die in Deutschland wenig Anreize, ja sogar oft Fehlanreize hinsichtlich einer Rückkehr in den regulären Arbeitsmarkt geben. Speziell auch ältere Arbeitslose sind dadurch in Deutschland zu einer besonderen Problemgruppe des Arbeitsmarktes geworden, was in anderen Ländern nicht der Fall ist.

Auch der Anteil der Beschäftigten an der Erwerbsbevölkerung ist in Deutschland mit zuletzt weniger als 64% wesentlich geringer als in vergleichbaren Ländern. In Schweden, Dänemark und Großbritannien liegt er teils deutlich über 70%, und zwar mit steigender Tendenz. Offensichtlich gelingt es der Beschäftigungspolitik – und speziell auch der Arbeitsmarktpolitik – trotz hohen Mitteleinsatzes hier zu Lande weit schlechter als in anderen Ländern, die erwerbsfähige Bevölkerung zu aktivieren, zumindest auf dem regulären Arbeitsmarkt. Dies hat die Bertelsmann Stiftung im vergangenen Jahr bewogen, ergänzend zu dem im Zweijahresabstand erscheinenden Länderranking eine zusätzliche Studie in Auftrag zu geben, die das konkrete Vorgehen der aktiven Arbeitsmarktpolitik in ausgewählten Ländern untersuchen sollte.[3] Auf die Ergebnisse dieser Studie, die inzwischen als Veröffentlichung vorliegt, wird weiter unten näher einzugehen sein.

---

[2] Vgl. *Carsten Rolle / Ulrich van Suntum,* Langzeitarbeitslosigkeit im Ländervergleich. Zum Einfluss von sozialen Sicherungssystemen und Tariffindungssystemen auf die Beschäftigung in Deutschland, Österreich, Schweiz und USA, Berlin 1997.

II. Unterschiedliche Effizienz arbeitsmarktpolitischer Instrumente

Aus theoretischer Sicht gilt es, zwischen zwei Problemgruppen des Arbeitsmarktes zu unterscheiden, die jeweils ganz unterschiedliche Probleme haben und daher auch unterschiedliche Maßnahmen erfordern.[4] Es geht zum einen um Geringqualifizierte bzw. Menschen, die aus anderen Gründen nur eine geringe Produktivität erbringen können. Sie sind oft nicht in der Lage, aus eigener Kraft ein Einkommen zu erzielen, welches dem von der Gesellschaft als Mindestlebensstandard definierten Niveau entspricht. Dies trifft vor allem auf Geringqualifizierte mit Familie zu, deren Ansprüche auf Sozialtransfers in Deutschland leicht 3000 DM netto pro Monat und mehr erreichen können. Es geht hier nicht darum, ob dies „viel" oder „wenig" ist – entscheidend ist, dass die Betreffenden ein solches Einkommensniveau mit regulärer, unsubventionierter Arbeit nicht erzielen könnten. Hier kann es daher angebracht sein, Kombinationsmöglichkeiten von regulärem Einkommen und ergänzenden Sozialtransfers zu schaffen, wie sie unter den Stichworten „Kombilohn" oder „negative Einkommensteuer" seit langem diskutiert werden. Eine andere Möglichkeit besteht zumindest theoretisch darin, die Produktivität der Betreffenden durch Qualifizierung so zu steigern, dass sie die kritische Produktivitätsschwelle überschreiten und die „Armutsfalle" mithin überwinden können. Als weitere Möglichkeit wäre auch daran zu denken, den Mindestlebensstandard weniger großzügig zu definieren und so die kritische Produktivitätsschwelle zu senken. Bei der Wahl zwischen diesen Alternativen sollte man neben gesellschaftspolitischen Gesichtspunkten auch berücksichtigen, welche Wege diesbezüglich im Ausland gegangen werden und wie erfolgreich sie dort jeweils sind.

Die zweite Problemgruppe sind die sogen. Outsider des Arbeitsmarktes. Sie können zwar im Prinzip die kritische Produktivitätsschwelle überschreiten, welche durch das Existenzminimum gezogen ist. Dafür scheitern sie aber an einer zweiten Schwelle, nämlich derjenigen der tariflichen Mindestlöhne. Beispielsweise gilt für manchen Langzeitarbeitslosen, dass er im Prinzip durchaus seinen Lebensunterhalt selbst bestreiten könnte. Die lange Abwesenheit vom Arbeitsmarkt macht seine Einstellung für die Arbeitgeber jedoch zu einem gewissen Risiko. Zumindest ist eine gewisse Probe- und Einarbeitungszeit erforderlich, in der er wieder Anschluss an die Arbeitswelt finden und seine Zuverlässigkeit unter Beweis stellen kann. Dafür sind aber entsprechend flexible tarifliche Regelungen notwendig, beispielsweise Einstiegstarife für besondere Problemgruppen. Im Falle von Massenarbeitslosigkeit ist auch an ein generell niedrigeres Tarifniveau zu denken, um Produktivität und Kosten der Arbeitskräfte wieder miteinander in Einklang zu bringen. Staat-

---

[3] Vgl. *Martin Kröger / Ulrich van Suntum*, Mit aktiver Arbeitsmarktpolitik aus der Beschäftigungsmisere? Ansätze und Erfahrungen in Großbritannien, Dänemark, Schweden und Deutschland, Gütersloh 2000.

[4] Vgl. dazu auch *Ulrich van Suntum*, Die unsichtbare Hand. Ökonomisches Denken gestern und heute, Berlin u. a. 1999, S. 290 ff.

liche Lohnkostenzuschüsse zur Auffüllung entsprechender Diskrepanzen sind dagegen in diesem Fall verfehlt, da nicht ursachenadäquat. Anders als im Falle von Kombilöhnen für Geringqualifizierte kann es nicht Aufgabe des Staates sein, marktwidrig überhöhte Tariflöhne durch Subventionen zu unterstützen oder gar zu provozieren. Bei der Diskussion um das Für und Wider arbeitsmarktpolitischer Instrumente wie Lohnkostenzuschüsse oder Qualifizierungsmaßnahmen ist daher stets im Auge zu behalten, um welche Problemgruppe es jeweils geht.

Eine Vielzahl internationaler empirischer Studien weist darauf hin, dass die Instrumente der aktiven Arbeitsmarktpolitik unterschiedlich effizient sind. Bei weitem am effektivsten ist nach weithin übereinstimmender Diagnose das auf den ersten Blick unscheinbare Instrument der Vermittlung und Beratung. Hier lassen sich mit relativ geringem Mitteleinsatz erstaunliche Erfolge erzielen, wie insbesondere das britische Beispiel zeigt. Allerdings ist es dazu notwendig, im Zweifel erheblichen Druck auf die Arbeitslosen auszuüben, die ihnen angebotenen Hilfen auch zu nutzen.

Qualifizierungsmaßnahmen funktionieren den meisten Studien zufolge nur dann, wenn sie speziell auf genau definierte Problemgruppen zugeschnitten sind und eher Basisqualifikationen als spezialisierte Fertigkeiten vermitteln. Außerdem sollten die Teilnehmerzahlen nicht zu hoch sein, und die Teilnahme sollte keine neuen Ansprüche auf Arbeitslosengeld begründen. Nur so kann sichergestellt werden, dass die Maßnahmen nicht nur als „Parkplatz" dienen, sondern tatsächlich in einer anschließenden Rückkehr auf den ersten Arbeitsmarkt münden. Problematisch sind auch die meist hohen Kosten von Qualifizierungsmaßnahmen. Insgesamt fällt ihre Beurteilung daher ambivalent aus.

Arbeitsbeschaffungsmaßnahmen und Lohnsubventionen werden in den meisten Studien eher negativ beurteilt. Sie sind teuer und zudem meist nur mit geringen Wiedereingliederungsquoten in den regulären Arbeitsmarkt verbunden. Hinzu kommen vor allem bei Lohnkostenzuschüssen hohe Mitnahme- und Verdrängungseffekte mit der Folge, dass zwar die geförderten Arbeitnehmer profitieren, aber gesamtwirtschaftlich dennoch kaum zusätzliche Arbeitsplätze entstehen. Bei Arbeitsbeschaffungsmaßnahmen besteht zudem der Zielkonflikt, dass diese einerseits für den ersten Arbeitsmarkt qualifizieren, andererseits aber mit diesem nicht konkurrieren sollen. Es ist kaum möglich, Tätigkeiten zu finden, die beiden Anforderungen gleichzeitig genügen.

Überwiegend positiv fällt das Urteil über die Förderung von Existenzgründungen aus. Hier schlägt positiv vor allem zu Buche, dass jeder aus der Arbeitslosigkeit ausscheidende Existenzgründer im Erfolgsfall früher oder später zusätzliche Arbeitsplätze schafft. Allerdings ist die Klientel derjenigen, die diesen Sprung tatsächlich schaffen können, recht begrenzt.

Generell empfiehlt sich eine starke Dezentralisierung der Verantwortlichkeiten in der aktiven Arbeitsmarktpolitik, um flexibel und angemessen auf die individuellen Problemlagen und die Gegebenheiten der örtlichen Arbeitsmärkte reagieren zu können. Dagegen implizieren zentral aufgelegte Programme oder starre Richtlinien „von oben" die Gefahr, dass an den Bedürfnissen des Marktes und den Potenzialen der Betroffenen vorbei gefördert wird. Insbesondere in den skandinavischen Ländern hat man dies in den letzten Jahren erkannt und den örtlichen Arbeitsämtern sowie den Kommunen entsprechende Entscheidungsspielräume eingeräumt.

III. Großbritanniens Arbeitsmarktpolitik als Vorbild?

Im Ländervergleich zeigt sich, dass die eher problematischen Instrumente der aktiven Arbeitsmarktpolitik wie Arbeitsbeschaffungsmaßnahmen und Lohnsubventionen in Deutschland ein überdurchschnittlich hohes Gewicht haben. Rd. 20% der Ausgaben für aktive Arbeitsmarktpolitik werden für ABM verwendet, weitere 21% für Qualifizierungsmaßnahmen. Dagegen machen Beratung und Vermittlung lediglich 13% der Ausgaben aus. Noch anschaulicher wird das geringe Gewicht dieses effektiven Instrumentes in Deutschland anhand folgenden Vergleichs: Von den rd. 70.000 Beschäftigten der Bundesanstalt für Arbeit sind nur etwa 17.000 mit der Vermittlung und Beratung der Arbeitslosen befasst. In Großbritannien machen Beratung und Vermittlung dagegen den Großteil der dortigen aktiven Arbeitsmarktpolitik aus. Während die Arbeitslosen in Deutschland eher verwaltet werden, werden sie in Großbritannien intensiv betreut. Dazu gehört z. B. der Abschluss von regelrechten Verträgen mit den Betroffenen, in denen auch umfangreiche eigene Suchaktivitäten verbindlich vereinbart und laufend überprüft werden. Weitere Instrumente sind sogenannte Stellenklubs, in denen gemeinsame Aktivitäten zur Wiedereingliederung in den Arbeitsmarkt wie Bewerbungen schreiben etc. entfaltet werden. Die Teilnahme an solchen Maßnahmen ist verbindlich und mit einem nicht unerheblichen Zeitaufwand verbunden, der im Fall der Stellenclubs vier halbe Tage pro Woche beträgt. Für Schwarzarbeit und andere problematische Aktivitäten bleibt entsprechend weniger Spielraum übrig.

Flankiert wird die intensive Betreuung durch eine weit weniger generöse Unterstützung im Rahmen der passiven Arbeitsmarktpolitik, als dies in Deutschland üblich ist. So ist der Bezug eines einkommensabhängigen Arbeitslosengeldes nur für maximal sechs Monate möglich, und die sich daran anschließende Fürsorgeleistung ist auf ca. 136 DM pro Woche für alle begrenzt. Hinzu kommen allerdings noch Zuschläge für Familienmitglieder sowie eine ganze Reihe von Zuschüssen für den Fall, dass der Betreffende eine reguläre Arbeit aufnimmt. Diese sogenannten in work benefits sind im Grunde eine familienbezogene, negative Einkommensteuer, die den Arbeitslosen starke Anreize gibt, möglichst rasch wieder im regulären Arbeitsmarkt Fuß zu fassen. Es sind nach dem Prinzip der „carrots and sticks" aber auch harte Sanktionen für den Fall vorgesehen, dass die vielfältigen angebotenen Hilfen nicht genutzt oder zu geringe eigene Anstrengungen unternommen werden. Wer nicht mindestens zwei solche Anstrengungen pro Woche nachweist, läuft Gefahr, jede Unterstützungsleistung zu verlieren.

5 Rauscher

Man kann über die Übertragbarkeit eines derart harten Systems auf Deutschland sicher kontrovers diskutieren. Dies ist keine rein ökonomische, sondern auch eine gesellschaftspolitische Frage, die nicht ohne Wertungen beantwortet werden kann. Ein in jeder Hinsicht ideales System der Arbeitsmarktpolitik gibt es nun einmal nicht. Vielmehr bewegt man sich dabei stets zwischen verschiedenen Zielkonflikten, die man als „magisches Dreieck der Sozialpolitik"[5] beschreiben kann:

- Die in Deutschland bevorzugte „sozialdemokratische" Lösung setzt auf großzügige Transfers, ohne den Arbeitslosen allzu viel Eigeninitiative abzuverlangen. Dies ist einerseits für die Betroffenen vergleichsweise angenehm, andererseits aber auch mit einem hohen Maß an Mitnahmeeffekten und Missbrauch verbunden. Bei dieser Lösungsrichtung muss dementsprechend mit relativ hohen Kosten und Arbeitslosenzahlen gerechnet werden.

- Die angelsächsischen Staaten, namentlich die USA, versuchen dagegen, die Eigeninitiative der Arbeitslosen durch sehr niedrige Transferraten und kurze Bezugszeiten zu erzwingen. Diese „liberale" Lösung impliziert entsprechende soziale Härten, die unter dem Stichwort „working poor" dem amerikanischen System entgegengehalten werden. Dafür sind bürokratische Kontrollen der Arbeitswilligkeit entbehrlich, und das System ist gleichzeitig kostengünstig und mit tendenziell niedrigen Arbeitslosenquoten verbunden.

- Die in der Schweiz sowie zunehmend auch in den skandinavischen Staaten bevorzugte „konservative" Lösung verbindet schließlich ein hohes Transferniveau mit rigiden Anforderungen an die Bezieher, angebotene Hilfen und Arbeitsmöglichkeiten auch anzunehmen. Dieses System ist mit entsprechend geringer Selbstbestimmung der Arbeitslosen bis hin zum faktischen Arbeitszwang sowie hohen Bürokratie- und Kontrollkosten verbunden. Dafür werden soziale Härten vermieden und dennoch vergleichsweise hohe Wiedereingliederungsraten erreicht.

Welche Lösung man innerhalb dieses Spektrums anstrebt, ist auch eine gesellschaftspolitische Entscheidung. Da jedes System seine spezifischen Vorzüge und Nachteile hat, kann es keine in jeder Hinsicht ideale Lösung geben, sondern nur mehr oder weniger geschickte Kombinationen. Unter ökonomischen Gesichtspunkten spricht einiges für die britische Lösung, die Elemente der liberalen und der konservativen Strategie miteinander verbindet. Die inzwischen unter 7% gesunkene Arbeitslosenquote bei gleichzeitig sinkendem Anteil von Langzeitarbeitslosen von zuletzt rd. 38% ist nicht zuletzt den Reformen der britischen Arbeitsmarktpolitik zu verdanken.

---

[5] Vgl. dazu *Carsten Rolle / Ulrich van Suntum,* wie Anm. 2, S. 114 ff., sowie ausführlicher *Ulrich van Suntum,* wie Anm. 4, S. 257 ff.

IV. Schlussfolgerungen für die deutsche Arbeitsmarktpolitik

Auch wenn weder das britische noch irgendein anderes System als Blaupause für Deutschland verwendet werden kann, ergeben sich aus den internationalen Erfahrungen doch einige naheliegende Anregungen für entsprechende Reformen. So sollten die eher problematischen Instrumente der Arbeitsbeschaffungsmaßnahmen und der großangelegten Qualifizierungsprogramme tendenziell zurückgefahren werden. Zumindest ist künftig auf eine strenge Evaluation ihrer Effektivität zu achten, wobei auch makroökonomische Effekte wie Verdrängung regulärer Arbeit und eventuelle Rückwirkungen auf die Lohnpolitik zu beachten sind. Keineswegs ist es hinnehmbar, ABM als dauerhaften Ersatz für fehlende, weil zu teure Arbeitsplätze im regulären Arbeitsmarkt zu installieren. Dies gilt insbesondere für die Neuen Bundesländer, wo die Tarifpolitik ohne große Rücksicht auf die nach wie vor hohen Produktivitätsdefizite eine allzu schnelle Angleichung an das Lohnniveau im Westen angestrebt hat.

In jedem Falle sollte die individuelle Betreuung der Arbeitslosen erheblich intensiviert werden. Hier kann das britische Modell durchaus praktische Anregungen geben, aber auch in den skandinavischen Ländern gibt es manches Nachahmenswerte in dieser Hinsicht. So sollte den örtlichen Arbeitsämtern und den Kommunen wesentlich mehr eigene Verantwortung gegeben werden als bisher. Gleichzeitig sind aber auch die Kompetenzen und Verantwortlichkeiten stärker voneinander zu trennen. Keineswegs länger hinnehmbar erscheint beispielsweise die gängige Praxis der Kommunen, Bezieher von Sozialhilfe befristet und sozialversicherungspflichtig in gemeinnützigen Beschäftigungsgesellschaften anzustellen und anschließend wieder in die Verantwortung der Bundesanstalt für Arbeit zu überführen. So verständlich dies unter dem Gesichtspunkt der Einsparung kommunaler Sozialhilfeausgaben ist, so kontraproduktiv sind entsprechende Drehtüreffekte für die Betroffenen und für die Gesamtwirtschaft. Zu Recht hat der Sachverständigenrat schon vor einigen Jahren gefordert, dass derartige, subventionierte Beschäftigungsverhältnisse keine neuen Ansprüche auf Arbeitslosengeld begründen dürfen. Sowohl in Großbritannien als auch in Skandinavien ist dieses Prinzip inzwischen die Regel. Arbeitsbeschaffungsmaßnahmen und kommunale Beschäftigungsverhältnisse nach dem Prinzip „Arbeit statt Sozialhilfe" sollten zudem keinesfalls zu Tariflöhnen, sondern in der Regel mit dem normalen Transfersatz (Arbeitslosengeld bzw. Sozialhilfesatz) entlohnt werden, so wie dies in anderen Ländern auch der Fall ist. Dies spart nicht nur Kosten, sondern erhöht auch den Anreiz für die Betroffenen, weiter nach einem regulären Arbeitsplatz zu suchen.

In diesem Zusammenhang wäre auch die Arbeitslosenhilfe abzuschaffen und durch eine klare Trennung von Versicherungsleistung einerseits, Fürsorgeleistung andererseits zu ersetzen. Dies gebietet schon allein die Gleichbehandlung aller Langzeitarbeitslosen, von denen derzeit nur ein Teil die einkommensabhängige Arbeitslosenhilfe erhält, während andere allein auf die bedürfnisorientierte Sozialhilfe angewiesen sind. Das entsprechende Unterscheidungskriterium, nämlich die frühere Zahlung von Beiträgen an die Bundesanstalt für Arbeit, ist in diesem Zusammenhang kaum nachvollziehbar. Denn erstens wird die Arbeitslosenhilfe gar nicht aus den Beiträgen, sondern aus Steuermitteln vom Bund finanziert. Und zweitens rechtfertigt die kurzzeitige Zahlung von Beiträgen keine unter Umständen lebenslange Bevorzugung. Dass die Arbeitslosenhilfe als einkommensbezogene Leistung zeitlich unbegrenzt gewährt wird, verträgt sich ohnehin weder mit dem Fürsorge- noch mit dem Versicherungsprinzip. Ein derartiges Zwittersystem gibt es in keinem anderen Industrieland, und es führt zudem zu ineffizienten Doppelzuständigkeiten und Verschiebebahnhöfen zwischen Kommunen und Arbeitsämtern.

Mit diesen Reformen würde sich Deutschland den Gepflogenheiten derjenigen Länder annähern, die in der Beschäftigungspolitik wesentlich erfolgreicher sind. Es wäre zudem darüber nachzudenken, ob die Pflicht zur Versicherung gegen Arbeitslosigkeit nicht durch ein freiwilliges System ähnlich demjenigen Dänemarks oder Schwedens aufgehoben werden sollte. Insbesondere Geringverdiener könnten dadurch ihre Lohnnebenkosten senken, ohne an sozialer Sicherheit einzubüßen. Insbesondere wenn sie Familie haben, liegt ihr Anspruch auf Sozialhilfeleistungen nämlich ohnehin höher als das, was sie als Arbeitslosengeld erwarten können. Die Beiträge zur Bundesanstalt für Arbeit haben insoweit für diese Klientel reinen Steuercharakter, was wiederum den Anreiz zur ihrer Vermeidung – etwa durch sogen. Scheinselbständigkeit oder im Wege der Schwarzarbeit – erhöht. Ein Verzicht auf den Versicherungsschutz der Bundesanstalt für Arbeit würde allerdings bedeuten, dass die Betreffenden im Falle der Arbeitslosigkeit sofort auf die kommunal finanzierte Sozialfürsorge angewiesen sind. Es liegt nahe, die Finanzierung der entsprechenden Kosten dadurch sicherzustellen, dass den Kommunen die Mittel aus der bisherigen Arbeitslosenhilfe zugewiesen werden.

Auch für freiwillige Arbeitslosenversicherungssysteme lassen sich internationale Beispiele finden, namentlich in Skandinavien. Dass ein solches System nicht zur vollständigen Erosion der Arbeitslosenversicherung führen muss, wie manchmal befürchtet wird, zeigt das dänische Beispiel. Trotz der Freiwilligkeit sind dort faktisch 75 % der Beschäftigten gegen Arbeitslosigkeit versichert. Auch wenn das dänische – ebenso wie das schwedische – Modell viele Besonderheiten aufweist, die es nicht unmittelbar auf Deutschland übertragbar erscheinen lassen – eine nähere Beschäftigung auch mit unkonventionellen Denkansätzen der Arbeitsmarktpolitik erscheint angesichts des deutschen Reformrückstandes alle Mal lohnend.

Erosion des Normalarbeitsverhältnisses

Tendenzen und Konsequenzen

Von Wolfgang Bonß

I. Was ist „Normalarbeit"?

Normalitätsunterstellungen sind in der gesellschaftlichen Praxis unumgänglich, auch wenn sie die Wirklichkeit nicht unbedingt treffen. Dies gilt insbesondere für Gesellschaften mit einer hohen Entwicklungsdynamik, die letztlich vor einer paradoxen Situation stehen. Weil sich andauernd viel ändert, steigt einerseits der Zwang, bestimmte Konstellationen für „normal" zu erklären und andere soziale Tatsachen als nachrangig, abweichend und genau deshalb als „anormal" wahrzunehmen. Auf der anderen Seite sind derartige Normalitätsdefinitionen eine zunehmend riskante Angelegenheit. So kann immer auf Ausnahmen und andere Konstellationen verwiesen werden, die aufgrund der gesellschaftlichen Entwicklungsdynamik sehr schnell an Bedeutung gewinnen können und u. U. bereits auf neue Normalitäten verweisen.

Dieses Dilemma läßt sich nicht zuletzt an den Normalitätsunterstellungen zur gesellschaftlichen Arbeit studieren. So entstand die Rede von der „Normarbeit", „Normalarbeit" und von den „Normalarbeitsverhältnissen"[1] erst in dem Maße, wie die Erwerbsverläufe bunter, vielfältiger und durchlässiger wurden und die soziale Integration über die Erwerbsarbeit zum Teil in Frage stand. Hierbei wurden und werden die Normalitäts-Stichworte keineswegs einheitlich gebraucht. Es gibt vielmehr engere und weitere Definitionen, und zugleich wird das zur Normalität Erklärte zumeist doppelt begriffen, nämlich als „eine empirisch vorfindbare *Regelmäßigkeit* und zugleich im normativen Sinne (als) etwas *Sein-Sollendes*" (*Hinrichs* 1989, 11). Anders ausgedrückt: Normalarbeitsverhältnisse bezeichnen einerseits die vorherrschende Organisationsform der Erwerbsarbeit und verweisen andererseits auf „leitbildhafte Sinnstrukturen und Hintergrundsüberzeugungen" (ebd.), die als tief einsozialisierte Normalitätsunterstellungen selbst dann noch Bestand haben

---

[1] Zum Stichwort des Normalarbeitsverhältnisses vgl. *Mückenberger* (1985, 1987, 1989); *Bosch* (1986); *Zachert* (1988); *Hinrichs* (1989) sowie *Osterland* (1990). Die Wortschöpfungen „Normarbeit", „Normarbeitsverhältnis" und „Nichtnormarbeitsverhältnis" stammen demgegenüber von der Zukunftskommission der Freistaaten Bayern und Sachsen (vgl. Kommission 1996, 64 f.).

können, wenn sich die empirischen Regelmäßigkeiten längst verändert haben (wobei gerade dies nicht unproblematisch ist).

Versucht man die verschiedenen Bedeutungsebenen des Normalarbeitskonzepts voneinander abzugrenzen, so ist zunächst die allgemeine, arbeitsgesellschaftliche Akzentuierung festzuhalten. Zwar ist in allen Gesellschaften gearbeitet worden. Aber die bereits aus der Bibel bekannte Maxime: „Wer nicht arbeitet, soll auch nicht essen" wird frühestens seit dem 17./18. Jahrhundert zu einem dominanten Organisationsprinzip. Erst seither ist allmählich das selbstverständlich geworden, was man als *„arbeitsgesellschaftliche Normalitätsfiktion"* (*Bonß/Plum* 1990, 692) bezeichnen kann. Diese geht davon aus, daß die Individuen ihren Lebensunterhalt über eine selbständige oder bezahlte Arbeit sichern und daß sie über die Erwerbsarbeit zugleich sozial integriert werden. Realisiert worden ist diese Konzeption von „Normalarbeit", wenn überhaupt, allerdings erst in den entwickelten Erwerbsgesellschaften des 20. Jahrhunderts. Nur diese gehen fraglos davon aus, daß Konsummöglichkeiten, soziales Ansehen, berufliche Förderungen und soziale Absicherung immer enger an die bezahlte Arbeit gekoppelt werden und sich eine „lohnarbeitszentrierte" (*Vobruba* 1989) Gesellschafts- und Sozialpolitik entwickelt, wie sie, zumindest in der Bundesrepublik, bis heute vorherrschend ist.

Mit der arbeitsgesellschaftlichen Normalitätsfiktion eng verknüpft, wenngleich von ihr abzugrenzen, ist ihre empirische Konkretisierung, nämlich die *arbeitsrechtlich* akzentuierte Definition der Normalarbeit im Sinne eines Normalarbeitsverhältnisses. Arbeitsrechtlich gesehen handelt es sich bei einem Normalarbeitsverhältnis um eine *unbefristete Vollzeit-Stelle*. Unbefristete Vollzeitstelle bedeutet dabei zweierlei: die Arbeitszeit beträgt 35–40 Stunden, manchmal auch mehr, und der Arbeitsvertrag ist zeitlich unbegrenzt. Wegen der fehlenden Befristung wird für Normalarbeitsverhältnisse aber noch mehr und anderes unterstellt, nämlich daß sie dauerhaft seien, und daß sich mit wachsendem Arbeitsalter im Kontext von Normalarbeitsverhältnissen sowohl die Beschäftigungsstabilität als auch das Einkommen erhöhen.

Unter dieser Perspektive verweist das Konzept der Normalarbeit auf berufsbiographische Normalitätsunterstellungen, die über die rein arbeitsrechtliche Definition erheblich hinausgehen. Wer in einem Normalarbeitsverhältnis tätig ist, so die Unterstellung, strebt eine kontinuierliche Erwerbsbiographie ohne große Unterbrechungen an. Diese beginnt nach der Schule mit der beruflichen Ausbildung, an die sich eine oder mehrere Vollerwerbstätigkeiten anschließen. Arbeitslosigkeitsphasen sind demgegenüber nicht bzw. allenfalls am Anfang der Berufskarriere vorgesehen. Denn gerade weil die Erwerbstätigkeit stetig ist, so die vor allem im Kontext der Segmentationsforschung[2] formulierte These, gelingt im „Normalfall" eine immer festere Verankerung in der „Stammbelegschaft" und ein stetiger Aufstieg in der Lohnhierarchie.

---

[2] Zur Segmentationsforschung vgl. *Sengenberger* (1978); *Wenger* (1984); *Blossfeld/Mayer* (1988) sowie *Thiele* (1997).

Derart zugespitzt ist das Konzept der Normalarbeit weit komplexer und voraussetzungsvoller als die erwerbsarbeitsgesellschaftliche Basisunterstellung, wie sie für moderne Gesellschaften charakteristisch ist. Denn es wird nicht nur postuliert, daß die Erwerbsarbeit eine zentrale Vergesellschaftungsinstanz bildet und die Individuen genau hierüber sozial integriert werden. Für eine gelungene Integration über die Erwerbsarbeit wird vielmehr eine bestimmte erwerbsbiographische Form unterstellt, die freilich nicht für alle gilt, sondern einen spezifischen geschlechtsspezifischen Bias aufweist. So setzt das Normalarbeitsverhältnis von seinen zeitlichen Belastungen her gesehen eine traditionale geschlechtsspezifische Arbeitsteilung voraus (vgl. *Treibel* 1993, 122, *Matthies* et al. 1994, 89 ff., 287 ff.) und verweist letztlich auf ein „Familienmodell" der Erwerbsarbeit, das in der klassischen Sozialstrukturforschung vorherrschend und weitgehend unangefochten war.[3] Hiernach kommt dem Mann wie selbstverständlich die Rolle des erwerbsarbeitsorientierten Ernährers der Familie zu, der sich ganztägig um die *Erwerbs*arbeit kümmert, während die Frau die Absicherung dieser Rolle über die *Haus*arbeit zu liefern hat und nur in Not- und Ausnahmefällen selbst erwerbstätig wird.

II. Erwerbstätigkeit und Normalitätsveränderungen

Bleibt man auf der Ebene des Sein-Sollenden, so handelt es sich bei den „normalen Erwerbsverläufen" im wesentlichen um stabile männliche Erwerbskarrieren, die allenfalls zu Beginn Unsicherheiten aufweisen und sich ansonsten durch eine ungebrochene Vollzeitbeschäftigung auszeichnen. Zwar läßt sich kaum bestreiten, daß es solche Erwerbskarrieren gibt; insbesondere Beamtenkarrieren entsprechen oft diesem Muster. Offen ist jedoch, wie verbreitet sie jenseits der Beamtenschaft sind und welche Bedeutung ihnen in empirischer Hinsicht heute zukommt. Um hierauf eine Antwort zu finden und gleichsam die empirischen Eckdaten zur Vergesellschaftung über die Erwerbsarbeit abzuklären, sind zunächst zwei Fragen zu stellen:

(1) Wer nimmt überhaupt am Erwerbsleben teil, und wie hat sich die Teilnahme am Erwerbsleben verändert?

(2) Wie verbreitet sind Normalarbeitsverhältnisse, und wie entwickelt sich diese Form der Organisation der Erwerbsarbeit?

Eine Analyse von Materialien zur ersten Frage zeigt sehr schnell, daß selbst in fortgeschrittenen Erwerbsgesellschaften das Konzept einer Vergesellschaftung über die Erwerbsarbeit in der Regel nur in einer gleichsam halbierten Form realisiert wird. Denn bezogen auf die Gesamtbevölkerung waren und sind die Erwerbspersonen (= Erwerbstätige + Arbeitslose) stets in der Minderheit. So kamen in der Bundesrepublik im April 1997 nach Angaben des Statistischen Bundesamtes (Sta-

---

[3] Ganz in diesem Sinne behauptete beispielsweise *Schumpeter* (1927, 158): „Die Familie, nicht die physische Person ist das wahre Individuum der Klassentheorie."

tistisches Jahrbuch 1998) auf 82 Mio. Einwohner insgesamt etwas über 40 Mio. Erwerbspersonen. Die ungewichtete Erwerbsquote betrug dementsprechend 49,1% – ein Wert, der noch über dem EU-Durchschnitt von rund 45% lag. Höhere Werte finden sich nur in sozialistischen Gesellschaften, die trotz fehlender Marktvergesellschaftung letztlich die wahren Arbeitsgesellschaften sind bzw. waren – die DDR beispielsweise hatte 1989/90 eine Erwerbsquote von 59% (vgl. Kommission 1996, 33). In kapitalistischen Erwerbsgesellschaften hingegen schwankt die Quote zwischen 42 und 49%, und sofern sie praktisch nie über 50% steigt, ist die Mehrheit der Gesellschaftsmitglieder von der Vergesellschaftung über die Erwerbsarbeit letztlich nur indirekt betroffen.

Anders sieht das Bild jedoch aus, wenn man die Erwerbsquote nicht vor dem Hintergrund der Gesamtbevölkerung sieht, sondern allein auf die Erwerbsfähigen bezieht, also Kinder und Rentner abzieht und nach den Grenzziehungen von OECD und Statistischem Bundesamt nur die 15–65jährigen als potentielle Erwerbspersonen berücksichtigt. Die dementsprechend gewichtete Erwerbsquote liegt in Deutschland bei über 70%, d. h. über 70% der 15–65jährigen (und über 80% der 25–55jährigen!) unterliegen der Vergesellschaftung über die Erwerbsarbeit unmittelbar, denn sie sind entweder erwerbstätig oder stehen dem Arbeitsmarkt als Arbeitslose zur Verfügung. Für die „Kerngruppe" der Erwerbsbevölkerung ist somit eine klare Erwerbsarbeitsorientierung kennzeichnend, die jedoch heute zum Teil anders realisiert wird als in früheren Jahren.

Daß sich die Bedingungen zur Realisierung der Erwerbsorientierung verändert haben, fällt zunächst bei einer Analyse der geschlechtsspezifischen Ungleichheiten am Arbeitsmarkt auf. So waren nach Angaben des Statistischen Bundesamtes im April 1997 80% der Männer zwischen 15 und 65 zu den Erwerbstätigen zu rechnen, während bei den gleichaltrigen Frauen die Erwerbsquote bei 63% lag. Dies verweist auf eine geschlechtsspezifisch ungleiche Beteiligung am Erwerbsleben, die allerdings früher noch weit ausgeprägter war. So belief sich die Erwerbsquote der 15 bis 65jährigen Männer in (West-)deutschland zu Beginn der sechziger Jahre auf sage und schreibe 95%, wohingegen die Frauen nur auf 49% kamen – ein Mißverhältnis, das zu dieser Zeit im gesamten EU-Bereich vorherrschend war.

Die Verringerung des Abstands in der Erwerbsneigung der Geschlechter von über 45% auf unter 20% läßt eine Relativierung des einstigen „Familienmodells" der Erwerbsarbeit erkennen, die jedoch keineswegs überschätzt werden sollte. So korreliert die gestiegene Erwerbsbeteiligung der Frauen mit einem Anstieg der Teilzeitarbeit, und dies heißt nichts anderes, als daß Frauen im Unterschied zu ihren männlichen Kollegen kaum in „Normalarbeitsverhältnissen" beschäftigt sind. Überdies sind die Arbeitsbedingungen von Frauen meist schlechter (vgl. *Beckmann/Engelbrech* 1994), und hieran hat sich in den letzten Jahren nur wenig geändert. Im Gegenteil: wie sich in Deutschland nach der Vereinigung von West und Ost gezeigt hat (vgl. *Beckmann/Engelbrech* 1994), gibt es unter den Bedingungen sich zuspitzender Arbeitsmarktprobleme vielmehr Tendenzen, das traditionelle Familienmodell der Erwerbsarbeit zu reaktivieren, wenngleich sich die Verhältnisse der frühen sechziger Jahre wohl kaum wiederherstellen lassen dürften.

Daß Änderungen struktureller Art nicht einfach rückgängig gemacht werden können, gilt auch in anderer Hinsicht. So zeichnet sich mit dem seit *Fourastié* (1954) und *Bell* (1975) in zahlreichen Varianten beschworenen Übergang zur postindustriellen Dienstleistungsgesellschaft eine nachhaltige Veränderung in den Anforderungsprofilen der Erwerbsarbeit ab, die Folgen hat sowohl für die Erwerbsbeteiligung als auch für den Erwerbsverlauf. Auf der einen Seite sinken die Arbeitsmarktchancen der ungelernten Arbeitskräfte rapide, zumal vor allem die sog. „Einfach-Arbeitsplätze" (vgl. *Schierholz* 1995) entfallen. Auf der anderen Seite zeigt die in der Bundesrepublik seit den sechziger Jahren zu beobachtende (vgl. *Schäfers* 1995, 159) Erhöhung der formalen Bildungsabschlüsse, daß unter den Bedingungen der postindustriellen Dienstleistungsgesellschaft die Qualifikationsanforderungen steigen und überdies permanent erneuert werden müssen. Denn die Halbwertzeit des Wissens sinkt, und im Unterschied zu früher kann sich heute kaum noch jemand darauf berufen, nach Schule, Lehre oder Studium „ausgelernt" zu haben; angesagt ist vielmehr ein „lebenslanges Lernen" auf vergleichsweise hohem Niveau, und dies hat nicht nur zur Folge, daß die Verweildauer im Bildungssystem allgemein zunimmt, sondern zugleich die aktiven Arbeitsphasen häufiger unterbrochen werden und sich verkürzen.

Zugleich ziehen die Veränderungen der Produktionsstruktur aber auch eine grundsätzliche Flexibilisierung und Ausdifferenzierung der Organisationsformen abhängiger Arbeit nach sich, wie sie sich in einer Zunahme von Teilzeitarbeit, KAPOVAZ (=*kapazitätsorientiert-variable Arbeitszeit*), ungeschützten und doppelten Beschäftigungsverhältnissen manifestiert (vgl. *Keller* 1997, 231 ff.). Allerdings hat diese Entwicklung auf der normativen Ebene kaum zu einer Abwertung des Ideals stabiler Lohnarbeitsverhältnisse geführt. Hierfür gibt es durchaus Gründe. Denn das gesellschaftlich akzeptierte Konsumniveau und insbesondere das soziale Sicherungssystem sind nach wie vor in hohem Maße am Modell einer stabilen Vollzeitbeschäftigung orientiert. Eine zureichende Rente beispielsweise ist nur nach 40 Jahren Vollbeschäftigung (einschließlich der anerkannten Ausfallzeiten) gegeben. Auch der Unterhalt einer Familie läßt sich mit einem Teilzeitgehalt kaum bewerkstelligen, weshalb die Idee des Normalarbeitsverhältnisses in den Köpfen der Beschäftigten nach wie vor tief verankert ist, und hier insbesondere bei den Männern.

Dem entspricht in empirischer Hinsicht, daß Männer viel häufiger als Frauen Vollzeitstellen innehaben. Laut Statistischem Jahrbuch 1998 arbeiteten 88,52% der Männer, aber nur 58,22% der erwerbstätigen Frauen mehr als 35 Stunden in der Woche.[4] Frauen sind umgekehrt bei den „Nichtnormarbeitsverhältnissen" führend,

---

[4] Einschränkend anzumerken ist hier allerdings, daß Arbeitszeiten von 35 Stunden und mehr, wie sie bei 75,61% aller Beschäftigten zu beobachten sind, nicht in jedem Fall auf

wobei diese sicher nicht immer freiwillig eingegangen werden. So gibt es, insbesondere in den unteren Qualifikations- und Lohngruppen, für Frauen weit weniger unbefristete Vollzeitstellen als für Männer, und unter den Bedingungen eines angespannten Arbeitsmarkts kommen letztere oft eher zum Zuge. Auf der anderen Seite scheinen Frauen auf das Ideal der unbefristeten Vollbeschäftigung aber auch weniger fixiert zu sein (vgl. *Eckart* 1990, 76 f., *Holst/Schupp* 1994, 401 ff.), und dies gilt insbesondere für Frauen mit gehobenem Bildungsabschluß (vgl. *Sacher* 1998, 173). Gerade letztere erscheinen schon fast, sei es nun freiwillig oder unfreiwillig, als Trendsetter in einer Arbeitswelt, die durch eine Feminisierung der Erwerbsarbeit und sukzessive Auflockerung der Normarbeitsverhältnisse gekennzeichnet ist.

Zwar ist die dauerhafte, unbefristete Vollzeitbeschäftigung nach wie vor vorherrschend. Aber sie ist offensichtlich auf dem Rückzug und verliert an Bedeutung. Dies zeigen u. a. die Berechnungen der Zukunftskommission der Freistaaten Bayern und Sachsen (vgl. Kommission 1996, 64). Hiernach hatten 1970 noch 84% aller abhängig Beschäftigten eine unbefristete Vollzeitstelle; 1995 hingegen konnten dies nur noch 68% von sich sagen. Leicht angestiegen ist dafür im selben Zeitraum die Zahl der befristeten Vollzeitstellen (von 4 auf 5%), und verdoppelt hat sich der Anteil der Teilzeitbeschäftigten (von knapp 5 auf etwas über 10%). Noch stärker angewachsen ist insbesondere in den letzten Jahren die Gruppe der ausschließlich geringfügig Beschäftigten (von knapp 6 auf mehr als 13%) sowie der Anteil der abhängig Selbständigen, also jener Erwerbstätigen, die zwar formell auf eigene Rechnung arbeiten, aber nicht frei in ihren Entscheidungen sind und nur für einen Auftraggeber arbeiten. 1970 lag ihr Anteil noch bei 0,5, 1995 hingegen waren immerhin schon 2% der Erwerbstätigen als Scheinselbständige tätig.

Etwas andere und in mancher Hinsicht noch beeindruckendere Zahlen liefert das Institut für Arbeitsmarkt- und Berufsforschung (IAB), das auf der Grundlage von Daten des Mikrozensus allerdings zum Teil mit anderen Kategorisierungen arbeitet (vgl. *Hoffmann/Walwei* 1998). Hiernach hat sich das Verhältnis von Voll- und Teilzeitbeschäftigung noch deutlicher verändert. Denn nach *Hoffmann/Walwei* waren 1995 nur noch 56% der Erwerbstätigen in unbefristeten Vollzeitstellen und 14% in befristeten. Zugleich ist nach ihren Untersuchungen die Zahl der Teilzeitbeschäftigten höher anzusetzen und von einem noch stärkeren Wachstum dieser Gruppe auszugehen. Schon 1985 waren hiernach 11,3% teilzeitbeschäftigt, und diese Quote hat sich nach *Hoffmann/Walwei* bis 1995 auf 18,5% und bis 1996 wahrscheinlich auf 22,9% erhöht.

---

unbefristete Vollzeitstellen schließen lassen. Denn es kann sich auch um befristete Stellen oder um zwei Teilzeitbeschäftigungen handeln.

III. Quer- und Längsschnittbetrachtungen

Schon diese Zahlen lassen eine Relativierung des Normalarbeitsverhältnisses erkennen, die noch klarer hervortritt, wenn man im Unterschied zu Zukunftskommission und IAB nicht mit Quer-, sondern mit Längsschnittdaten arbeitet und danach fragt, ob die festgestellten unbefristeten Vollzeitstellen tatsächlich dauerhaft sind. Die zu bestimmten Zeit*punkten* gemeldeten Stellen (= Querschnittsdaten) müssen nämlich im Zeit*verlauf* (=Längsschnittdaten) keineswegs dieselben sein. So werden andauernd Stellen abgebaut und neue geschaffen, und wer jeweils zur Jahresmitte eine Vollzeitstelle hat, kann kurz danach arbeitslos sein. Wie sehr sich das Bild beim Übergang von einer Zeitpunkts- zu einer Zeitverlaufsanalyse ändert, zeigen die Daten des sozioökonomischen Panels (SOEP), die seit 1983 erhoben werden und eine vergleichende Betrachtung von Quer- und Längsschnittbefunden erlauben.[5] Die folgende Tabelle 1 zeigt, bezogen auf die Erwerbsfähigen der Panel-Teilnehmer, die Daten zur Vollzeitbeschäftigung in Quer- und Längsschnittbetrachtung, wobei zwischen den kontinuierlich Beschäftigten, also den „Normalarbeitsfällen", und den nur zeitweise Vollzeittätigen unterschieden wird:

Tabelle 1
Vollzeiterwerbstätige 1983–1987 in Quer- und Längsschnittbetrachtung

Jahr / Zeitraum	Kontinuierlich beschäftigt	Diskontinuierlich beschäftigt
1983	57,1%	7,4%
1984	50,8%	8,5%
1985	50,8%	9,1%
1986	51,4%	9,1%
1987	51,0%	8,4%
1983–1987 Längsschnitt	37,1%	33,9%

Quelle: Bonß / Plum 1990, 702.

Die ersten fünf Zeilen geben darüber Auskunft, wieviel Prozent der erwerbsfähigen Panel-Bevölkerung *pro Jahr* kontinuierlich bzw. diskontinuierlich vollzeitbeschäftigt waren; die letzte Zeile zeigt an, für welchen Prozentsatz derselbe Sachverhalt *über den gesamten Beobachtungszeitraum von fünf Jahren* zutrifft. Interessant ist vor allem die Diskrepanz zwischen beiden Betrachtungsweisen. Während bei der Querschnittsbetrachtung die Werte relativ stabil bleiben – es gibt zumeist

---

[5] Zur Beschreibung dieses im eigenen Selbstverständnis bundesweit repräsentativen Datensatzes, der seit 1991 auch für die neuen Bundesländer erhoben wird vgl. ausführlich *Hanefeld* (1987).

um die 51% „Normalarbeitsverhältnisse" und um die 8 bis 9% diskontinuierliche Vollzeitbeschäftigung – sinkt der Anteil der dauerhaft Vollzeitbeschäftigten bei einem Beobachtungszeitraum von 5 Jahren um rund 20% auf 31,7%; umgekehrt steigt die Zahl der diskontinuierlich Vollzeitbeschäftigten um mehr als das Dreifache auf 33,9%.

Tabelle 2

Teilzeiterwerbstätige 1983 – 1987 in Quer- und Längsschnittbetrachtung

Jahr / Zeitraum	Kontinuierlich beschäftigt	Diskontinuierlich beschäftigt
1983	7,8%	3,2%
1984	8,4%	3,5%
1985	7,8%	4,0%
1986	8,6%	4,2%
1987	9,0%	4,4%
1983 – 1987 Längsschnitt	3,4%	19,2%

Quelle: Bonß / Plum 1990, 701.

Ein ähnlicher Trend zeigt sich bei der Teilzeitbeschäftigung, die im Beobachtungszeitraum leicht zunahm. Auch hier sind die Querschnittswerte bei der kontinuierlichen Variante höher als die Längsschnittwerte; umgekehrt fallen die Querschnittswerte bei der diskontinuierlichen Teilzeitbeschäftigung erheblich niedriger aus als die Längsschnittbefunde. Allerdings ist dies anders zu interpretieren als bei der Vollzeitbeschäftigung. Galt dort der Satz, daß es über die Jahre angesichts der Erosion des Normalarbeitsverhältnisses offensichtlich immer schwieriger wird, eine dauerhafte Vollzeitbeschäftigung aufrecht zu erhalten, so ist hier eher davon auszugehen, daß eine kontinuierliche Teilzeitbeschäftigung offenbar nur von wenigen angestrebt wird, nämlich im wesentlichen von Frauen, und hier sind es vor allem Frauen mit gehobenem Bildungsabschluß, die an dauerhaften Teilzeitstellen interessiert sind.

Auch bei der Betroffenheit von Arbeitslosigkeit werden erhebliche Unterschiede zwischen Längs- und Querschnittsdaten deutlich. Die Querschnittsanalyse, wie sie auch den monatlichen Zahlen der Bundesanstalt für Arbeit zugrunde liegt, läßt bei den Panel-Erwerbsfähigen für die Jahre 1983 – 87 auf eine durchschnittliche Arbeitslosenquote von ca. 7% schließen, von denen schon damals rund ein Viertel kontinuierlich, also 12 Monate lang, arbeitslos waren. Bei der Längsschnittanalyse hingegen sieht das Bild anders aus, wobei zweierlei auffallend ist: Auf der einen Seite steigt die Anzahl derer, die von Arbeitslosigkeit betroffen sind, stark an, auf der anderen Seite geht der Prozentsatz der Dauerarbeitslosen stark zurück. So waren zwischen 1983 und 1987 immerhin 17,5% der Untersuchungsgruppe mindestens einen Monat lang arbeitslos, aber nur 0,4% blieben im gesamten Erhebungszeitraum ohne Beschäftigung.

Tabelle 3
Arbeitslose 1983 – 1987 in Quer- und Längsschnittbetrachtung

Jahr / Zeitraum	Dauerhaft arbeitslos	Diskontinuierlich arbeitslos
1983	2,3%	5,2%
1984	2,2%	5,1%
1985	1,7%	5,0%
1986	2,2%	5,1%
1987	1,9%	4,5%
1983 – 1987 Längsschnitt	0,4%	17,1%

Quelle: Bonß / Plum 1990, 704.

Vor dem Hintergrund der skizzierten Längsschnittdaten lassen sich die Normalitätsunterstellungen, wie sie für das Konzept der Normalarbeit kennzeichnend sind, nur schwer aufrecht erhalten, und zwar auf der Ebene der Beschäftigung ebenso wie bei der Arbeitslosigkeit. Genau genommen scheint eine mehrfache Blickkorrektur notwendig. Denn nicht nur die Gruppe jener, die den Kriterien des Normalarbeitsverhältnisses dauerhaft genügen und über eine gleichsam „ultrastabile" Erwerbskarriere verfügen, schrumpft im Laufe der Zeit erheblich, sondern auch die Gruppe der dauerhaft aus dem Arbeitsmarkt ausgegrenzten Langzeitarbeitslosen. Umgekehrt zeichnet sich eine neue Mehrheit ab, nämlich die der unsicheren, turbulenten Erwerbskarrieren. Schon in den achtziger Jahren war bei einem Beobachtungszeitraum von 5 Jahren nur noch rund ein Drittel der Erwerbstätigen dauerhaft vollzeitbeschäftigt. Die überwiegende Mehrheit pendelte demgegenüber zwischen unbefristeter Vollzeitbeschäftigung und anderen Arbeitsformen oder zwischen Beschäftigung, Arbeitslosigkeit und Wiederbeschäftigung – ein Befund, der übrigens nicht nur für die achtziger, sondern erst recht für die neunziger Jahre Geltung beanspruchen kann. Denn die Arbeitslosigkeit ist bereits unter Querschnittsgesichtspunkten gestiegen, die Zahl der Normalarbeitsplätze, ebenfalls unter Querschnittsgesichtspunkten, weiter gesunken, und zugleich zeichnen sich angesichts wachsender Flexibilisierungsanforderungen und steigender Innovationsgeschwindigkeiten zusätzliche Turbulenzen und Brüche in den Erwerbsbiographien ab.

IV. Erwerbsverläufe im generationellen Vergleich

Aus der (in nicht geringem Umfang methodisch bedingten) Entdeckung, daß die Erwerbsbiographien oft „normal" sind und nicht unbedingt die Stabilitätserwartungen nach dem Konzept des Normalarbeitsverhältnisses erfüllen, wird oft umstandslos geschlossen, daß dieses Phänomen völlig neu sei. Aber dies ist in mancher Hinsicht vorschnell. Denn wie Untersuchungen zu den Erwerbsverläufen verschiedener Geburtskohorten im 20. Jahrhundert zeigen, waren die tatsächlichen Berufsbiographien nie so konsistent wie im Konzept des Normalarbeitsverhältnisses unterstellt.

Exemplarisch läßt sich dies an einer Untersuchung von *Berger/Sopp* (1994) studieren, die, ebenfalls auf der Grundlage von Daten aus dem sozioökonomischen Panel (SOEP), einen Vergleich von sechs Geburtskohorten unter der Perspektive des Strukturwandels von Erwerbsbiographien vorgenommen haben. Diese komparative Analyse bezieht sich auf die Jahrgänge 1901/05, 1911/15, 1921/25, 1931/35, 1941/45 und 1951/55; sie liefert noch keine Auskünfte über die inzwischen ebenso arbeitsmarktrelevanten Jahrgänge 1961/65 und 1971/75.

Ungeachtet dieses Defizits sind zwei Punkte von Interesse. Denn einerseits zeigen *Berger/Sopp,* daß die letzte Gruppe, also die Jahrgänge 1951/55, sich durch einen weit instabileren Erwerbsbeginn auszeichnet als die beiden vorangehenden Kohorten. Auf der anderen Seite machen die Autoren aber auch deutlich, daß die Jahrgänge 1911/15 und 1921/25 unter der Perspektive verschiedener Episoden im Erwerbsverlauf eine ähnliche Brüchigkeit der Erwerbsbiographie aufweisen wie die Jungen. Wie groß die Stabilität bzw. Instabilität des Erwerbsverlaufs in den einzelnen Kohorten zu den verschiedenen Zeitpunkten des Erwerbsverlaufs war, zeigt in vereinfachender Form die folgende Tabelle 4:

Tabelle 4

Geburtskohorten und Erwerbsverläufe

Jahrgang	Von 100 männlichen Erwerbsverläufen waren stabil im Alter von		
	20 – 29 Jahre	30 – 39 Jahre	40 – 49 Jahre
1901 – 1905	70	30	65
1911 – 1915	45	20	85
1921 – 1925	65	90	90
1931 – 1935	80	88	85
1941 – 1945	78	85	–
1951 – 1955	65	–	–

Quelle: Berger/Sopp 1992, 175; eigene Durchschnittsbildung, gerundet.

Die instabilsten Erwerbskarrieren haben hiernach letztlich nicht die „ganz Jungen" (die inzwischen auch schon weit über vierzig und eindeutig unzureichend dokumentiert sind), sondern die Angehörigen der Jahrgänge 1911/15. Dieser Befund, der das landläufige Bild von der einstigen Stabilität des Lebenslaufs Lügen straft, ist allerdings kaum verwunderlich. Denn die Angehörigen der zweiten Kohorte begannen ihr Erwerbsleben zum Teil in der Weltwirtschaftskrise; sie mußten ein Jahrzehnt später in den Krieg ziehen, und konnten kriegs- und nachkriegsbedingt erst spät eine stabile Erwerbskarriere im Sinne eines Normalarbeitsverhältnisses entwickeln. Rein ereignisbezogen gesehen weisen diese Personen daher bis in das vierte Lebensjahrzehnt eine ähnlich heterogene Biographie auf wie ihre Kinder und erst recht ihre (bei *Berger/Sopp* noch nicht erfaßten) Enkel.

Dennoch gibt es zwischen beiden entscheidende Unterschiede. So orientierte sich der Großvater wie selbstverständlich an vorgegeben-festen Lebensentwürfen, die nicht von „innen", sondern von „außen", nämlich durch Krieg und andere Ausnahmesituationen in Frage gestellt wurden. Und er konnte die erwerbsgesellschaftlichen Normalitätsvorstellungen insofern aufrecht erhalten, als er nach 1945 tatsächlich oft in Normalarbeitsverhältnissen beschäftigt war. Ganz anders hingegen sieht die Situation bei den Enkeln aus. Im Gegensatz zu den Großeltern sind diese zwar mit zuvor unbekannten Wachstums-, Einkommens- und Beschäftigungsversprechungen sozialisiert worden, die nach wie vor wirksam sind. Im Unterschied zu den Arbeitsmarkteinsteigern der fünfziger, sechziger und zum Teil auch noch der siebziger Jahre können sie jedoch immer weniger mit einer stabilen Erwerbsbiographie rechnen. Vor dem Hintergrund der durch Digitalisierungs-, Virtualisierungs- und Globalisierungsprozesse gekennzeichneten Veränderungen der Produktionsstruktur zeichnet sich vielmehr ein von zahlreichen Autoren[6] beschworener ökonomischer wie gesellschaftlicher Wandel ab, in dessen Folge vor allem für die Neueinsteiger am Arbeitsmarkt „Normalarbeitsverhältnisse" eher unwahrscheinlich werden dürften, sondern allenfalls noch „das Recht auf diskontinuierliche Erwerbstätigkeit" (*Beck* 1999, 33) besteht.

Dieser Befund ist in doppelter Hinsicht aufschlußreich. Er macht zunächst in methodischer Hinsicht deutlich, daß einzelne Ereignisse weit weniger wichtig sein können als ihre *Bedeutung* bzw. genauer: daß Ereignisse letztlich nur in ihrem Bedeutungszusammenhang aussagekräftig sind. Denn die Tatsache, daß eine Erwerbsbiographie Brüche aufweist, ist erst dann aussagekräftig, wenn klar ist, warum diese Brüche entstanden sind. Zum anderen zeigt sich unter inhaltlichen Gesichtspunkten, daß die mit dem Stichwort des Normalarbeitsverhältnisses verknüpften Stabilitätsunterstellungen letztlich nur für eine bestimmte *Zeit* und eine bestimmte *Generation* galten. Unter generationellen Gesichtspunkten sind es im wesentlichen die zwischen 1931 und 1945 Geborenen, die über Ihren gesamten Erwerbsverlauf überdurchschnittlich hohe Stabilitätswerte aufweisen. In zeitlicher Hinsicht wiederum war es die „Wirtschaftswunderzeit" der fünfziger und sechziger

---

[6] Vgl. z. B. *Reich* (1991); *Rifkin* (1995); *Gorz* (1998a, b) sowie zuletzt *Beck* (1999).

Jahre, in denen stabile Erwerbskarrieren entstanden und Normalarbeitsverhältnisse zur Regel wurden.

V. Veränderungen beim Berufseinstieg

Inzwischen jedoch ist der „kurze Traum immerwährender Prosperität" (*Lutz* 1983) vorüber, und es wird deutlich, daß die Idee des „Normalarbeitsverhältnisses" letztlich auf einer historischen Ausnahmesituation fußt, die so wohl kaum wiederholbar sein dürfte. Um diese These zu erhärten, sind vor allem Informationen über das Berufsschicksal der ganz Jungen interessant, bei denen aus verständlichen Gründen nur etwas über den Berufseinstieg gesagt werden kann. Eine der neuesten Analysen hierzu stammt von *Matthias Sacher* (1998), der, wiederum mit den Daten des SOEP, einen Vergleich von fünf Kohorten von Berufseinsteigern zwischen 1950/54 und 1990/94 durchgeführt hat. Hierbei interessierte er sich vor allem für Differenzen beim Berufseinstieg, und zwar sowohl unter der Perspektive der Zeit (Vollzeit vs. Teilzeit), der Vorbildung (Hauptschule vs. Gymnasium) und des Geschlechts. Die wichtigsten Befunde *Sachers* finden sich in den folgenden Tabellen 5 und 6:

Tabelle 5
Berufseinstieg nach Erwerbsstatus: Männer zwischen 1950 und 1990
(Angaben in % der Einsteigerkohorte bzw. der Teilgruppe)

Berufseinstieg	1950/54	1960/64	1970/74	1980/84	1990/94
Vollzeit	93	95	96	87	83
Teilzeit	7	5	4	13	17
HS-Voll-/Teilzeit	95/5	98/2	99/1	97/3	95/5
Abi-Voll-/Teilzeit	94/6	95/5	86/14	70/30	54/46
Dauer TZ 1 Jahr 3 Jahre 5 Jahre	84,8 45,5 39,4	76,2 33,3 23,8	73,7 31,6 21,1	46,6 18,2 5,7	– – –

Quelle: Sacher 1998, 173.

Besonders interessant sind die jeweils letzten beiden Spalten, die sich auf die bei *Berger/Sopp* noch nicht berücksichtigten Berufsanfänger der Jahrgänge 1980/84 sowie 1990/94 beziehen. Hierbei wird deutlich, daß die sich zuvor abzeichnenden Entwicklungstendenzen in den achtziger und neunziger Jahren fortsetzen und zum Teil noch zuspitzen. So ist ein grundsätzlicher Anstieg der Teilzeittätigkeiten zu notieren, der sich in den letzten beiden Kohorten eher verstärkt hat und hier vor allem die Frauen und die höher Qualifizierten betrifft. Allerdings läuft diese Entwicklung keineswegs auf eine Stabilisierung der Teilzeitbeschäftigung hinaus – im Gegenteil: Im Unterschied zu früheren Jahrgängen sinkt die Dauer der Teilzeitbeschäftigung erheblich, und zwar bei Männern ebenso wie bei Frauen. Unklar bleibt jedoch, was in den einzelnen Fällen auf die Teilzeitbeschäftigung jeweils folgt. Zwar steht zu vermuten, daß insbesondere Männer verstärkt nach einer Vollzeittätigkeit streben. Aber es ist überhaupt nicht gesagt, ob sie eine solche tatsächlich realisieren können. Denn Arbeitslosigkeit als Folgeereignis ist ebenso denkbar wie die Rückkehr in Qualifizierungsmaßnahmen.

Tabelle 6
Berufseinstieg nach Erwerbsstatus: Frauen zwischen 1950 und 1990
(Angaben in % der Einsteigerkohorte bzw. der Teilgruppe)

Berufseinstieg	1950/54	1960/64	1970/74	1980/84	1990/94
Vollzeit (VZ)	89	95	96	83	71
Teilzeit (TZ)	11	5	4	17	29
HS – Voll-/Teilzeit	90/10	93/7	95/5	80/20	74/26
Abi- Voll-/Teilzeit	93/7	100/0	86/14	71/29	46/54
Dauer TZ 1 Jahr 3 Jahre 5 Jahre	93,3 66,7 42,2	83,3 63,9 41,7	82,9 60,0 51,4	63,2 32,5 16,7	– – –

Quelle: Sacher 1998, 173.

Genau deshalb bleibt festzuhalten, daß die Frage nach der Normalität von Erwerbsarbeit gerade für die jüngeren Jahrgänge immer schwieriger zu beantworten ist. Dies nicht nur deshalb, weil bei den Jüngeren die Zukunft grundsätzlich offener ist. Vielmehr gilt generell, daß die Erwerbsbiographien „individualisierter" und uneinheitlicher werden, wobei sie um so turbulenter erscheinen, je größer der betrachtete Zeitraum wird. Unter dieser Perspektive wird eine im Konzept des Normalarbeitsverhältnisses nicht vorgesehene, aber höchst aktuelle Dynamisierung der Erwerbsbiographie sichtbar, die doppelt zu interpretieren ist: Auf der einen Seite wächst die erwerbsbiographische Unsicherheit – immer weniger Erwerbspersonen, und zwar nicht nur Frauen, sondern auch Männer, können sich Hoffnungen auf eine dauerhafte Vollzeitbeschäftigung machen, sondern stehen unter dem Zwang einer nachhaltig flexiblen Verwertung der eigenen Arbeitskraft. Auf der anderen Seite darf das Ende der stabilen Beschäftigungserwartungen jedoch nicht von vornherein mit einer dauerhaften Ausgrenzung und Marginalisierung gleichgesetzt werden. Zwar steigt der Anteil der Langzeitarbeitslosen und der generationell Ausgegrenzten (vgl. *Rolle/van Suntum* 1997, 11 ff.). Aber noch stärker wächst die Zahl derer, die über keine stabile Beschäftigung im Sinne eines „Normalarbeitsverhältnisses" verfügen, die zeitweise durchaus armutsgefährdet sein können, aber langfristig gleichwohl arbeitsmarktorientiert bleiben, auch wenn eine Reintegration in den Arbeitsmarkt oftmals nur auf einem niedrigeren Einkommensniveau gelingt (vgl. *Berger* 1996, 19 ff., *Habich* 1996).

VI. Zukunftserwartungen

Was folgt nun aus diesen Befunden für die sich verändernde „Normalität" der Erwerbsarbeit, und welche Zukunftserwartungen zeichnen sich ab? Auf diese Frage gibt es unterschiedliche Antworten, die sich jedoch in einem Punkt treffen. Die „Normalität" und auch die Zukunft der Erwerbsarbeit, so der übereinstimmende Befund, kann offensichtlich nicht so gedacht werden wie ihre Vergangenheit. So dürfte der Anteil der Normalarbeitsverhältnisse im klassischen Sinne weiter sinken und umgekehrt der Anteil der turbulenten Beschäftigungsverhältnisse steigen. Die „normalen" Erwerbsverläufe der Zukunft – und hier stimmen alle Autoren von *Reich* (1991) über *Rifkin* (1995) bis hin zu *Gorz* (1998) oder *Beck* (1999) überein – werden vor allem eins sein: individualisiert und unsicher. Denn gefragt sind nicht mehr stabilitätsorientierte „Arbeitnehmer" sondern verwertungsorientierte „Arbeitskraftunternehmer" (*Voß / Pongratz* 1998), die auf einem engen Arbeitsmarkt jede Chance nutzen, ihr „Humankapital" möglichst optimal zu verwerten.

Derartige Unternehmer ihrer eigenen Arbeitskraft werden kaum noch einen „festen Beruf" haben, und hier deuten sich bereits jetzt nachhaltige Veränderungen an. So dürfte von denen, die 2000 oder 2004 in den Arbeitsmarkt eintreten, wohl kaum noch jemand damit rechnen können, den erlernten Erstberuf lebenslang auszuüben, und es ist auch eher unwahrscheinlich, daß er / sie immer nur einen Beruf ausüben wird. Sofern insbesondere in den urbanen Zentren eine Teilzeitstelle kaum genug einbringen dürfte, um den notwendigen Grundbedarf zu sichern, steht vielmehr zu erwarten, daß zumindest zeitweise mehrere Beschäftigungsverhältnisse nebeneinander bestehen – ein Trend, der ansatzweise schon jetzt zu beobachten ist, und zwar im Ausland weit mehr als in Deutschland.

Der Blick ins Ausland ist grundsätzlich lohnend, um mehr über die Zukunft der Erwerbsarbeit zu erfahren. Denn „Normalarbeitsverhältnisse" sind in mancher Hinsicht eine spezifisch deutsche (Nachkriegs-)Angelegenheit, während in vielen vergleichbaren Ländern die Beschäftigungsverhältnisse seit jeher unsicherer waren. Auch wenn in der Erwerbsgesellschaft der Zukunft eine Einebung aller nationalen Differenzen keineswegs zu erwarten ist, so ist gerade für Deutschland von einer wachsenden Dynamik des Arbeitsmarktgeschehens auszugehen, in deren Folge mit einer allgemein sinkenden Arbeitsplatzsicherheit und einer allgemein steigenden Statusunsicherheit zu rechnen ist. Auf der Sonnenseite der Arbeitsgesellschaft wird dabei nur eine sehr kleine Gruppe sitzen, nämlich jene innovativen „Symbolanalytiker" (*Reich* 1991, 189), die Dienstleistungen erbringen und als eine modernisierte Variante der von *Daniel Bell* (1975) beschriebenen „neuen Professionellen" zu begreifen sind. Zwar werden auch sie nicht in „Normalarbeitsverhältnissen" arbeiten, aber sie werden insofern eine stetige Erwerbsbiographie aufweisen, als es ihnen gelingt, immer wieder neue Aufträge und Beschäftigungsverhältnisse zu bekommen.

Dies dürfte allerdings keinesfalls für alle Symbolanalytiker und letztlich wohl für nicht mehr als 10% der Erwerbstätigen gelten. Der überwiegende Rest muß mit einer mehr oder weniger instabilen Erwerbskarriere rechnen, bei der Arbeitslosigkeit zur Normalerfahrung gehört und auch nicht mehr davon ausgegangen werden kann, daß mit wachsendem Erwerbsalter zugleich die Einkommen steigen. Statt dessen dürfte die Zahl derer zunehmen, die nicht mehr in der Lage sind, den Wohlstand der Elterngeneration zu halten und deren Lebensstandard zu reproduzieren. Denn die Einkommensdifferenzen zwischen Arm und Reich, so die vor allem von amerikanischen Autoren formulierte Befürchtung[7], werden bei einer ungesteuerten Entwicklung weiter ansteigen. Während die kleine Gruppe der erfolgreichen Symbolanalytiker über ein erhebliches Einkommen verfügen wird, ist für die breite Masse der instabilen Erwerbskarrieren von Verarmungsprozessen auszugehen, und darüber hinaus ist mit einer kleinen Gruppe von „Ultraarmen" zu rechnen, die kaum ihren alltäglichen Bedarf decken können (vgl. *Rifkin* 1995, 143).

Um dieses Negativszenario nicht völlig ungebremst Wirklichkeit werden zu lassen, erscheinen sozialpolitische Interventionen unverzichtbar. Allerdings können sich diese nicht länger an den Idealen des Normalarbeitsverhältnisses orientieren. Statt dessen ist vielmehr von zwei, auf den ersten Blick einander widersprechenden Feststellungen auszugehen: Zum einen, daß die „Normalarbeit" eine aussterbende Organisationsform der Erwerbsarbeit ist, zum anderen, daß eine erwerbsarbeitsbezogene Reproduktion und Absicherung der Individuen in letzter Instanz nur über die „Normalarbeit" möglich ist. Denn das Faszinierende an der Idee der Normalarbeit auf der Ebene des Sein-Sollenden war ja gerade, daß mit diesem Modell es möglich werden sollte, die Risiken der Erwerbsarbeit abzusichern und ein (familienbezogenes) Einkommen zu ermöglichen, das ausreichend war, um die soziale Integration über die Erwerbsarbeit zu gewährleisten. Wenn aber die Normalarbeit zu einer aussterbenden Organisationsform wird, dann muß auch vom Grundsatz einer dominant erwerbsarbeitsbezogenen Reproduktion und Absicherung der Individuen abgegangen werden.

Mit dieser Feststellung soll nicht bestritten werden, daß der Erwerbsarbeit auch in Zukunft eine wichtige Bedeutung im Kontext der gesellschaftlichen Arbeit zukommen wird. Aber sofern der Anteil der lebendigen Arbeit am Wertschöpfungsprozeß immer weiter zurückgeht (und umgekehrt der des Kapitals zunimmt), wird es immer schwieriger, die eigene Existenz allein über Erwerbsarbeit vollständig zu reproduzieren. Statt auf die Wiederherstellung der Normalarbeit zu schielen, müssen daher mehr und andere Einkommensquellen erschlossen werden. Denn nur

---

[7] Vgl. *Reich* (1991, 221 ff.); *Rifkin* (1995, 139 ff.) sowie auch *Martin / Schumann* (1996).

wenn neben das Einkommen aus Erwerbsarbeit zusätzliche Transfer- und Kapitaleinkommen treten, ist es denkbar, die sich langfristig verschärfenden sozialen Ungleichheiten abzufangen und neue, plurale Arbeitsbiographien mit sowohl erwerbsarbeits- als auch nicht-erwerbsarbeitsbezogenen Anteilen zu ermöglichen.

Literatur

Beck, Ulrich (1999): Schöne neue Arbeitswelt. Vision: Weltbürgergesellschaft. Frankfurt: Suhrkamp.

Beckmann, Petra / *Engelbrech,* Gerhard (Hrsg.) (1994): Arbeitsmarkt für Frauen 2000. Ein Schritt vor oder ein Schritt zurück? Kompendium zur Erwerbstätigkeit von Frauen (S. 423–445). Nürnberg: IAB.

Bell, Daniel (1975): Die nachindustrielle Gesellschaft. Frankfurt / Main: Fischer.

Berger, Peter A. (1996): Individualisierung. Statusunsicherheit und Erfahrungsvielfalt. Opladen: Westdeutscher Verlag.

Berger, Peter A. / *Sopp,* Peter (1992): Bewegtere Zeiten? Zur Differenzierung von Erwerbsverläufen in Westdeutschland. Zeitschrift für Soziologie, 21, 166–185.

Blossfeld, Hans-Peter / *Mayer,* Karl-Ulrich (1988): Arbeitsmarktsegmentation in der Bundesrepublik Deutschland. Eine empirische Überprüfung von Segmentationstheorien aus der Perspektive des Lebenslaufs. Kölner Zeitschrift für Soziologie und Sozialpsychologie, 40, 262–283.

Bonß, Wolfgang / *Plum,* Wolfgang (1990): Gesellschaftliche Differenzierung und sozialpolitische Normalitätsfiktion. Zum theoretischen und empirischen Gehalt von Normalitätsunterstellungen in der Sozialpolitikdiskussion. Zeitschrift für Sozialreform, 36, 692–715.

Bosch, Gerhard (1986): Hat das Normalarbeitsverhältnis eine Zukunft? WSI-Mitteilungen, 39, Heft 3, 163–176.

Eckart, Christel (1990): Der Preis der Zeit. Eine Untersuchung der Interessen von Frauen an Teilzeitarbeit. Frankfurt / Main: Campus.

Fourastié, Jean (1954): Die große Hoffnung des 20. Jahrhunderts (2. Aufl.), Köln: Bund-Verlag 1969.

Gorz, André (1998a): Abschied von der Erwerbsarbeit. Ein Interview. taz-mag v. 29. / 30. 8. 1998, VI f.

– (1998b): Arbeit zwischen Elend und Utopie. Frankfurt: Suhrkamp.

Habich, Roland (1996): Problemgruppen und Armut: Zur These von der Zwei-Drittel-Gesellschaft. In: Zapf, Wolfgang / Habich, Roland (Hrsg.), Wohlfahrtsentwicklung im vereinten Deutschland. Sozialstruktur, sozialer Wandel und Lebensqualität (S. 161–188). Berlin: edition sigma.

Hanefeld, Ute (1987): Das sozio-ökonomische Panel. Grundlagen und Konzeption. Frankfurt / Main: Campus.

Hinrichs, Karl (1989): Irreguläre Beschäftigungsverhältnisse und soziale Sicherheit. Facetten der Erosion des Normalarbeitsverhältnisses in der Bundesrepublik. Prokla, 77, 7–33.

Hoffmann, Edeltraut / *Walwei,* Ulrich (1998): Beschäftigung: Formenvielfalt als Perspektive? Teil 1. Längerfristige Entwicklung von Erwerbsformen in Westdeutschland. In IAB kurzbericht 2 / 1998 v. 27. 1. 1998. Nürnberg: IAB.

Holst, Elke / *Schupp,* Jürgen (1994): Ist Teilzeitarbeit der richtige Weg? Arbeitszeitpräferenzen in West- und Ostdeutschland. DIW-Wochenbericht, 23, 401–410.

Keller, Berndt (1997): Atypische Beschäftigungsverhältnisse: Beschäftigungswirkungen und Bedingungen der Regulierung. In: Sadowski, Dieter / Pull, Kerstin (Hrsg.), Vorschläge jenseits der Lohnpolitik. Optionen für mehr Beschäftigung II (S. 227–246). Frankfurt / Main: Campus.

Kommission für Zukunftsfragen der Freistaaten Bayern und Sachsen (1996): Erwerbstätigkeit und Arbeitslosigkeit in Deutschland. Entwicklung, Ursachen und Maßnahmen. Teil I: Entwicklung von Erwerbstätigkeit und Arbeitslosigkeit in Deutschland und anderen frühindustrialisierten Ländern. Bonn: E.i.S.

Lutz, Burkart (1983): Technik und Arbeit – Stand, Perspektiven und Probleme industriesoziologischer Technikforschung. In: Schneider, C. (Hrsg.), Forschung in der Bundesrepublik. Weinheim: Beltz.

Martin, Hans-Peter / *Schumann,* Harald (1996): Die Globalisierungsfalle. Reinbek: Rowohlt.

Matthies, Hildegard / *Mückenberger,* Ulrich / *Offe,* Claus / *Peter,* Edgar / *Raasch,* Sibylle (1994): Arbeit 2000. Anforderungen an eine Neugestaltung der Arbeitswelt – Eine Studie der Hans-Böckler-Stiftung. Reinbek : Rowohlt.

Mückenberger, Ulrich (1985): Die Krise des Normalarbeitsverhältnisses. Zeitschrift für Sozialreform, 31, 415–434; 457–475.

– (1987): Zur Rolle des Normalarbeitsverhältnisses bei der sozialstaatlichen Umverteilung von Risiken. Prokla, 63, 31–45.

– (1989): Der Wandel des Normalarbeitsverhältnisses unter Bedingungen einer Krise der „Normalität". Gewerkschaftliche Monatshefte, 4 / 89.

Osterland, Martin (1990): „Normalbiographie" und „Normalarbeitsverhältnis". In: Berger, Peter A. / Hradil, Stefan (Hrsg.), Lebenslagen, Lebensläufe, Lebensstile (Soziale Welt, Sonderband 7, 351–362). Göttingen : Otto Schwartz.

Reich, Robert B. (1991): Die neue Weltwirtschaft. Das Ende der nationalen Ökonomien. Berlin: Ullstein 1993.

Rifkin, Jeremy (1995): Das Ende der Arbeit und ihre Zukunft. Mit einem Nachwort von Martin Kempe. Frankfurt / Main: Campus.

Rolle, Carsten / *Suntum,* Ulrich van (1997): Langzeitarbeitslosigkeit und soziale Absicherung. Deutschland, Österreich, Schweiz, USA. Gütersloh: Verlag Bertelsmann Stiftung.

Sacher, Matthias (1998): Berufseinstieg – gestern und heute. Ein Kohortenvergleich. In: Friedrichs, Jürgen (Hrsg.), Die Individualisierungsthese (S. 165–180). Opladen: Leske + Budrich.

Schäfers, Bernhard (1995): Gesellschaftlicher Wandel in Deutschland. Ein Studienbuch zur Sozialstruktur und Sozialgeschichte. 6. völlig neu bearb. Auflage. Mit einem Beitrag von Stefan Hradil. Stuttgart: Enke.

Schierholz, Henning (Hrsg.) (1995): Einfach-Arbeitsplätze fallen weg – Was wird aus den jungen Menschen? Loccum: Evangelische Akademie.

Schumpeter, Josef A. (1927): Die sozialen Klasse im ethnisch homogenen Milieu. In: Ders. (Hrsg.), Aufsätze zur Soziologie. Tübingen : J.C.B. Mohr/Paul Siebeck 1953.

Sengenberger, Werner (Hrsg.) (1978): Der gespaltene Arbeitsmarkt. Probleme der Arbeitsmarktsegmentation. Frankfurt/Main, New York: Campus.

Statistisches Bundesamt (1998): Statistisches Jahrbuch 1998 für die Bundesrepublik Deutschland und das Ausland (CD-Ausgabe). Stuttgart: Metzler – Poeschel.

Thiele, Mouna (1997): Gespaltener Arbeitsmarkt und Beschäftigung. Frankfurt/Main: Peter Lang.

Treibel, Anette (1993): Einführung in gegenwärtige soziologische Theorien. Opladen: Leske + Budrich.

Vobruba, Georg (Hrsg.) (1989): Strukturwandel der Sozialpolitik. Lohnarbeitszentrierte Sozialpolitik und soziale Grundsicherung. Frankfurt/Main: Suhrkamp.

Voß, Günter/*Pongratz,* Hans J. (1998): Der Arbeitskraftunternehmer. Eine neue Grundform der Ware Arbeitskraft? Kölner Zeitschrift für Soziologie und Sozialpsychologie, Jg. 50, 131–158.

Wenger, Helmut (1984): Segmentation am Arbeitsmarkt und Arbeitslosigkeit. Frankfurt/Main: Campus.

Zachert, Ulrich (1988): Entwicklungen und Perspektiven des Normalarbeitsverhältnisses. WSI-Mitteilungen, 41, 457–466.

Neue Integrationsmodelle in der zivilen Arbeitsgesellschaft
Eine sozialwissenschaftliche Perspektive

Von Gerd Mutz

Es besteht kaum Zweifel daran, dass sich industrielle Arbeitsgesellschaften in einem tief greifenden Wandel befinden. Digitalisierung und Globalisierung sind die einschlägigen Stichworte. Das bedeutet jedoch nicht, dass wir generell von einer Krise der Arbeit oder von einem Abschied von der Arbeitsgesellschaft sprechen können (prominent in Deutschland: *Beck* 2000 und Zukunftskommission 1997; für die USA: *Rifkin* 1995; für Frankreich: *Gorz* 1989). Vielmehr geht es um das Argument, dass sich die gesellschaftliche Arbeit selbst und damit ihre Organisationsformen sowie die Lebensführung von Männern und Frauen in einem Umbruch befinden. Aus der industriell geprägten Arbeitsgesellschaft entsteht eine „Neue Arbeitsgesellschaft" (*Mutz* 1999a). Dies kann eine auf Bürgersinn gegründete, zivile Arbeitsgesellschaft sein, wenn sich gleichzeitig Rahmenbedingungen herausbilden, die eine Entfaltung des souveränen Arbeitsbürgers zulassen.

I. Arbeitswelt und Lebensführung im Wandel

1. Pluralisierung der Erwerbsformen und Entstehung der Projektarbeit

Wenn wir davon sprechen, dass die Organisation gesellschaftlicher Arbeit in eine Krise geraten ist, dann geht es heute nicht vorrangig darum, ob wir genug Arbeit „haben" (was selbstverständlich wichtig ist). Auch wenn die Vermutung zutreffen sollte – und darauf deuten die statistischen Daten hin –, dass das Volumen der Erwerbsarbeit langfristig tendenziell abnimmt (*Klement* 2001), so folgen nicht zwangsläufig Unterbeschäftigung und hohe Arbeitslosigkeit. Ob dies der Fall ist, entscheidet sich nicht auf der quantitativen Ebene und ist keine Frage der Arithmetik, sondern der politischen, wirtschaftlichen und sozialen Rahmenbedingungen – nicht zuletzt sind auch national und regional unterschiedliche Arbeitskulturen von Bedeutung.[1] Vielen westlichen Ländern ist es in den letzten Jahren gelungen, die bedrohliche Arbeitsmarktlage umzukehren und gar eine Situation der Arbeitskräf-

---

[1] Es hat den Anschein, dass Menschen – gleichsam als „Gegenbewegung" zu den Prozessen der Digitalisierung und Globalisierung – ihre regionalen oder im Milieu verankerten Arbeitstraditionen wieder stärker betonen, womit die lokale Handlungsebene an Bedeutung gewinnt („Glokalisierung").

teknappheit herbeizuführen; andere westliche Länder sind auf einem guten Weg in diese Richtung.[2]

Deshalb geht es – auf der makrotheoretischen Ebene – vielmehr um die Frage, ob die neu entstehenden Organisationsmuster gesellschaftlicher Arbeit in ähnlicher Form soziale Integrationskraft entfalten können, wie wir es von der industriellen Arbeitsgesellschaft kennen, oder ob insbesondere in der jetzigen Übergangssituation die desintegrativen Momente überwiegen. Aus meso- und mikrotheoretischer Sicht steht die Frage im Mittelpunkt, ob sich die arbeitsgesellschaftlichen Rahmenbedingungen richtungsgleich oder gegenläufig verändern und ob Männer wie Frauen für diesen Wandel gerüstet sind.

Ausgangspunkt der Analysen ist die Diagnose, dass wir eine Erosion des Normalarbeitsverhältnisses (*Bonß* 2000; *Dambois* 1999; Zukunftskommission 1997) und analog dazu des Normalunternehmertums (*Mutz* 1999b) beobachten können.[3] Das Primat der abhängigen Erwerbsarbeit – Lohnarbeit – als dominante Organisationsform gesellschaftlicher Arbeit scheint gebrochen. Das heißt, dass sich neben den regulären Beschäftigungsverhältnissen, die es vor allem in den industriellen Bereichen und teilweise im Dienstleistungssektor nach wie vor in hoher Anzahl gibt, andere Formen der abhängigen Erwerbstätigkeit entwickelt haben. Dazu zählen sehr unterschiedliche Varianten befristeter Voll- und Teilzeitbeschäftigungen sowie eine Vielzahl prekärer Beschäftigungen. Aber auch der Bereich der selbständigen und freiberuflichen Tätigkeiten ist in Bewegung geraten. In den vergangenen Jahren wurden beispielsweise viele Mikro- und Solounternehmen – überwiegend von Frauen – gegründet.[4] Sie könnten Indikator für eine neu entstehende Kultur der Selbständigkeit in Deutschland sein, auch wenn wir noch lange nicht, wie in den USA und GB, von einem Gründungsboom sprechen können.

Die bisher strikte Trennung zwischen abhängiger und selbständiger Erwerbsarbeit löst sich auf, und Frauen und Männer werden im Verlaufe ihres Erwerbslebens unterschiedliche abhängige und selbstständige Tätigkeiten ausüben, nicht nur nacheinander, sondern teilweise auch nebeneinander: Solounternehmer können hinter-

---

[2] In Deutschland scheint dies in der derzeitigen Situation – aus vielfältigen Gründen – nicht zu gelingen (was ein eigenes Thema wäre).

[3] Dies ist nicht die einzige Form, in der diese Umbrüche in der Organisation gesellschaftlicher Arbeit zum Ausdruck kommen – aber die in diesem Zusammenhang wichtigste.

[4] Der Trend zu Ein-Personen- und Mikro-Unternehmen scheint sich zu verstärken: Nach den Daten des Mikrozensus ist in dem 20-Jahreszeitraum seit 1978 die Zahl der Selbständigen um etwa ein Drittel gestiegen, mehr als 70% dieses Wachstums entstand in den 90er Jahren, insbesondere in der Zeit nach 1994. Fast die Hälfte des Zuwachses entfällt auf Selbständige *ohne* Beschäftige („Selbstbeschäftigte") in den besonders wissensintensiven Dienstleistungsbereichen. Im Vergleich zu traditionellen Formen der Selbständigkeit ist die Sozialstruktur dieser Unternehmen differenzierter: Es handelt sich häufiger um jüngere Erwerbspersonen, seltener um hochqualifizierte und gutverdienende Vollzeitselbständige; außerdem sind die Mehrzahl der Solo- und Mikro-Unternehmer Frauen. Die Entwicklung der Solo- und Mikro-Firmen begünstigt offensichtlich einen Personenkreis, dem die selbständige Erwerbstätigkeit bislang eher verschlossen war (Institut für Mittelstandsforschung 1999).

einander oder zugleich abhängige Beschäftigte oder Werkvertragsnehmer sein – in der negativen Variante abwechselnd Scheinselbständige oder unfreiwillige Jobhopper. Die zeitliche Diskontinuität entsteht dadurch, dass Produktzyklen und damit auch die korrespondierenden Arbeitsformationen sehr viel kürzer geworden sind. Arbeit muss nicht zwingend als eine lange Zeitspanne umfassende, sich täglich wiederholende Aufgabe organisiert werden; sie kann auch projektförmigen und damit immer wieder endlichen Charakter annehmen. Gleiches gilt für den Ort, an dem Arbeit stattfindet: Die Fabriken, in denen Arbeitsprozesse immerfort nach dem gleichen industriellen Muster bis ins Detail zergliedert sind, werden menschenleer, weil insbesondere diese Tätigkeiten automatisierbar sind; und in ebensolcher Weise schrumpfen bürokratische Verwaltungsapparate durch den Einsatz digitaler Techniken. Den Menschen bleiben zunehmend die komplexen Arbeitsprozesse vorbehalten, die in ihrer Genese und im Ablauf überschaubar sind. Ist eine Aufgabe beendet, erlischt das Beschäftigungsverhältnis, ruht die Freiberuflichkeit oder der Solobetrieb kontrahiert mit einem anderen Partner, und es beginnt ein neues Projekt. Projektförmige Produktions- und Dienstleistungsstrukturen bedeuten jedoch nicht, dass Menschen isoliert voneinander arbeiten – im Gegenteil.[5] Sie ermöglichen und erzwingen geradezu die Zusammenarbeit von mehreren Betrieben und Personen. So entstehen Netzwerke und Projektkonsortien, die Mikrounternehmen, selbstorganisierte Solounternehmen und auch abhängige Erwerbstätige umfassen können. Temporäre Gemeinschaftsprojekte dieser Art bündeln unterschiedliches know how und Kompetenzen einzelner Geschäftseinheiten; sie erschließen Kreativitätspotenziale und erzeugen Synergieeffekte, die gezielt in bestimmten Marktsegmenten eingesetzt werden können. Digitale Techniken ermöglichen die Zusammenarbeit von so genannten E-Lancern (elektronisch verbundene Freelancer), für die räumliche Entfernungen kaum noch eine Rolle spielen.

Allein die hier knapp skizzierten Entwicklungen deuten darauf hin, dass sich die Art und Weise, wie gesellschaftliche Arbeit organisiert wird, in einem Umbruch befindet. Eine Folge für die arbeitenden Menschen ist, dass sich die Erwerbsformen pluralisieren bzw. diversifizieren, d. h. dass sich eine Vielzahl von Möglichkeiten entwickelt, wie sie durch Arbeit ihren Lebensunterhalt bestreiten können. Bereits heute gibt es nicht mehr nur einen „sicheren" Beruf und eine „feste" Arbeitsstelle, sondern vielfältige Arbeitszusammenhänge; man „hat" keine Arbeit, sondern Fähigkeiten und Qualifikationen, um in unterschiedlichen Erwerbsformen tätig zu sein; man lernt nicht ein für alle Mal für den Beruf, sondern lebensbegleitend; man „geht" nicht zur Arbeit, sondern aquiriert Projekte. Wohlgemerkt: Es gibt sie noch in der Überzahl, die „nine-to-five-jobs", die Frauen und Männer lebenslang an den selben Schreibtisch oder an die Werkbank fesseln – und im positiven Sinne die Sicherheit geben, dort auch bleiben zu können. Aber daneben entfalten sich *produkt- und ergebnisbezogene* Tätigkeitsstrukturen, die kein Entscheidungszentrum brauchen und ohne Aufsicht des Arbeitsablaufs funktionieren. Sie

---

5 Zu den folgenden Ausführungen siehe *Malone/Laubacher* (1999).

erfordern vielmehr eigenverantwortliche Selbstorganisation und Kooperation mit anderen Projektarbeitern, die jeweils wieder voneinander abhängen und zugleich nur für sich verantwortlich sind. Das zur Selbstverständlichkeit und gleichsam zur „zweiten Natur" gewordene arbeitsgesellschaftliche Kontrollsystem wird damit zunehmend obsolet und in die Menschen hineinverlagert: Jeder kontrolliert sich und seinen eigenen Arbeitserfolg.

2. Entgrenzung der Erwerbsarbeit: Ein grenzenloses Feld mit neuen Grenzen?

Parallel zur Diversifizierung der Erwerbsformen hat sich auch die Einstellung der Menschen zur Arbeit verändert. Jedoch von einem generellen Bedeutungswandel der Arbeit zu sprechen, ist zu unpräzise. Wir müssen zwischen dem instrumentellen Charakter der Arbeit (Gelderwerb und Status) und ihrem Sinngehalt unterscheiden (das, was die Menschen der Arbeit zuschreiben oder in ihr suchen). Auf der einen Seite können wir aus instrumenteller Perspektive eine nach wie vor hohe und ungebrochene *Erwerbsorientierung* beobachten. Dies ist nicht verwunderlich, da insbesondere in schwierigen Zeiten, wie in den 80er und 90er-Jahren, das Inteesse von Männern *und* Frauen darauf ausgerichtet ist, in erster Linie einen Job zu haben, der die Existenz und das Einkommen sichert sowie Anerkennung verschafft. Die Menschen *wollen* also arbeiten – dies hat sich in den letzten Jahrzehnten nicht verändert, und die Behauptung des Gegenteils wird durch häufiges Wiederholen oder durch Argumentation an prominenter Stelle (Zukunftskommission 1997) nicht plausibler. Auf der anderen Seite gibt es im Hinblick auf die Sinndimension einen Wertewandel (*Inglehart* 1997), der zu einer abnehmenden Erwerbszentrierung bei Frauen und Männern geführt hat („Dezentrierung" der Erwerbsarbeit; *Offe* 1983). Damit ist gemeint, dass auch andere Lebensbereiche wichtiger geworden sind und dass nicht nur die Erwerbsarbeit im Mittelpunkt des Lebens steht. So ist beispielsweise der Wunsch, mehr Zeit in der Familie und bei den Kindern zu verbringen, gestiegen. Aber auch andere Tätigkeitsfelder sind attraktiver geworden: Die Bereitschaft zu Bürgerengagement und das Interesse, häufiger Eigenarbeiten sowie sozialwirtschaftliche Tätigkeiten durchzuführen, haben zugenommen (BMFSFJ 2001; *Kühnlein* 1997; *Birkhölzer* 1997). Phasen der Familien- und so genannte Sozial- und Eigenzeiten haben an Bedeutung gewonnen. Kurz: Die Lebensführung der Menschen hat sich (in dieser Hinsicht auch für Männer) gewandelt und eine stabile Erwerbsorientierung bei abnehmender Erwerbszentrierung sind kein Widerspruch (*Mutz* /MPS 1998).

Eine Dezentrierung der Erwerbsarbeit wirkt in zwei Richtungen: Sie bedeutet – dies klingt auf den ersten Blick paradox – eine Ausweitung der *Arbeitsförmigkeit* von Tätigkeiten und sie provoziert zugleich das Gegenteil, nämlich die Entstehung von gesellschaftlichen Nischen, in denen der jeweils eigenständige Charakter des Tätigseins (nicht: der Arbeit!) betont wird. So können wir einerseits von einer zunehmenden Ausdehnung bzw. *Entgrenzung* der Arbeit und damit der Einlösung ihrer Verheißungen sprechen: Arbeit und Leistung bestimmen weite Teile unseres Lebens, nicht etwa Abstammung oder andere traditionelle Ordnungsmuster und Zuweisungsmechanismen. Die Arbeitsgesellschaft hat ihre bisherigen Grenzen, die durch die Dominanz der Erwerbsarbeit gleichsam gesetzt waren, überschritten und wirkt nun bis in den letzten Winkel des Lebens hinein. Man spricht bereits von Erziehungs-, Pflege-, Familien- oder Bürger*arbeit*. Aus dieser Perspektive sind wir weit entfernt von einem „Ende der Arbeitsgesellschaft".

Damit ist in negativer Ausprägung das eingetreten, was von feministischer Seite oder Theoretikern der Tätigkeitsgesellschaft schon lange diskutiert wurde.[6] Zentrales Merkmal dieser Debatte ist ein erweiterter Zugriff auf Arbeit: Es geht darum, sich von der eingeschränkten Fixierung auf Erwerbsarbeit zu lösen und den Blickwinkel auf nicht erwerbsförmige Tätigkeiten zu erweitern. Ausgangspunkt ist die Überlegung, dass in vielen Bereichen – insbesondere von Frauen – wertschöpfende Arbeiten geleistet werden, die gesellschaftlich notwendig und erwünscht sind, die aus der engen Perspektive der Erwerbsgesellschaft jedoch nicht adäquat erfasst werden. Zu diesen Arbeitsfeldern zählen: Öffentliche und private Eigenarbeit, Haus- und Erziehungsarbeit, Ehrenamt, Vereinsarbeit, Netzwerkarbeit (insbesondere Nachbarschaftshilfen), Selbsthilfe und öffentlich-gemeinnützige sowie politische Arbeit. Im Mittelpunkt der Debatten um die Tätigkeitsgesellschaft steht die Forderung, all diese Tätigkeiten als gleichwertig zu betrachten – was in den meisten Interpretationen in erster Linie heißt, dass sie der Erwerbsarbeit entsprechend zu behandeln seien.

Damit ist aber auch deutlich, dass man sich in den meisten Varianten des Konzepts der Tätigkeitsgesellschaft weiterhin an der Dominanz der Erwerbsarbeit „abarbeitet" und nach Argumenten sucht, andere Tätigkeitsformen in analoger Weise aufzuwerten. Somit liegt den Überlegungen eine (durchaus nachvollziehbare und berechtigte) normative Orientierung über die mögliche zukünftige Gestalt der Arbeitsgesellschaft zu Grunde. Dies bedeutet, dass ein Übergang von der Erwerbsgesellschaft zur Tätigkeitsgesellschaft nicht theoretisch hergeleitet und begründet werden kann und somit nicht zwingend ist. Dies gilt auch für die Vision einer Tätigkeitsgesellschaft jenseits arbeitsgesellschaftlicher Entgrenzungstendenzen.

Auf der anderen Seite beobachten wir gleichzeitig eine sich absetzende Gegenbewegung zur Überformung der persönlichen Lebensführung durch arbeitsförmige Durchdringungen. Oder anders formuliert: Es gibt nach wie vor Verharrungstendenzen gegen eine Entgrenzung der Arbeit. Die Menschen betonen einen Grundunterschied zwischen Erwerbsarbeit und nicht-erwerbsbezogenen Tätigkeiten und Le-

---

6 Zentraler Anknüpfungspunkt der Diskussion um die Tätigkeitsgesellschaft sind die Gedanken von Hannah *Arendt* (1997) zur Vita activa: Sie beschreibt, wie es durch den Siegeszug der industriegesellschaftlichen Produktionsweise zu einer Verengung des Arbeitsbegriffs kam und fordert dessen Erweiterung im Sinne sokratisch-aristotelischer Denktradition. Zu dieser Debatte siehe auch: *Biesecker* (1998), *Bonß* (2000), *Gorz* (1989) und *Senghaas-Knobloch* (1999).

bensbereichen sowie den eigenständigen Sinngehalt dieser anderen Tätigkeits- und Lebensfelder. Das Konzept der *Bürgerarbeit* (*Beck* 1999) wird beispielsweise von vielen gesellschaftlichen Gruppen abgelehnt (*Jakob* 2000; *Klammer/Bäcker* 1998; *Stecker* 1999) und stattdessen der *Engagementcharakter* dieser Tätigkeiten hervorgehoben und von Bürgerengagement bzw. bürgerschaftlichem Engagement gesprochen (BMFSFJ 2000; siehe weiter unten, Kapitel III.); in der Sozialwirtschaft des Dritten Systems wird die Not-for-profit Zielsetzung, das solidarische gemeinsame Arbeiten, das uneigennützige Engagement – kurz: der soziale Charakter des wirtschaftlichen Handelns herausgestellt.

Durch die Dezentrierung der Arbeit ist folglich ein heterogenes Feld und damit eine unübersichtliche empirische Gemengelage entstanden, die eine eindeutige theoretische Zuordnung erschwert. Der soziale Wandel, den wir in vielfältiger Weise zwischen Arbeits- und Lebenswelt beobachten können, kann als Zuspitzung und Vollendung des arbeitsgesellschaftlichen Programms interpretiert werden. Die bislang durch die Erwerbsarbeit gesetzten eindeutigen Grenzen zur privaten Lebensführung lösen sich auf und der arbeitsgesellschaftliche Charakter durchdringt das lebensweltliche Gefüge. Es können sich aber insbesondere in diesem Zwischenraum durch veränderte Grenzziehungen zwischen Arbeit und Leben neue tätigkeitsbezogene Sinnzuschreibungen und Handlungsformen entfalten, die im Keim auf eine sukzessive Ablösung des industriegesellschaftlichen Paradigmas hinauslaufen. Für die derzeitige Übergangsphase ist charakteristisch, dass wir beide Entwicklungen zugleich vorfinden: Sowohl Auflösung der Grenzen und Neuvermessung des Raums zwischen Arbeit und Leben.

3. Die neuen Arbeitsgestalter – souveräne Arbeitsgestalter?

Komplementär zu der Entwicklung in der Arbeitswelt haben Individualisierungsprozesse in der privaten Lebensführung dazu geführt, dass Männer und Frauen von traditionellen Bindungen unabhängiger geworden sind: Soziale und regionale Herkunft, geschlechtsspezifische und familiäre Rollen haben an Bedeutung verloren. Menschen sind zwar weiterhin in Gemeinschaftsformen eingebunden, diese bestimmen aber nicht allein den eigenen Lebensweg; sie leben zwar weiterhin in Partnerschaften, diese entsprechen aber bereits heute nicht mehr den traditionellen Familienformen; Menschen gehen durchaus intensive Lebensbeziehungen ein, diese sind aber nicht unbedingt auf Dauer angelegt – viele leben in einer Abfolge verbindlicher Partnerschaften und „erfinden" Lösungen für eine gemeinschaftliche Erziehung und Versorgung der Kinder. Daneben treten neue Formen selbstgewählter lokaler und überregionaler Netzwerke von Freundschaften und Bekanntschaften (Wahlverwandtschaften), die häufig ebenso stabil und belastungsfähig sein können, wie ehemals die traditionellen Familienverbände.[7]

---

[7] Dies ist der Gehalt der oft missverstandenen Individualisierungsthese; zu einer präzisen Formulierung vgl. *Beck/Beck-Gernsheim* (1993).

Individualisierungsprozesse in der Lebensführung haben vielfältige Folgen. Eine wichtige Rückwirkung auf die Arbeitswelt besteht darin, dass Männer *und* Frauen stärker auf sich selbst und damit auf eine eigenständige Lebensgestaltung angewiesen sind, weil abgeleitete, familiengebundene Sicherungsformen, insbesondere für Frauen, instabil geworden sind.[8] Dies bedeutet, dass Menschen – auch wenn sie bspw. in familiären Solidargemeinschaften leben – überwiegend nach individuellen Lösungswegen suchen. Die nahe liegendste Möglichkeit ist, eine eigene Berufskarriere anzustreben und diese durch nachhaltige Beschäftigungsfähigkeit (employability), eine grundsätzliche Arbeitsmarktnähe, starke Erwerbsbindung und Vermeidung von Unterbrechungen – auch nicht aus familiären Gründen – sicherzustellen.[9] Das zentrale Problem scheint darin zu bestehen, dass diese tief greifenden gesellschaftlichen Wandlungsprozesse von Frauen und Männern verlangen, sich nicht länger auf die gewohnten Sicherheiten zu verlassen, sondern die persönliche Arbeits- und Lebenswelt aktiv zu gestalten.

Mit dem Wandel der Arbeitswelt und Lebensführung entsteht ein neuer Typus von Erwerbstätigen: Menschen sind immer weniger Arbeit*nehmer* – sie werden zu Arbeits*gestaltern*. Diese Figur des Arbeitsgestalters ist historisch nicht neu. Wir finden sie bereits in den theoretischen Debatten der 70er Jahre um ein: „Anders arbeiten – anders wirtschaften" (*Huber* 1979), in denen die gestalterischen Elemente von Arbeit gleichsam zum Prinzip einer neuen Lebensführung erhoben wurden. Auch in diesem Kontext wurde nach Erwerbsformen mit einem höheren Grad an Selbstständigkeit (und Selbstverwirklichungselementen) gesucht und ein bewusstes Zusammenführen von Leben und Arbeiten angestrebt. Pluralisierung von Erwerbsformen und Entgrenzung der Arbeit wurde folglich längst diskutiert und in gesellschaftlichen Bereichen praktiziert, bevor es eine Debatte um Flexibilisierung der Arbeit und Lebensverhältnisse gab. Sozialhistorisch neu ist, dass die Notwendigkeit (oder der Wunsch) zur Arbeitsgestaltung nun aus der Mitte der Gesellschaft kommt und nicht als „alternativ" oder „anders" apostrophiert wird. Es ist nicht der Gegenentwurf zur entfremdeten Lohnarbeit, der von (selbsternannten) Außenseitern der Gesellschaft formuliert wird, sondern ein Formwandel der Organisation gesellschaftlicher Arbeit, der im Zentrum stattfindet.

Der Typus des Arbeitsgestalters ist nicht mit dem Arbeitskraftunternehmer (*Voß/Pongratz* 1998) gleichzusetzen, der begrifflich irreführend und unpräzise umschrieben ist. Er ist irreführend, weil er die Ambivalenz, die in der neuen Form der Arbeitsgestaltung liegt, unzureichend erfasst. Arbeitsgestaltung bedeutet einerseits die Option, eigene Vorstellungen von Arbeit und Leben zu verwirklichen oder

---

[8] Zu einer frühen Interpretation des individualisierten „Arbeitsmarktschicksals" siehe *Beck* (1984).

[9] Daraus resultiert eine paradoxe Situation, denn wenn sich viele Menschen in diesem Sinne individuell rational verhalten, erhöht dies für alle den Wettbewerb und den Konkurrenzdruck. Die Gewähr einer kontinuierlichen Lebenssicherung durch Erwerbsarbeit – gleich welcher Form – rückt damit insbesondere für benachteiligte Personengruppen in kaum erreichbare Ferne.

gar „Arbeit als Kunst" (*Brater* et al. 1996) praktizieren zu können. Andererseits gibt es für viele Frauen und Männer nicht die Wahl zwischen einem klassischen Normalarbeitsverhältnis, das ein hohes Maß an sozialer Sicherheit gewährleistet, und diskontinuierlichen Beschäftigungen oder prekären Formen der Selbstständigkeit. Der Begriff des Arbeitskraftunternehmers ist unpräzise, weil er auf die durch das industrielle Zeitalter geprägte Sozialfigur des Unternehmers zurückgreift, und somit den Kern des Wandels in der Arbeitswelt nicht erfasst; es wird der Assoziationshorizont der *alten* Organisation gesellschaftlicher Arbeit aufgespannt. Es kommt nicht in den Blick, dass die mittlerweile sehr ausdifferenzierten Erwerbsformen auf einen Umbruch in der Organisation gesellschaftlicher Arbeit hindeuten. Entsprechendes gilt für die genannten Solo- und Mikrounternehmen: Bei manchen mag es gerechtfertigt sein, von unternehmerischem Handeln zu sprechen, weil Kapital (eigenes) und Arbeit (anderer) eingesetzt werden. Doch viele verfügen kaum über ausreichendes Kapital, sind nicht in der Lage, über ihre eigene Erwerbstätigkeit hinaus weitere Personen zu beschäftigen und hatten nur selten eine freie Entscheidung zum Solo-, Mikro- oder Arbeitskraft-Unternehmertum. Wir wissen kaum etwas über die Stabilität dieser „Solisten" (*Deckstein* 1999). Wir können jedoch annehmen, dass viele nach kurzer Dauer ihre vermeintliche Selbständigkeit wieder aufgeben, so dass für den überwiegenden Teil der permanente Wechsel zwischen unterschiedlichen Erwerbsformen zu einer neuen Normalität im Berufsleben wird. Bei diesem Personenkreis handelt es sich um eine zur Normalität gewordene Instabilität (*Mutz* et al. 1995), und es ist in diesen Fällen treffender, von *Selbstbeschäftigten* zu sprechen.[10]

Für Arbeitsgestalter in dem hier skizzierten Sinne sind teilweise eher Verhaltensweisen charakteristisch, die wir bei Managern vorfinden. Sie zeichnen sich dadurch aus, dass sie im engeren Sinne nicht unternehmerisch tätig sind, sondern unter Einsatz von individuellem Wissenskapital *wirtschaftlich* handeln und in hohem Maße ihre Arbeitsumgebung gestalten. Doch anders als Manager können *und* müssen Arbeitsgestalter in einem weiteren Umfang ihr gesamtes Arbeitsleben auf eigene Rechnung und auf eigenes Risiko planen und unter Marktbedingungen implementieren. Dabei sind sie nicht an Weisungen gebunden und treffen ihre Entschei-

---

[10] Während die Zahl der so genannten „unfreiwilligen Arbeitslosen" sinkt, steigt die Zahl der „unfreiwilligen Selbstständigen", also der Selbstbeschäftigten. Mit der normalisierten Instabilität entsteht eine „Neue Soziale Frage", weil sich eine neue Form sozialer Unsicherheiten herausbildet. Denn Flexibilisierung bedeutet, dass sich Menschen immer häufiger *vorübergehend* in sozialen Problemlagen befinden. Neben dem Personenkreis, der durch lang andauernde Arbeitslosigkeit und/oder Sozialhilfebezug dauerhaft vom „normalen" gesellschaftlichen Leben ausgeschlossen ist (*Bude* [1998]: „die Überflüssigen"), tritt die neue Gruppe der „Prekären". Dies sind Personen, die sich im Prinzip *in* der Gesellschaft befinden, aber permanent vom Ausschluss bedroht sind: Jeder Wechsel der Erwerbsform (oder insbesondere bei Frauen zwischen Erwerbstätigkeit und anderen Lebens-/Tätigkeitsbereichen) kann der letzte gewesen sein. Die Möglichkeit des Scheiterns wird wie die Chance des Erfolgs zum Normalfall – jedoch mit dem Unterschied, dass sich erfolgreiches Handeln individuell auszahlt, während das Scheitern nach gängiger Auffassung von der Solidargemeinschaft zu tragen ist („the winner takes it all").

dungen selbstverantwortlich. Die zentrale Frage ist, ob sich mit den hier skizzierten gesellschaftlichen Umbrüchen der Typus eines *souveränen Arbeitsgestalters* entfalten kann. Hier kommt es darauf an, ob sich die Menschen selbst in die Lage versetzen können, souverän mit ihren Arbeitsangelegenheiten umzugehen und ob sich die dazu notwendigen Rahmenbedingungen entwickeln können.

4. Desintegrationstendenzen und die Notwendigkeit neuer Rahmenbedingungen

Die zum Typus des souveränen Arbeitsgestalters assoziierbare Denkfigur ist folgende: Mit der Entfaltung der bürgerlichen Gesellschaft gehen wir wie selbstverständlich davon aus, dass Individuen ihre private Lebensführung grundsätzlich autonom gestalten, während im (erwerbs-)wirtschaftlichen Bereich weiterhin die Vorstellung herrscht, dass wirtschaftliches Handeln eingeschränkt werden sollte. Unterstellt wird ein grundlegendes Ungleichgewicht zwischen den Akteuren, namentlich zwischen so genannten Arbeitern und Kapitalisten. Es gilt, die einen vor den Handlungsmöglichkeiten der anderen zu beschützen. Dies mag so lange gerechtfertigt sein, als das Kapital-Arbeit-Verhältnis in dominanter Weise das Wirtschaftsleben strukturiert und mangelnde Kapitalienausstattung mit der Gefahr verbunden ist, vom wirtschaftlichen Handeln ausgeschlossen zu sein. In einer Marktwirtschaft bedeutet dies aber gleichzeitig, keinen Zugang zu einem wesentlichen Integrationsfeld zu haben, weshalb die abhängige Erwerbsarbeit für viele Frauen und Männer die einzig verbleibende Form der sozialen Integration darstellt. Dies konstituierte in einer bestimmten historischen Situation Arbeit*geber* und Arbeit*nehmer*. Wenn der überwiegenden Mehrheit der Menschen die materielle Grundlage zum wirtschaftlichen Handeln fehlt und sie keine Gelegenheit zur abhängigen Erwerbsarbeit finden, wie etwa zu Beginn der Industrialisierung, dann ist der soziale Zusammenhalt der gesamten Gesellschaft gefährdet. Dies rechtfertigt ein System wirtschafts- und arbeitsrechtlicher Regulierungen sowie sozialpolitischer Kompensationsleistungen.

Eine Gesellschaft, in der nicht mehr der Arbeitnehmer, sondern der Arbeitsgestalter zum zentralen Typus wird, und in der Arbeit tendenziell ihrem „ehernen Gehäuse" der lohnabhängigen Erwerbsarbeit entweicht, ist jedoch weder mit dem traditionellen Arbeit-Kapital-Gegensatz noch mit dem Arbeitgeber-Arbeitnehmer-Verhältnis hinreichend zu charakterisieren. Es handelt sich nach wie vor um eine Arbeitsgesellschaft, die durch Arbeitsbeziehungen strukturiert ist und in der sich die Menschen über Arbeit definieren – aber nicht mehr vorwiegend über den industriellen Typus von Arbeit und nicht überwiegend über dauerhafte abhängige Erwerbsarbeit. *Zygmunt Baumann* beschreibt treffend, wie sich die agrarisch strukturierte Wetware-Gesellschaft zur industriellen Hardware-Gesellschaft und schließlich zur Software-Gesellschaft wandelt, wie also letztlich aus der schweren eine leichte Moderne wird (liquid modernity; *Baumann* 2000). In der leichten Moderne haben sich im Wirtschaftsleben, vergleichbar mit den Arbeitsformen, auch die Kapitalformen pluralisiert: Es kommt nicht mehr nur auf das Sachkapital an, es sind auch die weniger „schweren" Kapitalien für erfolgreiches wirtschaftliches Handeln von Bedeutung und mehr noch: Die unterschiedlichen Kapitalformen stehen in einem Austauschverhältnis. Dies bedeutet, dass wir zunehmend Wirtschaftsbereiche vorfinden, in denen ein hohes Bildungs- und Sozialkapital, sprich: Humankapital entscheidend ist. In gewisser Weise kann dann ein geringer Sach-Kapitalstock durch diese ergänzenden „weichen" Kapitalformen ausgeglichen werden. Je häufiger dies der Fall ist, desto größer ist die Wahrscheinlichkeit des Auftretens von Arbeitsgestaltern. Sie können sich genau dann entfalten und sich gesellschaftlich zu einer bedeutenden Sozialfigur durchsetzen, wenn es sich um Wirtschaftsbereiche handelt, die wenig Sach-, aber viel Humankapital erfordern.

Charakteristisch für genau diese Wirtschaftsbereiche ist aber, dass der institutionelle Rahmen, der den Kapital-Arbeit-Konflikt bislang bändigte, zerbricht, weil sich die darin eingelagerten Arbeitsbeziehungen zunehmend den industriell geprägten Regulierungsmustern entziehen. Bislang ist es eine offene Frage, ob die Neue Arbeitsgesellschaft sich zu einer *entregelten* Arbeitsgesellschaft neo-liberaler Prägung entwickelt, oder ob sich andere, dem Wandel der Arbeitsgesellschaft entsprechende, institutionelle Rahmen aufspannen. Die Anforderungen an solche neuen arbeitsgesellschaftlichen Institutionen können von ihren Eckpunkten her benannt werden. Ziel muss sein, das Aktionsfeld der Arbeitsgestalter so weit als möglich zu verbreitern und den Zugang zu Humankapitalien zu erleichtern – allein dann kann es gelingen, Gestaltungssouveränität zu optimieren. Arbeitsgestalter brauchen einen Rechtsrahmen, der von einem autonomen Individuum ausgeht; sie wären dem Typus des zivilen Bürgers gleichzustellen, der seine privaten und öffentlichen Angelegenheiten souverän gestaltet – und in der hier skizzierten Erweiterung auch die wirtschaftlichen Angelegenheiten.[11]

Die Optimierung von Gestaltungssouveränität bezieht sich auf die oben genannten zwei Dimensionen des sozialen Wandels in der Arbeitsgesellschaft: Pluralisierung der Erwerbsformen und Entgrenzungsprozesse. Erstens müssen sich Frauen und Männer in der Lage sehen, zwischen unterschiedlichen Erwerbsformen zu wählen und diese dann auch aktiv ausfüllen zu können. Wenn Menschen ihr berufliches Umfeld zukünftig häufiger wechseln, dann wird es zu einer neuen gesellschaftlichen Normalität, dass Übergänge zwischen unterschiedlichen Arbeits- und Beschäftigungsformen nicht gelingen und dass nicht einkalkulierte Unterbrechungen auftreten – was für einige Bevölkerungsgruppen bereits heute der Fall ist. Wenn zweitens die Grenzen zwischen Erwerbsarbeit und anderen Lebensbereichen durchlässiger werden, dann muss auch der Wechsel zwischen diesen beiden Sphären erleichtert werden – vor allen Dingen: die Rückkehr aus Familien-, Bildungs-

---

[11] Hingegen machen Regulierungen keinen Sinn, die darauf abzielen, Arbeitsgestalter als Quasi-Arbeitnehmer zu behandeln und ihre Handlungsmöglichkeiten einzuschränken.

oder Sozialzeiten in die Erwerbsarbeit (hier insbesondere von Frauen). Die Gefahr von immer wieder einsetzenden Desintegrationsprozessen liegt auf der Hand.

Um dem zu begegnen und um den permanenten beruflichen Wechsel managen zu können, bedarf es einerseits einer Kultur der Selbstständigkeit. Auch in dieser Hinsicht geht es nicht um die simple Aufforderung, Menschen sollten ihr Schicksal doch selbst in die Hand nehmen und in den Wettbewerb mit anderen treten; es geht vielmehr um die Einsicht, dass die skizzierten Pluralisierungs- und Entgrenzungsprozesse eine gewisse wirtschaftliche Haltung im Hinblick auf die berufliche Planung und darüber hinaus: bezogen auf die eigene Lebensführung, erfordern (auch wenn damit partiell eine Rationalisierung und wirtschaftliche Überformung der privaten Lebenswelt einhergeht). Hierin scheint der charakteristische Wesenszug der Sozialfigur des Arbeitsgestalters zu liegen: Er muss *und* kann wirtschaftlich – nicht unbedingt: unternehmerisch! – handeln und darf dies nicht anderen Akteuren – dem Arbeitgeber, dem Staat – überantworten. Daraus folgt für viele Bevölkerungsgruppen: Denken in wirtschaftlichen Kategorien und selbstständiges, eigenverantwortliches wirtschaftliches Handeln muss eingeübt werden (wozu insgesamt kollektive kulturelle Lernprozesse notwendig sind).

Andererseits ist es eine offene Frage, wie in Hinsicht auf diese Umbrüche im System der Arbeit soziale Sicherungsformen neu zu denken sind. Ist es sinnvoll, Wechsel zwischen den Erwerbsformen und zwischen Erwerbsarbeit und anderen Tätigkeitsfeldern sozial abzusichern? Und wenn ja, wie? In solidargemeinschaftlicher Form oder privat? Diese Fragen können an dieser Stelle nicht beantwortet werden, es sei aber mit Nachdruck darauf hingewiesen, dass sich mit neuen arbeitsgesellschaftlichen Institutionen – wie oben angedeutet – auch neue sozialpolitische Institutionen entfalten müssen, die jeweils die Grundbedingung erfüllen sollten, den Arbeitsgestalter zu souveränen Handlungsmöglichkeiten und -formen zu befähigen. Zwei Richtungen können hier genannt werden: Wenn die Entfaltungsmöglichkeiten zu souveräner Arbeitsgestaltung vom Zugang zu und dem Umgang mit Humankapitalien abhängt, dann ist eine Grundüberlegung, die Entfaltung von Bildungs- und Sozialkapital zu begünstigen und zu fördern (folgende Kapitel II und III). Menschen können lernen und Partizipationsformen entwickeln, um aus den industriegesellschaftlichen Abhängigkeiten (auch: Lohnabhängigkeit) herauszuwachsen.

Die desintegrierenden Momente liegen dabei auf der Hand: Soziale Einbindung und soziale Sicherung, und damit auch der soziale Zusammenhalt, sind gefährdet, die negativen Seiten von Individualisierungsprozessen – Desintegration und Vereinzelung der Menschen – können durchschlagen.[12] Wir leben in einer Übergangszeit, in einem weit offenen und teilweise noch unstrukturierten Handlungsraum,

---

[12] Damit ist nicht der kulturpessimistische Flexibilisierungsdiskurs angesprochen, der per se nur die negativen Seiten betont und die Potenziale gemeinschaftlich ausgehandelter Arbeits- und Lebensgestaltung (etwa auf betrieblicher Ebene zwischen Unternehmen und Beschäftigten) unberücksichtigt lässt (*Sennet* 1998).

der von den Menschen gestaltet werden kann *und* muss (*Mutz* 1999a). *Gestaltung* ist der Schlüsselbegriff der *Neuen* Arbeitsgesellschaft.

II. Die Neue Arbeitsgesellschaft als lernende Gesellschaft

Die Neue Arbeitsgesellschaft stellt höhere Anforderungen an die individuellen und gesellschaftlichen Fähigkeiten als eine auf abhängige Erwerbsarbeit zentrierte Arbeitsgesellschaft. Gestaltung hängt in hohem Maße von den Fähigkeiten und Qualifikationen ab, die nicht allen Frauen und Männern gleichermaßen gegeben oder gar „gerecht" verteilt sind. Es bedarf langwieriger und komplexer Lernprozesse, um aktives Gestaltungshandeln herauszubilden. Die Neue Arbeitsgesellschaft muss eine lernende Gesellschaft werden, wenn sie den Anforderungen einer digitalisierten und globalisierten Welt gerecht werden will – und darüber hinaus eine sozial integrierte Gesellschaft sein soll, die ihre Humanressourcen entfaltet. Bildungskapital wird zu einer zentralen Ressource politischer, wirtschaftlicher, sozialer und individueller Entwicklung. Dies in zweierlei Hinsicht: Zum einen gibt es (möglicherweise zu langsame und in die falsche Richtung gehende) kollektive Lernprozesse, also ein Lernen der Gesellschaft selbst, das zu einer Form der Anpassung der arbeitsgesellschaftlichen (und anderer) Rahmenbedingungen führt (was hier nicht weiter vertieft werden kann). Zum anderen ist seitens der Menschen ein lebensbegleitendes Lernen erforderlich, weil sich die Bedingungen von Gestaltungshandeln in dynamischer Weise verändern. Dabei geht es um die drei „W's": Was muss gelernt werden, wie muss gelernt werden und wo muss gelernt werden?

1. Informelles Wissen und das Problem der Anschlussfähigkeit

Die Neue Arbeitsgesellschaft erfordert neben den fachlichen Qualifikationen soziale und persönliche Kenntnisse, extrinsische und intrinsische Motivationen, sowie Fähigkeiten, die mit den Begriffen Eigeninitiative und -verantwortung, Selbstorganisation, Kreativität, Flexibilität und Kooperationsvermögen skizziert werden können. Es kommt also stärker auf die so genannten nicht messbaren Faktoren an, nicht nur im Bereich der Dienstleistungen, der New Economy oder auf modernen industriellen Arbeitsplätzen, sondern auch in der privaten Lebensführung. Wir haben (insbesondere in der heutigen Situation des dynamischen Wandels!) wenig Kenntnis darüber, welches Wissen wir zukünftig brauchen. Wir können aus der vergangenen Entwicklung aber zwei Sachverhalte ableiten: Einmal gibt es kaum noch Fachwissen, das dauerhaft und universal wäre. Die Halbwertzeiten der Gültigkeit von Fachwissen entspricht in keiner Weise mehr den menschlichen Lebensabschnitten, in denen üblicherweise gelernt wird. Fachwissen ist nur in geringem Maße verallgemeinerbar, weil es in anwendungsbezogener Sicht vielfältigen Modifikationen unterliegt. Zum anderen hat sich das Verhältnis zwischen hard und soft skills zugunsten der persönlichen und sozialen Fähigkeiten dramatisch verändert. Damit wird die Passförmigkeit der unterschiedlichen Wissenselemente zu einer zentralen Dimension. Die einzelnen Wissenselemente müssen in multidimensionaler Weise vielfach *anschlussfähig* sein – insbesondere dann, wenn sie unterschiedlichen Arbeits- und Lebenswelten entstammen und die Grenzen zwischen diesen Bereichen durchlässiger werden (Stichwort: Entgrenzung). Dies bedeutet, dass es keine dauerhaft fertigen Wissenspakete mit festen Rändern gibt. Je größer die persönlichen und sozialen Wissensanteile, desto stärker verflüssigt sich das Wissen, und seine Gültigkeit wird damit in einem hohen Maße kontextabhängig, d. h. es ist abhängig von der Situation, in der es gebraucht wird.

Eine erfolgreiche Arbeits- und Lebensgestaltung beruht damit nicht in erster Linie auf der Kenntnis des „richtigen" Wissens, sondern auf der Fähigkeit, verschiedene Wissenselemente situationsgerecht zusammenzufügen. Damit wird der Prozess des *Zusammenfügens* unterschiedlicher Wissenselemente zu einer wichtigen Angelegenheit. Dies ist theoretisch und praktisch folgenreich: Der Produktionsaspekt (wie wird Wissen gemacht?) tritt stärker in den Vordergrund und damit die Frage der sozialen Verteilung unterschiedlicher Fähigkeiten in der Gesellschaft (wer hat die entsprechenden Möglichkeiten?). Der individuelle Anteil bei der Wissensproduktion wird bedeutsamer.

2. Gelebte Erfahrungen und lebensbegleitendes Lernen

Wissensträger müssen in der Lage sein, unterschiedliche Wissenselemente zusammenzufügen – dabei geht es um die Fähigkeit zum Perspektivenwechsel und schließlich zur Perspektivenverschränkung: Die einzelnen Wissenselemente umgreifen Sachverhalte mit je eigener innerer Logik, in die sich Menschen hineinversetzen können. Die Fähigkeit, sich in vielfältige und teilweise auch fremde Wissensformationen hineinzudenken, kann nicht gelernt, sondern nur durch Erfahrung erlebt und gelebt werden. Wenn sich Wissen aber verflüssigt und zunehmend nur situative Gültigkeit hat, dann bedeutet dies, dass eine gewählte Wissensformation in der einen Lebenssituation angemessen und erfolgreich sein mag, in einer anderen hingegen nicht. Zusätzlich notwendig ist folglich ein sehr genaues Kontextwissen über die jeweilige Arbeits- oder Lebenssituation, in der das Wissen zur Anwendung kommt. Es gilt folglich, nicht nur die inhärente Logik von Wissenselementen zu erkennen, sondern zusätzlich die Gestalt von sozialen Zusammenhängen, in denen Wissen wirksam wird. Die Anschlussfähigkeit von Wissen muss aktiv hergestellt werden. Der Prozess der Wissensproduktion wird komplexer und ist zugleich nur noch reflexiv handhabbar. Das heißt: Eine gekannte Wissensfiguration kann je nach Anwendungssituation „richtig" oder „falsch" sein und obschon die Menschen diese Relativität der Gültigkeit erkennen können, müssen sie in ihrer Lebenspraxis in einer Weise handeln, die ein bestimmtes Maß an Gewissheit über die Richtigkeit des Wissens voraussetzt – sonst wären Menschen entscheidungs- und handlungsunfähig.

In dieser komplexen Gemengelage finden sich Menschen dennoch zurecht, weil sie immer zugleich „altes" Wissen verwenden. Ein solches Wissen ist schon immer da, weil wir mit der Geburt beginnend ständig lernen – wie unspezifisch auch immer, ob bewusst oder unbewusst, in organisierter Form oder gleichsam beiläufig, formalisiert oder in informeller Weise. Über die Produktion von Wissen nachzudenken bedeutet, dieses lebensbegleitende Lernen als eine Grundtatsache menschlichen Lebens in Rechnung zu stellen. Dann ist aus dieser Sicht der Wissenserwerb zugleich immer Wissensverwendung – beide Prozesse sind nicht voneinander zu trennen. Menschen *verwenden* ständig ein bisheriges, implizit oder explizit bekanntes Wissen, um neues Wissen zu erwerben, dessen Resultat wiederum zu neuen Wissensmustern verschmilzt usw. Somit ist Wissen eine Ressource, die sich nicht durch ihre Verwendung verbraucht – im Gegenteil: Verwendung von Wissen bedeutet Erweiterung von Wissen (und es ist in diesem Sinne treffender, von Verwendung, denn von Anwendung zu sprechen). Man *besitzt* nicht ein einmal erworbenes Wissen. Damit wird das im Verlauf der Lebensgeschichte erworbene Wissen zu einer wichtigen Voraussetzung für eine angemessene und erfolgreiche Wissensverwendung und die soziale und kulturelle Einbettung dieser Lernprozesse – das Herkunftsmilieu – wird zu einer entscheidenden Variable gelingender Arbeits- und Lebensgestaltung.[13]

Wenn es, wie oben ausgeführt, richtig ist, dass sich mit der zunehmenden Bedeutung so genannten informellen Wissens Anschlussmöglichkeiten vervielfachen und Wissensformationen verflüssigen, dann bedeutet dies, dass sich der Prozess des Lernens radikal verändert. Es herrscht immer noch die Vorstellung, Wissenserwerb (und damit Wissensverwendung) funktioniere nach dem Baukastenprinzip, nämlich *linear* als Abfolge aufeinander aufbauender Lernschritte, die in eindeutiger Beziehung zueinander stehen. Dies mag für eingeschränkte Bereiche des einfachen Fachwissens noch gültig sein, nicht aber, wenn es um die Erfassung komplexer und miteinander vernetzter Vorgänge geht. Hier ist vielmehr eine Sichtweise notwendig, die auch andere Lernvorgänge als gleich möglich einbezieht. Dem Sachverhalt A folgt nicht notwendig in eindeutiger Beziehung das Wissenspaket B – es muss auch gesehen werden, dass die Wissenselemente D oder F ebenfalls anschlussfähig und sinnvoll wären, und dass es viel mehr um das Erkennen der Verbindungen – der Strukturen – zwischen A-B-C-usw. geht (Gestaltlernen). Mehr noch ist die Einsicht relevant, dass Lernen zunehmend nach der Fuzzy-Logik funktioniert: Dies meint die Notwendigkeit, in reflexiver Weise Ungewissheit und Zufall als eine feste Größe einzubeziehen. Denn selbst wenn es gelingt, Wissen nach den „Gesetzen" der Vernunft in anschlussfähiger Weise zu kombinieren und situationsgerecht einzusetzen, dann kann genau dies die falsche Strategie bedeuten, weil sich die Gesetzmäßigkeiten selbst permanent verändern und oft dem Zufall überlassen sind.

---

[13] Auf diesen bildungssoziologischen Zusammenhang hat bekanntlich *Bourdieu* in vielen seiner Schriften hingewiesen (prominent: 1978, 1982).

3. Reflexionsoffene soziale Lernfelder

Diese bildungssoziologischen Überlegungen haben Konsequenzen für die Organisation individueller Lernprozesse: Sie sind weniger formalisierbar, entziehen sich den gängigen Organisationsmustern der Bildungseinrichtungen und müssen deshalb in neuer Form institutionalisiert werden.[14] Perspektivenverschränkung und Gestaltlernen kann dann gelingen, wenn sich Frauen und Männer aktiv in unterschiedlichen Welten bewegen, die ein soziales und kulturelles Lernen ermöglichen. Dazu brauchen Menschen „Gelegenheitsstrukturen" (*Mutz*), die es ermöglichen, immer wieder aus der vertrauten Umgebung herauszutreten und sich auf fremde Welten einzulassen. Soziale Flexibilität muss praktisch eingeübt werden. Notwendig dazu sind reflexionsoffene soziale Lernfelder und -situationen, die *außerhalb* der alltäglichen privaten und beruflichen Routinen liegen – etwa in den wenig durchorganisierten informellen Netzwerken des sozialen Nahbereichs.[15] Lernen ist eine der zentralen Dimensionen, soziale Integration zu bewirken – und darum geht es, wenn man den desintegrativen Momenten der Neuen Arbeitsgesellschaft entgegenwirken will.[16]

III. Soziales Kapital in der Neuen Arbeitsgesellschaft

Eine zweite Säule sozialer Integration besteht in dem sozialen Zusammenhalt in einer Gesellschaft. Analog zum Bildungskapital spricht man von *sozialem* Kapital. Soziales Kapital umschreibt – allgemein formuliert – die Fähigkeit einer Gesellschaft, den sozialen Zusammenhalt (von Institutionen und Menschen) zu bewirken.[17] Gemeint sind Institutionen im soziologischen, also weiteren Sinne: Sie können sehr unterschiedlicher Natur sein und Familien, Betriebe, Gewerkschaften, Behörden, Vereine, Schulen usw. umfassen sowie auch Normen, Werte, (formelle und informelle) Regeln und Verhaltensmuster, die in einer Gesellschaft verbindlich sind. Kooperatives, gemeinschaftsbezogenes und solidarisches Verhalten gehören etwa dazu. Auf der individuellen Ebene geht es um die Fähigkeit der Menschen,

---

[14] Es seien darüber hinausgehend Zweifel angemerkt, ob auch primäre Sozialisationsinstanzen (noch) in der Lage sind, die Grundlage für derartige Lernprozesse sicherzustellen.

[15] Es bedarf eines sozialen Klimas sowie einer entsprechenden politischen, ökonomischen und sozialen Infrastruktur, die Lernen (wieder) attraktiv macht. Dies kann bedeuten, neue soziale Lernfelder, bspw. in Form von (internetgestützten) bürgernahen Lernzentren (z. B. Learndirect [2001] in GB) einzurichten oder bestehende Lernfelder, etwa in den Bereichen außerhalb der Erwerbsarbeit, zu aktivieren. Mit dem Slogan von New Labour: „Lernen! Lernen! Lernen!" wurde erreicht, ein lernfreundliches Klima zu erzeugen.

[16] Zu den verschiedenen Facetten sozialer Integration vgl. die Beiträge in: *Friedrichs / Jagodzinski* (1999).

[17] Siehe dazu: *van Deth / Maraffi / Newton / Whiteley* (1999); *Habisch* (1999); *Hall* (1999); *Kistler / Noll / Priller* (1999); *Offe* (1999), *Ostrom* (2000); *Putnam* (2000) und sehr früh das Konzept von *Coleman* (1988).

private und berufliche Kontakte einzugehen und aufrechtzuerhalten, also mit anderen Personen zusammenzuleben und zu arbeiten. Soziales Kapital existiert aber auch auf der mittleren Beziehungsebene der Vereine, Verbände, Parteien sowie im Bereich der gesellschaftlichen Großorganisationen (Mesobereich). Dies bedeutet anders formuliert, dass alle Gesellschaftsmitglieder zur sozialen Kapitalbildung beitragen können, einzelne Personen ebenso wie große Bürokratien oder Unternehmungen. Analytisch gesehen macht es keinen Unterschied, ob sich Menschen nur eigennützig verhalten und so den sozialen Zusammenhalt gefährden, ob bürokratische und rechtliche Rahmenbedingungen Bürgerengagement und andere Zusammenschlüsse behindern oder Wirtschaftsunternehmen sich in ruinöser Konkurrenz befinden und in dieser Weise das komplexe Gefüge des Wirtschaftssystems beeinträchtigen. Eine sozial integrierte Gesellschaft braucht Frauen und Männer, die sich auf vielen Ebenen – beruflich und privat – zusammenschließen und vertrauensvoll miteinander umgehen, und auch Betriebe, die in der Lage sind, mit anderen Institutionen und untereinander zu kooperieren (*Habisch* 1998).

1. Bürgerengagement schafft Sozialkapital

Das soziale Kapital wirkt wie Bildungskapital. Es verbraucht sich durch seine Verwendung nicht, sondern hat im Gegenteil Prozesscharakter: Wenn der soziale Zusammenhalt nicht aktiv gelebt wird, dann schwindet das soziale Kapital einer Gesellschaft. Sozialkapital ist eine kulturell und regional geprägte Humanressource, die langwierige Entwicklungsprozesse zur Voraussetzung hat. Dies bedeutet: Es gibt nicht nur *ein* soziales Kapital, sondern kulturell und regional unterschiedliche Formen; Gesellschaften sowie Individuen können voneinander lernen – wenn sie die Andersartigkeit als eine Grundvoraussetzung akzeptieren. Bildungs- und Sozialkapital bedingen und ergänzen einander: Wir können lernen, Sozialkapital zu bilden und das gesellschaftliche und individuelle Sozialkapital ermöglicht wiederum entsprechende Lernprozesse.

Dem sozialen Kapital werden unterschiedliche Funktionen zugeschrieben, die hier nur kurz skizziert werden sollen. Die politische Dimension besteht darin, dass Vertrauen in die politischen Institutionen und bürgerschaftlicher Gemeinsinn notwendig sind, damit ein demokratisches Gemeinwesen funktionieren kann. Aus wirtschaftlicher Sicht und institutionentheoretisch argumentiert, reduziert ein funktionierendes soziales Gefüge (Transaktions-)Kosten, es entstehen Wettbewerbs- und Standortvorteile; betriebsinternes soziales Kapital ist die Basis für ein sozialverträgliches Miteinander am Arbeitsplatz und damit Voraussetzung für die Bildung einer Unternehmenskultur. Aus beiden Sichtweisen ist soziales Kapital eine politische und ökonomische Ressource. Darüber hinaus stiftet soziales Kapital sozialen Frieden, weil Regeln, Normen und Werte eine Kultur der Konfliktregulierung und Kompromissfindung begründen sowie Verfahrensweisen der Teilhabe am öffentlichen Leben – dies zusammengefasst ist die Funktion des sozialen Zusammenhalts. Vergleichbar dem gesellschaftlichen und individuellen Lernen, das Bildungskapital in entscheidender Weise aufbaut und stabilisiert, sind es im Bereich des sozialen Kapitals die Aktivitäten der Mitglieder eines Gemeinwesens, die den sozialen Zusammenhalt bewirken. Ob sich Bürgerinnen und Bürger einmischen und ihr gesellschaftliches Umfeld mitgestalten können, ist dabei die zentrale Frage. Es geht um Partizipationsmöglichkeiten, die durch bürgerschaftliches Engagement genutzt werden können.

Bürgerengagement[18] umfasst mehr als das vertraute Ehrenamt, gemeint sind auch Aktivitäten in der Selbsthilfe, der Nachbarschaft und in Projekten aller Art, die das Zusammenleben und das Funktionieren in Politik, Wirtschaft und im Bereich des Sozialen tangieren. Die Definition zielt auf all die freiwilligen und auf das Gemeinwesen bezogenen Aktivitäten, denen kein Erwerbszweck zu Grunde liegt (Enquete Kommission 2000)[19] und die zu einem großen Teil gemeinschaftlich und in der Öffentlichkeit stattfinden. Bürgerengagement ist neben dem Lernen die zweite zentrale Dimension, soziale Integration zu bewirken; dass in Engagementfeldern insbesondere soziales Lernen stattfindet, gilt als unumstritten (siehe jüngst: *Elsdon* 2000).[20]

2. Gibt es einen Wandel des Bürgerengagements?

Parallel zu den bereits skizzierten arbeits- und lebensweltlichen Umbrüchen hat sich auch das Bürgerengagement verändert (*Kistler* et al. 1999). Welche genauen Auswirkungen damit einhergehen, ist jedoch ebenso wenig eindeutig wie die Folgen der Dezentrierung der Erwerbsarbeit (siehe Kapitel I). Die empirischen Daten zum Bürgerengagement in Deutschland sind trotz umfangreicher und teilweise repräsentativer Erhebungen (BMFSFJ 2001) nach wie vor unübersichtlich und deshalb zum Teil interpretationsabhängig (*Hacket* 2001). Ob wir gar von einem *sozialen Wandel* in diesem Bereich sprechen können, ist fraglich; dennoch lassen sich, wenn man Daten aus anderen westlichen Ländern und theoretische Überlegungen mit einbezieht, drei globale Trends ausmachen.

Ein erster Trend ist, dass wir Anzeichen für einen Wandel des *institutionellen Rahmens* feststellen können. Es gilt als gesichert, dass neben der klassischen Form der verbandlichen Organisation des Bürgerengagements neue Formen selbstorganisierter Zusammenschlüsse getreten sind, die insbesondere politiknahe, ökologi-

---

[18] Die Literatur zu bürgerschaftlichem Engagement ist kaum noch überschaubar, siehe für viele andere: *Evers* 2000; *Heinze / Olk* (2000); *Dettling* (1998); *Kistler* et al. (1999); *Münkler* (2000); *Rauschenbach* (1999); *Zimmer / Nährlich* (2000) und die empirische Studie des Bundesministeriums (BMFSFJ 2000).

[19] Siehe das britische „Gegenstück", das bereits 1990 fertiggestellt wurde: Commission on Citizenship (1990).

[20] Siehe das aktuelle Programm „Lernen im sozialen Umfeld" des Bundesministeriums für Bildung und Forschung, etwa *Erpenbeck / Sauer* (2001) sowie *Mutz* (2001).

sche, soziale und kulturelle Tätigkeitsfelder im sozialen Nahbereich (etwa der Nachbarschaft) umfassen. Dies bedeutet jedoch keinesfalls eine Ablösung des „alten" Ehrenamtes, auch wenn wir einen (von den Wohlfahrtsverbänden oft beklagten) Rückgang der Aktivitäten in traditional strukturierten Bereichen beobachten können. Es sind vielmehr neue Felder hinzugekommen, die in den vergangenen Jahren mehr öffentliche und wissenschaftliche Aufmerksamkeit bekommen haben.[21] Über die Hintergründe dieser Entwicklung gibt es keine gesicherten empirischen Daten, wir können aber mit guten theoretischen Gründen der Interpretation folgen, dass sich, wie viele andere Lebensbereiche auch, das Bürgerengagement der Frauen und Männer individualisiert hat (*Kühnlein / Mutz* 1998).

Wenn wir den individualisierungstheoretischen Hintergrund aufspannen, dann ist plausibel, dass institutionelle Rahmungen, die eine hohe Regelungsdichte und klare Hierarchien aufweisen, für engagementbereite Personen weniger attraktiv sind als selbstorganisierte Zusammenschlüsse. Insbesondere in den traditionellen Wohlfahrtseinrichtungen, Großvereinen und Verbänden finden wir (oft notwendigerweise!) derartige Organisationsformen, die ein individualisiertes Bürgerengagement manchmal verhindern. Eine nicht zu unterschätzende Folge für das innerbetriebliche Klima ist das angespannte, weil oft nicht geklärte (aber andererseits überregulierte!) Verhältnis zwischen so genannten Laien und Professionellen (präziser: freiwilligen Mitarbeitern und hauptamtlich Erwerbstätigen). Selbstorganisierte Zusammenschlüsse, in denen der Anteil der Freiwilligen üblicherweise überwiegt, versprechen hingegen ein weites Feld für selbstbestimmte Tätigkeiten. Es ist geradezu ein Kennzeichen dieser selbstorganisierten Zusammenschlüsse, dass sie sich informelle Strukturen geben, und dass sie deshalb ein hohes Maß an Beweglichkeit und Gestaltungsmöglichkeiten bieten. Sie sind folglich bewusst „anders" institutionalisiert als der durch hauptamtliche Erwerbsarbeit geprägte traditionelle Bereich. In diesen selbstorganisierten Zusammenschlüssen ist denn auch tendenziell eher ein projektförmiges, nicht unbedingt auf eine lange Zeitdauer ausgerichtetes Engagement gefragt. Der Bedeutungszuwachs dieses Engagementfeldes erklärt somit zumindest teilweise den oft festgestellten Trend zu diskontinuierlichen Engagementformen.[22] Allerdings ist vor einer Überinterpretation dieses Bereichs zu warnen, denn er umfasst nach den jüngsten Erhebungen nur etwa 13% der erfassten freiwilligen, ehrenamtlichen Tätigkeiten[23] (BMFSFJ 2001) – was allenfalls auf einen Trend hinweist, aber nicht auf einen generellen und grundlegenden Wandel der Engagementfelder. Festzuhalten ist: In ähnlicher Weise, wie

---

21 Noch vor 15 Jahren wurde zum Thema „Neue soziale Bewegungen" geforscht und geschrieben, heute wird der gleiche Sachverhalt unter dem Begriff des bürgerschaftlichen Engagements subsumiert; dass man bei diesem Etikettenwechsel Themenkonjunkturen folgt, ist nicht von der Hand zu weisen.

22 Siehe bereits die Daten von *Heinze / Keupp* (1998).

23 Die selbstorganisierten Strukturformen haben als organisatorischen Rahmen insbesondere Bedeutung für die Bereiche „bürgerschaftliche Aktivitäten am Wohnort" und „Schule / Kindergarten".

sich die Organisation gesellschaftlicher Arbeit wandelt, verändern sich auch die Organisation des Engagements – und damit möglicherweise auch die individuellen und gesellschaftlichen Integrationsformen.

Ein zweiter Trend betrifft den *Personenkreis,* der sich engagiert. Man kann davon ausgehen, dass sich mit der Entfaltung dieser selbstorganisierten Engagementfelder die soziale Zusammensetzung des Personenkreises, zumindest teilweise, verändert hat – gut ausgebildete Personen mit hoher Gestaltungskompetenz fühlen sich von diesen Bereichen eher angesprochen. Dennoch ist das „soziale Gesamtbild" der Gruppe der engagierten Freiwilligen erstaunlich traditionell geblieben: Die typischen Engagierten sind in etwa zu gleichen Teilen männlich oder weiblich, mittleren Alters, sie entstammen einem Mehr-Personen-Haushalt und haben einen eher gehobenen Bildungsabschluss sowie eine mittlere bis höhere berufliche Position. Frauen engagieren sich tendenziell eher in der Familienphase und überwiegend im sozialen Bereich in ausführenden Tätigkeiten; Männer engagieren sich häufiger neben der beruflichen Tätigkeit vor allem in sportlichen und berufsnahen (weniger in sozialen) Feldern in leitenden Funktionen; gelegentliches Engagement wird von Frauen bevorzugt, während Männer eher regelmäßig aktiv sind. Folglich: Es handelt sich um Personen aus einer typischen Normalfamilie, die in einem hochintegrativen sozialen Umfeld lebt.[24]

Veränderungen lassen sich im Hinblick auf den Personenkreis weiterführend präzisieren, wenn wir biografische Analysen mit einbeziehen (etwa: *Jakob* 1993; *Olk* 1990). Demnach spielt der Lebensabschnitt (und damit das Alter) sowie die konkrete Lebenssituation, also die biografische Ausgangslage bei der Aufnahme des Engagements eine bedeutsame Rolle. Wichtig ist die „biographische Passung" (*Jakob*): In einer bestimmten Lebensphase müssen Motiv, Anlass und Gelegenheit zum Engagement in einer günstigen Weise zusammentreffen – dies kann sich in einer anderen Lebensphase und einer anderen Lebenssituation wieder ändern. Somit kommen je nach Lebensphase und somit auch Lebenslage vielfältige Einflüsse zur Wirkung. Dies bedeutet aber, dass das zunehmende Engagementinteresse bestimmter Altersgruppen in besonderen Lebensumständen höchstwahrscheinlich ursächlich zusammenfällt mit dem Anwachsen des selbstorganisierten Engagementbereichs.

Da der Wandel in der Arbeitswelt die Lebenslage von Frauen und Männern in erheblichem Maße bestimmt, können wir davon ausgehen, dass die Situation in der Erwerbsarbeit auch das Engagementverhalten mit beeinflusst. Wir wissen jedoch wenig darüber, in welcher Weise eine Pluralisierung der Erwerbsformen, das Aufkommen der Projektarbeit und die Entgrenzung der Arbeit auf das Bürgerengagement wirken und wie der (souveräne) Arbeitsgestalter mit diesem Bereich umgeht (*Kistler/Rauschenbach* 2001). Erste Studien deuten darauf hin, dass es im Wesentlichen auf die soziale und kulturelle Rahmung ankommt, wie derartige Prozesse

---

[24] Nach eigenen Interpretationen von SOEP-Daten (siehe *Heinze/Keupp* 1998 und *Kühnlein/Mutz* 1999) und der BMFSFJ-Untersuchung (2001).

von den Betroffenen interpretiert werden. In der deutschen Sozialforschung wird (paradoxerweise mit Verweis auf die amerikanischen Studien von *Sennet*) schon im Forschungsansatz unterstellt, dass sich etwa eine Flexibilisierung der abhängigen Erwerbsarbeit generell negativ auf das Bürgerengagement auswirke. Die Befragten selbst betonen eher die gewonnenen Freiräume, wenn sie durch Zeitsouveränität in der Arbeit ihr Bürgerengagement variabler gestalten können. In den amerikanischen Untersuchungen geht es, wenn man bspw. den Argumentationen von *Putnam* (2000) folgt, um Folgen der Individualisierungsprozesse auf Konstellationen des sozialen Zusammenhalts – also um das soziale Kapital. Bereits in *Putnams* Buchtitel „Bowling alone" ist die Kernaussage der Abhandlung paradigmatisch auf den Punkt gebracht. Unsere eigenen empirischen Fallstudien in den USA zeichnen ein differenzierteres Bild: Ebenso wie von den deutschen Erwerbstätigen wird von den US-amerikanischen der Gestaltungszuwachs, der durch Flexibilisierungen in den letzten Jahren erreicht wurde, positiv bewertet. Die Lebenslage wird dann als beeinträchtigt gesehen, wenn die Arbeitsdichte und die allgemeine Arbeitszeit zunimmt sowie Flexibilität fremdbestimmt ist – denn dann bleibe weder Kraft noch Zeit für Bürgerengagement. Dies wird vor allem von Beschäftigten in der New Economy formuliert. Ihr Bürgerengagement hat sich entsprechend in einer besonderen Weise individualisiert: es ist spontaner, überschaubarer, projektbezogen, manchmal sogar virtuell; sie integrieren sich nicht in tradierte Vernetzungen, sondern wenden sich an professionelle Agenturen, um sich an soziale, kulturelle oder ökologische Einrichtungen vermitteln zu lassen (so genannte City Cares: New York Cares, Chicago Cares usw; sie entsprechen in etwa den deutschen Freiwilligenagenturen, sie sind allerdings privat organisiert). Es ist jedoch einschränkend hinzuzufügen, dass diese empirisch feststellbaren Individualisierungstendenzen aus biografischen Untersuchungen und Fallstudien abgeleitet wurden, die von ihrer Anlage her mit geringen Fallzahlen arbeiten und deshalb keine Aussage über den quantitativen Umfang derartiger Prozesse erlauben (*Janowicz / Klement / Kühnlein / Mutz* 2000).

Die Lebenslage ist für das Bürgerengagement in einer weiteren Hinsicht von Bedeutung: Es engagieren sich in erster Linie Personen, die einer Beschäftigung nachgehen. Arbeitslose Erwerbspersonen engagieren sich in geringerem Umfang. Allerdings: Personen, die bereits während ihrer Erwerbstätigkeit aktiv waren, bleiben auch in der Arbeitslosigkeit häufiger aktiv und nutzen die dort bestehenden Kontakte für die Wiederaufnahme einer Beschäftigung. Dies bedeutet aber, dass Konzepte der Art: „Bürgerarbeit für Arbeitslose" (*Beck*) tendenziell eher ins Leere laufen müssen.[25]

Bei dem veränderten Bürgerengagement ist ein dritter Trend von Bedeutung – es geht um den immer wieder behaupteten *Motivationswandel*.[26] In dieser Rich-

---

[25] Zu diesem Argumentationszusammenhang siehe weiter unten.
[26] Eine kritische Haltung dazu formuliert *Kühnlein* (2001).

tung wird etwa herausgestellt, dass das soziale Engagement in Form des „alten" Ehrenamtes häufig religiös und durch eine altruistisch-karitative Grundhaltung motiviert gewesen sei. Heute hingegen sei es treffender, von einem *modernen* Engagement zu sprechen, dem tendenziell eher eine weltanschauliche Haltung (etwa: Schutz der Umwelt) und Eigeninteresse sowie Spaß und Freude zu Grunde liege. Die Grundeinstellung laute: „Indem ich gesellschaftlich nützlich bin, tue ich auch etwas für mich" (*Klages*). Diese Interpretationen statistischer und biografischer Analysen sind nicht unproblematisch. Zumeist wurden in den statistischen (und durchaus repräsentativen) Untersuchungen gar keine Motive, sondern Erwartungen an das Bürgerengagement abgefragt (BMFSFJ 2001) und ein Vergleich von „früher" und „heute" ist dann problematisch, wenn in der Vergangenheit Einstellungen wie „Spaß und Freude" gar nicht erhoben wurden. Hier wird ohne Vergleichsuntersuchung behauptet, dass das Bürgerengagement früher so gewesen sei; es hat sich folglich zuallererst die Aufmerksamkeit der Forscher auch auf andere Dimensionen des Engagements gewandelt. Dies betrifft auch die biografischen Untersuchungen: Wenn etwa dargelegt wird, dass mit dem Engagement heute zusätzlich kommunikative Ziele verfolgt werden (Suche nach einer Gemeinschaft) und Menschen eine Erweiterung ihrer Qualifikationen anstreben, dann mag dies durchaus zutreffend sein – es kann aber nicht unterstellt werden, dass diese Motive in früheren Zeiten keine Rolle gespielt hätten. Die These eines Wandels der Engagementziele ist von der empirischen Seite her bislang nur schwach belegbar.

Dennoch scheint es sinnvoll zu sein, insgesamt von drei nicht unwichtigen Trends in den Veränderungen des Bürgerengagements auszugehen. Richtung und Stärke dieser Trends lassen sich aber eher angeben, wenn wir uns auf theoretische Überlegungen stützen, denn auf unzureichende empirische Untersuchungen. Derartige Überlegungen können wir etwa auf der Basis der Individualisierungsthese entfalten. Wenn wir die Gültigkeit der Individualisierungsthese unterstellen, so ist es bspw. plausibel, dass sich Menschen heute weniger auf Grund verbindlicher Regeln engagieren (etwa Gutes zu tun), sondern dem eine autonome und höchst bewusste Entscheidung zugrundelegen. Außerdem suchen sie tendenziell eher nach Tätigkeitsfeldern, die in den selbstorganisierten Bereichen liegen, oder sie versuchen, die dort charakteristische Form der selbstbestimmten Aktivitäten in die traditionellen Organisationen hineinzutragen: sie wollen Verantwortung tragen, mitgestalten und entscheiden. Vor diesem Hintergrund ist erklärbar, dass Frauen und Männer heute in den Engagementfeldern mehr suchen als eine Pflichterfüllung oder Gelegenheit, Gutes zu tun, sondern: Kontakt, Gemeinschaft, Sinn, Selbstbestätigung, Kompetenzzuwachs, Fortbildung und nicht zuletzt Spaß; sie engagieren sich seltener dauerhaft für eine Sache, sie wechseln die Engagementfelder, sie unterbrechen das Engagement für andere Tätigkeiten (die ihnen zeitweise wichtiger sind) und sie beenden ihr Engagement, wenn das angestrebte Ziel (z. B. Organisation einer Kinderbetreuung in der Nachbarschaft, Initiierung einer Laientheatergruppe usw.) erreicht ist. Diese Tendenzen bleiben aber eine theoretisch plausible Ableitung, die mit empirischen Daten kaum hinreichend belegbar ist.

Unsere eigenen biografischen Fallstudien (in unterschiedlichen Ländern) deuten generell darauf hin, dass es immer Kombinationen von Motiven sind und dass neben innengeleiteten Prozessen, die zu Bürgerengagement motivieren (Pflichtgefühl einerseits oder Eigeninteresse andererseits), äußere Faktoren von Belang sind: Die überwiegende Mehrzahl der Engagierten berichtet, dass sie Engagement – in der Herkunftsfamilie und / oder in der Schule – *gelernt* haben und dass es dann im späteren Leben eine *Gelegenheit* und einen *Anlass* gab, sich zu engagieren. Dies unterstreicht die Bedeutung von familiären und gesellschaftlichen Sozialisationsprozessen, von Gelegenheitsstrukturen und des Zufalls, der Menschen in einer bestimmten biografischen Situation einen Anlass gibt, sich zu engagieren. Dieser Sachverhalt dürfte in der genannten allgemeinen Form interkulturell gültig sein – was etwa das hohe Engagement in den USA erklärt, wo Bürgerengagement in den Gemeinden und Schulen eingeübt wird; häufig ist es sogar Voraussetzung für Stipendien, Studienplätze und Beschäftigungsaufnahmen. Für die Politik bedeutet dies, dass es gar nicht so sehr darauf ankommt, die Motivationen in direkter Weise zu beeinflussen (was ohnehin schwierig sein dürfte), sondern dass es vielmehr darauf ankommt, die beiden genannten Variablen – Sozialisationsprozesse und Gelegenheitsstrukturen[27] – als Steuerungsgröße ernst zu nehmen. Menschen müssen mehr Möglichkeiten haben, dem Bürgerengagement anderer zu begegnen, es muss öffentlich – im Sinne von: sichtbar, erlebbar, erfahrbar – werden.

3. Bürgerarbeit im Diskurs um das Ende der Arbeitsgesellschaft

Das Konzept der Bürgerarbeit (*Beck* 1997; 1999; Zukunftskommission 1997) ist nur im Kontext des Diskurses um das Ende der Arbeitsgesellschaft im Rahmen der Kommission für Zukunftsfragen der Freistaaten Bayern und Sachsen zu verstehen; hier hat es seinen Ursprung und damit seine spezifische Verortung.

In dem drei Bände umfassenden Bericht der Kommission dominiert eine unreflektierte demographische Sichtweise, weiterführende ökonomische oder gar sozialwissenschaftliche Überlegungen verbleiben im Hintergrund oder werden lediglich aus einer Common-Sense-Perspektive angegangen. Bei der Bestandsaufnahme im Teil I wird zwar nicht die „harte" These expliziert, dass der Gesellschaft die Arbeit ausgehe, aber es wird als denkbar erachtet, dass die Erwerbsarbeit knapp werden könnte – weil sie unter den gegebenen Bedingungen in Deutschland zu teuer und damit nicht mehr bezahlbar sei. Selbst *Strukturveränderungen* werden demographisch erklärt: Die Grundidee ist, dass das Erwerbspersonenpotenzial, das auf dem Arbeitsmarkt seine Arbeitskraft anbietet, größer sei als die Nachfrage nach Arbeitskräften. Diese zunächst einmal nüchterne Sicht auf Arbeitsmarkt und Arbeitslosigkeit wird nicht durch einen Mangel an Arbeitsplätzen, sondern mit der

---

27 Beispiel: Einrichtung eines Studiengangs „Volunteer Management". Die Politik muss gleichsam dem Zufall auf die Sprünge helfen, d. h. Strukturen schaffen, die den Zufall, aktivem Bürgerengagement zu begegnen, begünstigen.

Überzahl an Erwerbspersonen erklärt;[28] präzisierend wird ausdrücklich darauf hingewiesen, dass in der Summe des Erwerbspersonenpotenzials insbesondere der Anteil der Frauen und der Ausländer gestiegen ist. Vor diesem Hintergrund sind die Empfehlungen des dritten Teils zu verstehen: Sie gliedern sich in so genannte Erneuerungsstrategien (insbesondere im Hinblick auf die Eigenverantwortung der Menschen und eine Liberalisierung des institutionellen Rahmens) und Anpassungsstrategien, die im wesentlichen auf eine Senkung der Arbeitskosten (und Spreizung der Einkommen) zielen, auf eine produktivitätsgemäße Erweiterung einfacher personenbezogener Dienste und schließlich auf eine Reduktion des Arbeitskräfteangebots. In diesem letzten Abschnitt ist als „flankierende Maßnahme" die Bürgerarbeit vorgesehen. Die einfache Grundidee ist: Wer Bürgerarbeit leistet, kann nicht gleichzeitig einer Erwerbsarbeit nachgehen; umgekehrt: Bürgerarbeit kann fehlende Erwerbsarbeit ersetzen.

Dieser Hintergrund macht deutlich, dass Bürgerarbeit in erster Linie als *Ersatz* wegbrechender Erwerbsarbeitsverhältnisse verstanden wird (*Beck* 1997; Zukunftskommission 1997),[29] erst in zweiter Linie und gleichsam nachträglich als ein Instrument zur Stärkung der Demokratie (*Beck* 1999). Angestrebt wird die Vision einer „gemischten Tätigkeitsgesellschaft".

Bürgerarbeit als Substitut für Erwerbsarbeit ist in vielerlei Hinsicht nicht unproblematisch. Zum einen haben schon die Auswertungen des Sozioökonomischen Panels im Jahre 1995 gezeigt, dass sich Arbeitslose oder Personen in der Stillen Reserve kaum engagieren und dass die Aktiven zugunsten des Engagements die Arbeitszeit in der Erwerbsarbeit nur selten oder gar nicht reduzieren.[30] Erst in der Erwerbsarbeit, so lautet die sozialwissenschaftliche Interpretation, erwerben Menschen Kapitalien unterschiedlicher Art, um sich überhaupt außerhalb der Erwerbsarbeit engagieren zu können. Gemeint sind insbesondere Einkommen, Bildung und soziale Kontakte, die der Aufnahme des Bürgerengagements förderlich sind. Eine Reduktion der Erwerbsarbeit und Ersatz durch Bürgerarbeit bedeutet hingegen ein Verzicht auf Erwerbseinkommen, weil Bürgerarbeit dem Konzept nach nicht entlohnt, sondern immateriell belohnt wird (Zukunftskommission 1997, S. 146). Nur wenn die Bürgerarbeiter Anspruch auf Lohnersatzleistungen, also Sozial- bzw. Arbeitslosenhilfe haben, ist ein Sozialtransfer durch ein Bürgergeld vorgesehen.[31]

---

28 „So hat ein großer Teil der Arbeitslosen nicht etwa seinen Arbeitsplatz verloren, sondern beschlossen, nunmehr am Erwerbsleben teilzunehmen. Andere lassen sich ohne konkrete Erwerbsabsicht als arbeitslos registrieren, um Ansprüche gegen die sozialen Sicherungssysteme zu wahren" (Presseerklärung vom 18. 10. 1996).

29 In „demselben Maß, in dem Bürgerarbeit attraktiv wird, sinkt die Nachfrage nach Erwerbsarbeit" (Zukunftskommission 1997, S. 166). „Bürgerarbeit ist sozusagen eine dosierte Entzugstherapie für die arbeitsdrogenabhängige Gesellschaft" (*Beck* 1997, S. 7).

30 Diese Daten beziehen sich auf ein Gutachten von Rolf G. *Heinze* und Heiner *Keupp* (1997), das 1995 im Auftrag der Kommission für Zukunftsfragen der Freistaaten Bayern und Sachsen erstellt wurde. Es wird deutlich herausgestellt, dass das freiwillige Engagement in Abhängigkeit von der Erwerbsbeteiligung wächst (Zukunftskommission 1997, S. 149).

Das in Deutschland durchaus vorhandene Engagementpotenzial soll durch die Bildung von kommunalen Ausschüssen[32] und dem Einsatz eines *Gemeinwohl-Unternehmers* aktiviert werden, also durch zusätzliche staatliche Stellen, in denen gleichsam semiprofessionelle Personen die freiwillige Arbeit der Bürger organisieren. Sie bleiben jedoch so lange ohne Bodenhaftung als jene Gelegenheitsstrukturen und Anlässe für freiwilliges Engagement – von denen oben gesprochen wurde – fehlen.

Wenn man den Zusammenhang zwischen Erwerbsarbeit und Bürgerarbeit genauer betrachtet, scheint eine weitere Schwierigkeit auf, denn auch „Bürgerarbeitsplätze" bestehen nicht in uneingeschränktem Umfang und somit kann es keinen (wie immer erwirkten) Anspruch auf einen Bürgerarbeitsplatz geben.[33] Damit besteht aber die Gefahr, dass wiederum insbesondere jene Bevölkerungsgruppen benachteiligt werden, die gleichsam „von Haus aus" keine günstige Kapitalienausstattung mitbringen – manche sprechen bereits von den zukünftigen „Bürgerarbeitslosen" (vgl. *Stecker* 1999). Wenn Bürgerarbeit aber nur diejenigen begünstigt, die ohnehin hohe Integrationschancen haben, dann verstärken sich die sozialen Unterschiede.

Diese kritischen Überlegungen führen zu dem Schluss, dass es generell nicht angezeigt ist, Bürgerarbeit zur Beeinflussung individueller Arbeitsmarktchancen zu instrumentalisieren. Auch freiwilliges Engagement braucht Strukturen, die einen sozial gleichmäßigen Zugang und Entfaltungsmöglichkeiten im Bereich jenseits der Erwerbsarbeit gewährleisten (*Kühnlein/Mutz* 1999). Grundsätzlich beruhen diese Fehlschlüsse auf einem „Webfehler" im gesamten Argumentationsaufbau der Zukunftskommission, in dem das Konzept der Bürgerarbeit eingefügt ist. Viele Zusammenhänge und Ursachen der Arbeitsmarktprozesse in Deutschland, wie etwa die Abnahme des Normalarbeitsverhältnisses, die Dezentrierung der Erwerbsarbeit, das Aufkommen der Wissensgesellschaft (und damit Abnahme der Erklärungskraft des Kapital-Arbeit-Modells) sowie die mangelnde Eigeninitiative und Selbstständigkeit in Deutschland, sind durchaus richtig und in ihren Auswirkungen erkannt – sie werden jedoch fälschlicherweise immer wieder aus demographischer Perspektive als eine Mengenproblematik gedeutet, nicht als ein qualitatives Organisationsproblem von Arbeit und vor allen Dingen nicht als ein Integrationsprob-

---

31 Für den Kreis der Sozialtransferempfänger trägt sich das Konzept der Bürgerarbeit in finanzieller Hinsicht im Wesentlichen selbst. Zusätzliche Aufwendungen entstehen lediglich durch die notwendige Infrastruktur (vgl. *Beck* 1997, S. 8).

32 Der „Ausschuss für Bürgerarbeit" besteht aus Vertretern des Gemeinderates, von Wohlfahrtsverbänden, freiwilligen Helfern, Bürgerarbeitern, Unternehmensvertretern und wird von den Gemeinden gewählt. Die Organisation und Leitung der Projekte liegt allerdings dann bei einem „Gemeinwohl-Unternehmer", der von der Kommune für seine Aktivitäten autorisiert wird (vgl. Zukunftskommission 1997, S. 157).

33 „Es gibt kein automatisches Anrecht auf die Beteiligung an Bürgerarbeit. Auch Bürgerarbeit setzt Qualifikationen, d. h. Selektion aufgrund von Eignung voraus" (Zukunftskommission, S. 165). An anderer Stelle wird dagegen betont: „Bürgerarbeit schließt letztlich niemanden aus, es sei denn, er oder sie schließt sich selber aus" (ebenda, S. 156).

lem. Mögliche Desintegration großer Bevölkerungsteile ist ein Problem, das nicht durch das Angebot einer anderen Form der Arbeit – Bürgerarbeit – gelöst werden kann.

Einerseits gilt: Frauen und Männern kommt es nicht darauf an, sich irgendwie zu beschäftigen; und ergänzend gilt andererseits ebenfalls, dass Bürgerengagement nicht irgend eine Form der Beschäftigung oder eine „andere" Arbeit ist – es ist für die Menschen in erster Linie die Übernahme sozialer Verantwortung in Form einer Zeitspende. Das in zentraler Weise Charakteristische des Bürgerengagements ist ihre Integrationsfunktion und in dieser Hinsicht bildet es individuelles und gesellschaftliches soziales Kapital.

Das Konzept der Bürgerarbeit wird in den Bundesländern Bayern und Sachsen in Form von Modellprojekten umgesetzt, die sich in der Praxis jedoch unterscheiden.

Das Modellvorhaben der Bayern ist in erster Linie ein engagementbezogenes Vorhaben, denn es will die „Bereitschaft zu bürgerschaftlichem Engagement fördern" (Bayerisches StMAS 2000, S. 1). „Unentgeltliche Arbeit von Menschen für Menschen ist für den Zusammenhalt unserer Gesellschaft unverzichtbar, und sie ist ein wesentlicher Bestandteil unserer demokratischen Kultur" (Bayerisches StMAS 1999, S. 1). Bürgerarbeit wird als „ein Gegenpol ... zu Globalisierung, schrankenlosem Wettbewerb und Anonymität" gesehen und erst in zweiter Linie als ein arbeitsmarktpolitisches Instrument zur Überführung von Arbeitslosen in eine reguläre Beschäftigung: „Zudem soll speziell Arbeitslosen und Sozialhilfeempfängern eine zusätzliche Chance geboten werden, über die Bürgerarbeit wieder in Erwerbsarbeit zu gelangen" (ebd. 2000, S. 1). Bei der aktuellen Realisierung stellt sich jedoch die Frage, ob nicht statt innovativer Bürgerprojekte vielmehr Modellvorhaben unterstützt werden, die man auch im Rahmen der üblichen Förderungsmaßnahmen hätte durchführen können.[34] Somit wird lediglich ein weiterer Fördertopf mit dem neuen schillernden Namen „Bürgerarbeit" geöffnet.

Die Umsetzungsbestrebungen in Sachsen zielen hingegen deutlich darauf ab, einen neuen Beschäftigungsbereich mit einer Pflicht zu gemeinnütziger Arbeit zu begründen, der insbesondere für einen Personenkreis gelten soll, der sich bereits seit langer Zeit außerhalb des regulären Arbeitsmarkts befindet. Wenn jedoch die unentgeltliche, gemeinnützige Tätigkeit Erwerbsloser zur Pflicht erklärt wird, dann passiert in Sachsen nicht mehr als bereits im Rahmen des BSHG möglich ist. So steht zu „vermuten, dass nur für einen begrenzten Teil von Menschen Bürgerarbeit das sein wird, was man sich erhofft: nämlich eine selbstbestimmte, gesellschaftlich nützliche Aktivität im Rahmen gemeinschaftsbasierter Initiativen" (Voß 1999, S. 332).

---

[34] Siehe die Beiträge in der Süddeutschen Zeitung (2000 a, b) zur Einführung des Modellversuchs Bürgerarbeit in Bayern.

IV. Eine zivile Variante Arbeitsgesellschaft

Es gilt zu beachten, dass Lernen und Bürgerengagement nicht selbstverständlich sozialintegrativen Charakter haben. In Deutschland dominiert die Rezeption der amerikanischen Sichtweise auf Prozesse der Humankapitalbildung. Dabei verzichtet man weitgehend auf den französischen Diskussionskontext, der den Vorteil bieten würde, Bildungs- und Sozialkapital in einem umfassenderen Sinne, nämlich eingebettet in einen gesellschaftstheoretischen Rahmen, zu analysieren. Aus dieser Perspektive würden positive und negative Effekte der Humankapitalbildung sichtbar werden, und es stünde ein theoretisch gehaltvolles und empirisch überprüfbares Instrumentarium zur Verfügung, das die Analyse der Genese von Bildungs- und Sozialkapital auf der individuellen und gesellschaftlichen Ebene erlaubt (*Braun* 2000). So ist es das Verdienst des französischen Soziologen *Bourdieu* (1983), darauf hingewiesen zu haben, dass Zusammengehörigkeit immer auch Ausschluss – der jeweils nicht dazugehörenden Personen – bedeutet, wenn der Zugang zu den Ressourcen selektiv ist. Und dies ist hier zweifellos der Fall: Ohne hier in das Detail wissenschaftlicher Studien zu gehen, leuchtet unmittelbar ein, dass der Zugang zu Bildungs- und Sozialkapital ungleich verteilt ist. Es sind folglich die Rahmenbedingungen im Auge zu behalten, die den Zugang zu Humanressourcen bestimmen.

Der Typus des souveränen Arbeitsgestalters kann sich nur entwickeln, wenn sich Lern- und Partizipationsmöglichkeiten (und entsprechende Zugangschancen) für einen breiten Personenkreis in der skizzierten Weise erweitern. Die Neue Arbeitsgesellschaft kann zugleich eine zivile Arbeitsgesellschaft sein, die sich nicht nur durch globale Wettbewerbsfähigkeit auszeichnet, sondern auch durch ein hohes Niveau des Bildungs- und Sozialkapitals sowie Integrationsstärke. Notwendig (aber nicht hinreichend) wäre ein Paradigmenwechsel im Hinblick auf die Definition wirtschaftlichen Handelns und wirtschaftlicher Institutionen.

Wenn wir (wie oben gezeigt) zugrundelegen, dass die Trennung von Arbeit und Leben – Wirtschaft und Gesellschaft – eine Erscheinung der industriellen Moderne ist und dass diese Bereiche nun durch Pluralisierungs- und Entgrenzungsprozesse stärker zusammenwachsen, dann bedeutet dies in einem handlungstheoretischen Sinne, dass sich auf der Mikroebene wirtschaftliches Handeln immer weniger von anderen Formen des sozialen Handelns unterscheidet. Empirisch finden wir dafür viele Beispiele, denn wirtschaftliches Denken hat den Alltag längst überformt. Auch der Typus des Arbeitsgestalters deutet darauf hin, dass diese beiden Handlungsmuster immer weniger trennscharf sind. Dies gilt auch in umgekehrter Wirkrichtung, wenn etwa die soziale Dimension im Bereich des Dritten Systems das (erwerbs-)wirtschaftliche Handeln bestimmt.

Damit stellt sich die Frage nach dem zivilgesellschaftlichen Charakter von Handlungen in einer neuen Weise. Bislang galt wegen der Trennung von Wirtschaft und Gesellschaft unhinterfragt die Unterscheidung von zwei Handlungssphären, in denen entweder das Handlungsmuster des Bourgeois oder des Citoyen wirksam wird. Wenn nun aber eine Entgrenzung stattfindet, dann ist nicht mehr eindeutig entscheidbar, in welchem Falle auf der Mikroebene zivilgesellschaftliche Handlungsweisen vorliegen und auf der Makroebene von zivilgesellschaftlichen Institutionen gesprochen werden kann. Entgrenzung bedeutet, dass in dieser Frage eine kaum noch zu überschauende Grauzone entstanden ist, die über die Logik des Dritten Systems weit hinausreicht. Zu fragen ist dann beispielsweise, ob Gewerkschaften und Wirtschaftsverbände nicht in selbstverständlicher Weise als zivilgesellschaftliche Formationen oder staatsbürgerschaftliche Vereinigungen zu betrachten sind – und ob Wirtschaftsunternehmen nicht auch in einigen Dimensionen ihres Tätigkeitsfeldes zivilgesellschaftlichen Charakter haben. Dann ist es aber nur konsequent, auch einen veränderten Blick auf die zivilgesellschaftliche Verantwortung von Wirtschaftsunternehmen zu werfen, die sich nicht nur auf die bekannten staatsbürgerschaftlichen Rechte und Pflichten bezieht, sondern darüber hinaus auf die wirtschaftlichen Aktivitäten selbst. Damit wird das typische Wirtschaftsunternehmen nicht zu einer gemeinnützigen Veranstaltung Ehrenamtlicher umdefiniert, es wird aber anerkannt, dass wirtschaftliches Handeln in hohem Maße zivilgesellschaftliche Züge trägt.

Wenn wir einen solchen Paradigmenwechsel in Bezug auf wirtschaftliches Handeln und wirtschaftliche Institutionen vornehmen, dann bedeutet dies, eine zivile Variante der Arbeitsgesellschaft als eine mögliche zukünftige Ausprägung der Neuen Arbeitsgesellschaft ins Auge zu fassen (die über das Konzept einer Tätigkeitsgesellschaft hinausreicht). Es ginge darum, Regeln des zivilgesellschaftlichen Zusammenlebens und Handlungsmuster des souveränen Bürgers gleichsam in das Wirtschaftsleben zu implementieren. Statt nur – wie oben bereits angedeutet – in den klassischen Widersprüchen zwischen Arbeit und Kapital und deren Disziplinierung durch Konflikt und Kontrakt zu denken (dies ist, wie etwa in der Tarifpolitik, in vielen Bereichen nach wie vor notwendig!), ginge es bei diesem Paradigmenwechsel gleichsam darum, die zivilgesellschaftlichen Dimensionen wirtschaftlichen Handelns und wirtschaftlicher Institutionen auszuloten. Im Hinblick auf die Interessengegensätze von Arbeit und Kapital gibt es bereits vielversprechende Ansätze, wie beispielsweise das nach zivilgesellschaftlichen Regeln konzipierte Bündnis für Arbeit – wie unzulänglich und wenig wirksam es in der Praxis zeitweise sein mag, weil mediatorische Elemente des Interessenausgleichs fehlen.

Unternehmerisches Handeln kann wie die Aktivitäten anderer Gruppen auf dem Weg in eine zivile Arbeitsgesellschaft eine wichtige Rolle spielen. Dies soll hier abschließend thematisiert werden. Unternehmen können in vielfältiger Weise soziale Integration bewirken, nicht nur durch klassisches wirtschaftliches Handeln, das auf gesellschaftlicher Ebene Wertschöpfung bewirkt und auf individueller Ebene Einkommen, Anerkennung und sozialen Status schafft. Sie können zusätzlich in Bildungs- und Sozialkapital „investieren", um einerseits einen höheren Unternehmensgewinn zu erzielen und andererseits zivilgesellschaftliche Werte zu schaffen, die ihnen selbst und den Mitbürgern zuträglich sind. Dass Bildungsinvestitionen in jeder Hinsicht und für alle Beteiligten von großer Bedeutung sind, ist heute weder in der Forschung noch in der Praxis umstritten; die Bedingungen unternehmerischen Handelns haben sich dergestalt verändert, dass Sozialkapitalinvestitionen ebenfalls notwendig werden: für die Unternehmen, die Beschäftigten und für das soziale Umfeld.

1. Unternehmerisches Bürgerengagement aktiviert Humanressourcen

Auch die Unternehmen sind in der Neuen Arbeitsgesellschaft in einer radikal anderen Situation als in der industriellen Phase des 19. und 20. Jahrhunderts – und zwar sowohl in ihren Außen-, als auch in ihren Innenbeziehungen. Sie stehen heute mit vielen anderen in einem globalen Wettbewerb, in dem sie sich positionieren müssen – nicht nur hinsichtlich ihrer Produktpalette, sondern auch im Hinblick darauf, wie sie sich am Markt darstellen wollen. Unternehmen suchen deshalb nach einer Identität und entsprechenden unverwechselbaren Assoziationsmustern, die sich mit ihrem Namen verknüpfen. Dazu gehört, neben der ökologischen Dimension auch soziale Belange in das unternehmerische Handeln einzubeziehen. In der Zwischenzeit gibt es bereits ein weltweites „Global Business Responsibility Resource Center", das ethische Standards sozialer Verantwortung herausarbeitet, in einem weiten Kreis von Unternehmen verbreitet, verbindlich macht und bspw. in diesem Rahmen jährlich „The 100 Best Corporate Citizens" auszeichnet.[35]

Im betriebsinternen Bereich sind im wesentlichen zwei Sachverhalte von Bedeutung. Zum einen muss sich in den Unternehmen ein soziales Wissen herausbilden, um den komplexen Informationsfluss höchst unterschiedlicher Wissenskanäle zu bündeln und optimal einzusetzen. Zum anderen wird es immer notwendiger, ein sozialverträgliches Klima zu schaffen, das über die einzelfallbezogene Form der betrieblichen Sozialberatung oder des Sozialmanagements hinausreicht. Es geht um mehr als die Vermeidung so genannten abweichenden Verhaltens im betrieblichen Geschehen, sondern um die Schaffung von Strukturen sozialen Zusammenhalts durch die Gestaltung eines dynamischen sozialen Gefüges. Beides erfordert aufseiten der Mitarbeiter besondere Sozialkompetenzen, nämlich die Fähigkeit, unterschiedliche (Lebens- / Arbeits-)Erfahrungen im Hinblick auf die Unternehmensorganisation zu integrieren (siehe oben: Perspektivenverschränkung). Die zentrale Einsicht ist allseits, dass diese Fähigkeiten im betrieblichen Ablauf nicht von selbst entstehen. Deshalb ist in diesem Feld eine Flut von teils seriösen, oft aber unzureichenden und kuriosen (außer-)betrieblichen Weiterbildungen entstanden. Neben der zweifelhaften Qualität dieser Bildungsmaßnahmen kommt hinzu, dass es sich

---

[35] Siehe: http://www.bsr.org/resourcecenter/ und analog dazu die vergleichbare europäische Variante vom CSR (ehemals: EBNSC European Business Network for Social Cohesion): http://www.ebnsc.org/ und http://www.business-impact.org/. Ein „European Year on CSR" ist für 2004 oder 2005 geplant.

fast ausschließlich um „Trockenübungen" handelt, weil nicht im Arbeitsprozess oder im Bereich der privaten Lebenserfahrungen gelernt wird. Praktische Lern- und Erfahrungsfelder dieser Art liegen gleichsam vor den Betriebstoren, in den vielfältigen Feldern des Bürgerengagements.

An dieser Stelle greift das Konzept des unternehmerischen bürgerschaftlichen Engagements (UBE), das die genannten Anforderungen miteinander verknüpft und in zwei Richtungen wirksam wird. Es zielt im außerbetrieblichen Bereich darauf ab, durch das Bürgerengagement des Unternehmens ein ethisch verantwortungs- volles Verhältnis zu den Kunden und Geschäftspartnern aufzubauen, das stabiler ist als der rein wirtschaftlich motivierte Zusammenhalt. Es entstehen zivilgesell- schaftlich fundierte Vertrauensbeziehungen. Im Binnenverhältnis können Unter- nehmen das Bürgerengagement der Mitarbeiterinnen und Mitarbeiter fördern und somit neue Lern- und Engagementfelder etablieren. Dass es in hohem Maße sinn- voll ist, in beiden Dimensionen aktiv zu werden, zeigen Erfahrungen in einigen europäischen Ländern sowie in den USA und Kanada. In diesen Ländern gehört zur Normalität, was in Deutschland bislang wenig bekannt ist: Corporate Citizen- ship.[36] Dies hat sich in den vergangenen Monaten geändert: es gibt erste (noch lau- fende) Untersuchungen zu diesem Thema (*Rudolph* 2001), (noch zurückhaltende) Resonanz bei den Wirtschaftsunternehmen,[37] Medienberichterstattungen (Wirt- schaftswoche 2000 a, b; 2001 und Süddeutsche Zeitung 2000 a, b; 2001 a, b) und politische Unterstützung seitens des Deutschen Bundeskanzlers (*Schröder* 2000); schließlich wird dieses Thema auch in der Enquete Kommission des Deutschen Bundestages (*Bürsch* 2000) behandelt.

Wenn wir von unternehmerischem Bürgerengagement sprechen, steht weder das Sponsoring (in Kultur, Sport oder anderen werbeträchtigen Bereichen) im Vordergrund, noch die karitativ motivierte finanzielle Alimentierung sozialer Ein- richtungen durch Spenden. Dies sind durchaus wichtige Unterstützungsformen, es ist aber ein einseitiges Geben, das keine Lernprozesse (in den Betrieben oder in den sozialen Einrichtungen) in Gang setzt, und das auch nur in sehr geringem Maße soziales Kapital bildet. Beim UBE steht vielmehr im Vordergrund, Syner- gieeffekte zwischen den verschiedenen Lebens- und Arbeitsfeldern entstehen zu lassen und diese für das Unternehmen und die private Lebensführung nutzbar zu machen.

Unternehmerisches Bürgerengagement kann unterschiedliche Erscheinungs- formen annehmen (*Backhaus-Maul* 2000; *Janning/Bartjes* 1999; *Janowicz/ Klement/Mutz* 2000): So kann es sich im Sinne „traditionellen" unternehmeri-

---

[36] Dieser Ansatz ist auch aus einer anderen Sicht sinnvoll; eine britische Studie hat kürz- lich herausgefunden, „that the workplace is the main site of learning citizenship skills" (*Benn* 2000, S. 241).

[37] Im November 2000 gab es zu diesem Thema eine sehr gut besuchte Veranstaltung der SPD-Bundestagsfraktion (2000) im Reichstag; siehe dazu SPD-Bundestagsfraktion (2000) mit einem Beitrag des Bundeskanzlers und 14 „best practices".

schen Engagements um monetäre Aktivitäten handeln, wenn beispielsweise das Spendenverhalten der Mitarbeiter unterstützt wird oder jede Spende eines Beschäftigten in gleicher Höhe aufgestockt wird (Allianz; Chase Manhattan Bank, New York). Die Unterstützung von gemeinnützigen Einrichtungen mit Sachspenden (etwa: Bereitstellung einer Computerausrüstung oder anderer Arbeitsmaterialien: New York Life Insurance Company) gehört ebenfalls dazu. Weitaus integrativer und sozial wahrnehmbarer ist bspw. die Regelung, dass Mitarbeiterinnen und Mitarbeiter für ihr Engagement die Einrichtungen des Betriebs nutzen können (Telefon, Kopierer usw.; Rank Xerox, Chicago). In hohem Maße anspruchsvoll sind ebenfalls Mentorenprogramme: Firmenangehörige übernehmen Patenschaften für sozial benachteiligte Kinder und Jugendliche; sie begleiten und unterstützen ihre „Mentis" – oftmals über viele Jahre hinweg (Broker- & Investmenthaus William Blair, Chicago). Ebenfalls sehr innovativ sind Programme, die das Engagement der Mitarbeiterinnen und Mitarbeiter außerhalb oder während der Arbeitszeit aktiv unterstützen. Sehr bekannt und in den USA sehr beliebt ist die Aktivierung projektbezogenen Bürgerengagements an so genannten Projekttagen (Days of Service), an denen sich viele Unternehmen zugleich beteiligen. Sie finden einmal im Jahr oder häufiger statt und einzelne Teams oder die gesamte Belegschaft führen konkrete Vorhaben durch. Dies kann die Renovierung einer Schule, die Mitarbeit in einer sozialen Einrichtung oder ähnliches sein. Die Unternehmen übernehmen die Materialkosten oder unterstützen zusätzlich die Organisation und Logistik. Eine stärkere soziale Verbindlichkeit hat die Unterstützung kontinuierlichen Engagements. Häufig handelt es sich um einwöchige Programme (pro Jahr) oder um mehrere Stunden pro Monat. In den angelsächsischen Ländern haben sich in diesem Umfeld in den letzten beiden Jahrzehnten neue Berufsgruppen herausgebildet – agents for civic activities –, die gleichsam als Scharnier zwischen Unternehmen und den Lern- und Engagementfeldern passgenaue Programme herausarbeiten und diese durch Vor- und Nachbereitungen begleiten (z. B. die bereits genannten City Cares oder Power Skills, Chicago usw., siehe *Schout* 2000).

2. Das Projekt Switch – ein praktisches Beispiel für nachhaltiges unternehmerisches Bürgerengagement

In Anlehnung an das „Münchner Modell" (*Mutz* 1998) wurde von der Siemens AG und dem Sozialreferat der Stadt München das Konzept Switch entwickelt.[38] Beschäftigte der Siemens AG können bis zu einer Woche (p. a., mit Wiederho-

---

[38] Das „Münchner Modell" ist ein umfassenderes UBE-Konzept, das auf deutsche Verhältnisse zugeschnitten ist. Es zeigt organisatorische und finanzielle Möglichkeiten auf, Bürgerengagement zu unterstützen. So sind in diesem Grundmodell etwa Freiwilligenagenturen als Vermittlungsorganisationen und Bürgerstiftungen als Finanzierungsinstrument vorgesehen. Das „Münchner Modell" bezieht alle betrieblichen Hierarchieebenen und Arbeitslose mit ein; siehe *Mutz* (1999a).

lungsmöglichkeit im gleichen Jahr) in einer sozialen Einrichtung der Stadt München *mitarbeiten*. Switch gilt zwar betriebsintern als Bildungsmaßnahme, es wird aber mit dem gleichen Stellenwert das Ziel verfolgt, das langfristige Bürgerengagement der Mitarbeiter zu fördern. Es geht um Wissenstransformationen *und* Bürgerengagement, also Aktivierung von Bildungs- *und* sozialen Ressourcen. Die Beteiligung der Stadt München ermöglicht eine Vernetzung im Sinne des „privat-public-partnership-Ansatzes".[39]

Unsere wissenschaftliche Begleitforschung der Pilotphase hat gezeigt, dass ein solches Programm auf mehreren Ebenen wirksam und deshalb sehr differenziert zu beurteilen ist (*Mutz/Korfmacher* 2000). Es lassen sich vier, jeweils eng miteinander verknüpfte Dimensionen nennen:

(1) Die Beschäftigten der Siemens AG müssen in diesem relativ fremden Arbeitsalltag einen Perspektivenwechsel vornehmen und erwerben (oder verstetigen) die Fähigkeit der *Perspektivenverschränkung*.

(2) Der mehrtägige Aufenthalt in einer anderen Arbeitswelt ermöglicht es, die Strukturen dieses Tätigkeitsfeldes zu erkennen – *Gestaltlernen* wird gefördert und vertieft.

(3) Die aktive Mitarbeit (nicht nur Hospitation)[40] erhöht die soziale *Flexibilität*, also die Fähigkeit, sich tatsächlich in einer anderen Welt kompetent bewegen zu können.

(4) Das intensive Erleben (nicht „nachspielen") und die professionelle Moderation dieses Prozesses fördert die *Kompetenzüberzeugungen,* also die Sicherheit, sich in fremden Welten zurecht zu finden und soziale Kompetenzen entfalten zu können.

Der Wissenstransfer besteht folglich nicht darin, aus der einen – fremden – Welt neues Wissen in die andere – eigene Arbeitswelt – *übertragen* zu können. Dies kann im Hinblick auf manche fachlichen und methodischen Kompetenzen durchaus der Fall sein. Es geht vielmehr darum, überhaupt einer anderen Welt zu begegnen und sich dieser Herausforderung zu stellen. Diese Art des Transformationsprozesses wirkt noch lange nach der Switch-Woche. Für viele Mitarbeiter der Siemens AG ist es das erste Mal, dass sie aus dem vertrauten Arbeitsalltag (und Privatleben) heraustreten. Diese soziale Flexibilität einzuüben, ist insbesondere dann von Bedeutung, wenn sich die Beschäftigten in Arbeitssituationen befinden, die sich rasch verändern können oder wenn ein Wechsel (in eine andere Abteilung, in das Aus-

---

[39] Netzwerkansatz, soziale Verantwortung seitens des Unternehmens und Förderung des Bürgerengagements der Mitarbeiter sind die wesentlichen Dimensionen, die Switch von reinen Weiterbildungsprogrammen, wie etwa Seitenwechsel, unterscheidet. Zu der Verbreitung weiterer UBE-Programme in Deutschland siehe: *Rudolph (2001)*.

[40] Zu Prozessen der Wissenskooperationen durch Hospitationsprogramme vgl. das vom BMBF geförderte gleichnamige Projekt: http://www.wissenskooperationen.de.

land) bevorsteht. In gesellschaftlicher Sicht ist es wichtig, dass die Siemens AG gemäß ihrem Leitsatz: „Wir tragen gesellschaftliche Verantwortung" handelt, und dass dieser Switch nicht nur auf wichtige Lernbedürfnisse zugeschnitten ist. Switch stellt zugleich eine Gelegenheit für die Mitarbeiter dar, sich bürgerschaftlich zu engagieren und damit ein Aufgabenfeld zu erschließen, das gemeinwohlorientiert ist und die berufliche Arbeit ergänzt oder ausgleicht. Die Beschäftigten der Siemens AG können sich auf einen souveränen Umgang mit den vielfältigen Aufgaben der Arbeitsgestaltung vorbereiten. Es ist allerdings auch deutlich geworden, dass unternehmensgestütztes Bürgerengagement nicht für jeden Beschäftigten geeignet ist. Voraussetzung ist die Bereitschaft zur aktiven Mitarbeit und die Offenheit, sich auf neue und ungewohnte Situationen einzulassen. Für manche Personen kann der Switch eine zu starke psychosoziale Belastung bedeuten (was letzten Endes Transferprozesse verhindert).[41]

Für die sozialen Einrichtungen war die Mitarbeit der Siemens-Beschäftigten zunächst ungewohnt, weil sie einen Mehraufwand bedeutete und die Bereitschaft, den eigenen Arbeitsbereich transparent zu machen. Durch die aktive Mitarbeit der Siemens-Beschäftigten konnten im Verlauf der Woche aber derartige Vorbehalte gegen das Hineinwirken Fremder abgebaut werden. Je stärker das Engagement, desto nachhaltiger entwickelte sich ein sozialer Zusammenhalt zu beiderseitigem Nutzen. Die meisten Mitarbeiter der sozialen Einrichtungen konnten von der Begegnung mit anderen Sichtweisen profitieren und die zahlreichen, teilweise ungewohnten Erfahrungen in die eigene Arbeit integrieren. Doch nicht jede Einrichtung oder Initiative ist für ein solches UBE-Programm geeignet. Ein Switch macht wenig Sinn, wenn bspw. Beratungssituationen ein Vertrauensverhältnis voraussetzen (Aidsberatung). Allerdings hat sich auch gezeigt, dass Grenzerfahrungen, etwa im Hospizbereich, von allen Beteiligten positiv verarbeitet wurden, da eine entsprechende Nachbereitung durchgeführt wird.

Im Gegensatz zu den Programmen anderer Länder wird die Vor- und Nachbereitung und die Qualitätssicherung bei Switch nicht von außenstehenden privaten Agenturen durchgeführt, sondern vom Sozialreferat der Stadt München. Dies hat nicht nur Vorteile, denn eine professionelle Moderation und Abstimmung der unterschiedlichen Interessen durch unabhängige Organisationen (z. B. Freiwilligenagenturen) wäre wünschenswert. Es ist auch deutlich geworden, dass Nachhaltigkeit nur dann erreicht werden kann, wenn es eine stetige aktive Unterstützung und Wiederholungen derartiger Lern- und Engagementerfahrungen gibt. Es ist daher sinnvoll, UBE-Programme langfristig in das Unternehmenskonzept bzw. in die Un-

---

[41] An dieser Stelle ist vor der unprofessionellen Übernahme solcher Konzepte ausdrücklich zu warnen: Unsere Stichproben zu UBE-Konzepten in Deutschland haben ergeben, dass oft wohlklingende Programme ohne entsprechende Vor- und Nachbereitung „gekauft" werden und Mitarbeiter zum „Sozialerlebnis" eingesetzt werden – und dann mit ihren Erlebnissen sich selbst überlassen bleiben. Die sozialen Einrichtungen erhalten für diesen Sozialtourismus lediglich eine finanzielle Entschädigung.

ternehmensphilosophie zu integrieren. Dies bedeutet allerdings nicht, dass es *das* „richtige" UBE-Konzept für jedes Unternehmen gibt. Es muss vielmehr im Hinblick auf die jeweilige Unternehmenskultur und wechselnde betriebliche Erfordernisse variabel gestaltet werden, und es muss in die regionalen Bedingungen sinnvoll eingepasst werden.

In der Pilotphase des Projekts Switch waren die Aktivitäten auf soziale Einrichtungen beschränkt. Eine solche Fokussierung ist jedoch aus mehreren Gründen problematisch. Zum einen „liegt" nicht allen Mitarbeitern die Tätigkeit in sozialen Einrichtungen. Zum anderen beschränkt sich Bürgerengagement nicht nur auf den sozialen Bereich. Daher sollten auch in Deutschland kulturelle und ökologische Einrichtungen sowie freie Initiativen einbezogen werden. Derartige Einrichtungen und Initiativen stellen für Unternehmensmitarbeiter ebenfalls eine fremde Welt dar und können – wie die Erfahrungen in anderen Ländern zeigen – Lern- und Engagementfelder von vergleichbar hoher Qualität anbieten.

3. Kulturelle und politische Implementationsprobleme?

In Deutschland haben sich diese unterschiedlichen Lern- und Engagementformen bislang wenig durchgesetzt, und es gab bislang auch kaum ein breites öffentliches Interesse oder gar ein Diskussionsforum. Die deutsche Abstinenz hat viele Ursachen. Im Wesentlichen liegt es daran, dass hier eine andere Kultur des Gebens vorherrscht. „Gutes tun" ist durchaus gestattet, aber es ist überlagert von der Vorstellung, Geben dürfe nur im Verborgenen stattfinden. Insbesondere klein- und mittelständische Unternehmen sind in Deutschland in vielen Feldern aktiv (wenn auch meist nicht in den genannten hochintegrativen Formen oder mit ausformulierten Konzepten); sie schweigen aber und scheuen die Öffentlichkeit, weil sie (wohl mit Recht) annehmen, dass ein einseitiges Publicrelations-Interesse unterstellt wird. In den USA ist es dagegen nicht verpönt, sich durch Formen des unternehmerischen Bürgerengagements in der Öffentlichkeit zu positionieren und sich somit von anderen zu unterscheiden.[42]

Ein weiterer Grund liegt darin, dass in Deutschland kulturell und politisch bedingt eine andere Auffassung darüber herrscht, welche individuellen und gesellschaftlichen Angelegenheiten als „Privatsache" gelten oder öffentlich geregelt werden müssten. Die deutsche Zurückhaltung beim unternehmerischen Bürgerengagement fällt leicht, weil es herrschende Meinung ist, dass Bildung und Soziales in erster Linie eine Angelegenheit des Staates seien. Ob eine solche Auffassung angesichts der radikalen Veränderungen im arbeitsgesellschaftlichen Bereich auch zukünftig noch sinnvoll ist, sei dahingestellt. Zumindest spricht vieles dafür, dass sich private und öffentliche Verantwortung neu einjustiert. Dazu wird sich auch

---

[42] Vgl. den Slogan: „We make a difference"; zu diesen Vergleichen siehe: *Janowicz / Klement / Kühnlein / Mutz* (2000).

das Verständnis im Hinblick auf den Umfang des staatlichen Aufgabenbereichs ändern müssen.

Die Neue Arbeitsgesellschaft wird in Europa zukünftig weiterhin eine soziale Marktwirtschaft sein und sich in dieser Hinsicht von den angelsächsischen Modellen unterscheiden; sie kann aber zusätzlich Züge einer sozialen Bürgergesellschaft entfalten, oder anders formuliert, eine „auf Bürgersinn gegründete Arbeitsgesellschaft" (*Eder* 2000, S. 13) werden.[43] Im Zentrum dieser zivilen Arbeitsgesellschaft agiert der souveräne Arbeitsgestalter – wenn sich staatliche und private Gelegenheitsstrukturen herausbilden, die eine Entfaltung von differenzierten Lern- und Engagementfeldern begünstigen.

Literatur

Arendt, H. (1992): Vita activa oder Vom tätigen Leben, München.

Backhaus-Maul, H. (2000): Unternehmen und bürgerschaftliches Engagement in den USA. Unveröffentlichtes Manuskript, Chicago.

Baumann, Z. (2000): Liquid Modernity, Cambridge; Teilübersetzung als: Die Moderne als Geschichte der Zeit, in: Jahrbuch Arbeit + Technik 1999/2000, hrsg. und bearbeitet von Werner Fricke, Bonn, S. 19–30.

Bayerisches Staatsministerium für Arbeit und Sozialordnung, Familie, Frauen und Gesundheit (1999): „Tag des Ehrenamts am 5. Dezember 1999", Pressemitteilung vom 3. Dezember 1999 (http://www.stmas.bayern.de/politik/PM1999/12/9912–668.htm).

– (2000): „Bürger werden aktiv", Pressemitteilung vom 30. März 2000 (http://www.stmas.bayern.de/politik/PM2000/03/0003–151.htm).

Beck, U. (1984): Perspektiven einer kulturellen Evolution der Arbeit, in: MittAB, Schwerpunktheft „Fernsicht", 17, S. 52–63.

– (1997): Die Seele der Demokratie. Wie wir Bürgerarbeit statt Arbeitslosigkeit finanzieren können, in: DIE ZEIT Nr. 49, S. 7–8.

– (1999): Modell Bürgerarbeit, in: Beck, U. (Hrsg.), Schöne neue Arbeitswelt, Vision: Weltbürgergesellschaft, Frankfurt a.M./New York, S. 7–189.

– (2000): Wohin führt der Weg, der mit dem Ende der Vollbeschäftigungsgesellschaft beginnt?, in: Beck, U. (Hrsg.), Die Zukunft von Arbeit und Demokratie, Frankfurt a.M., S. 7–66.

Beck, U./*Beck-Gernsheim,* E. (1993): Nicht Autonomie, sondern Bastelbiographie, in: Zeitschrift für Soziologie, 22, 3, S. 178–187.

---

[43] Dies darf weder theoretisch, noch in der sozialen oder politischen Praxis heißen, nun einem neuen Arbeitsmythos, dem des selbstverantwortlichen, eigenständigen – eben dem unternehmergleichen Arbeitsbürger das Wort zu reden. In dieser Hinsicht ist große Vorsicht anzumahnen.

Biesecker, A. (1998): Arbeitsgesellschaft? Tätigkeitsgesellschaft? Mitgestaltungsgesellschaft?, in: Kempfenhausener Notitzen, 6, 12, S. 6–11.

Birkhölzer, K. (Hrsg.) (1997): Grundwerte und Strukturen Sozialer Unternehmungen in Westeuropa, in : Veröffentlichungsreihe der IFG Lokale Ökonomie 29d, Berlin.

BMFSFJ [Bundesministerium für Familie, Senioren, Frauen und Jugend] (2001): Freiwilliges Engagement in Deutschland: Ergebnisse der Repräsentativerhebung zu Ehrenamt, Freiwilligenarbeit und bürgerschaftlichem Engagement (3 Bände), Stuttgart.

Bonß, W. (2000): Was wird aus der Erwerbsgesellschaft?, in: Beck, U. (Hrsg.), Die Zukunft von Arbeit und Demokratie, Frankfurt a.M., S. 327–415.

Bourdieu, P. (1983): Ökonomisches Kapital, kulturelles Kapital, soziales Kapital, in: Kreckel, R. (Hrsg.), Soziale Ungleichheiten. Soziale Welt, Sonderband 2, Göttingen, S. 183–198.

Brater, M. (1996): Wird Arbeit Kunst, kann die Natur leben. Umweltschutz durch ein neues Verständnis von Arbeit und Beruf, Ostfildern.

Braun, S. (2000): Soziales Kapital – zwischen sozialer Kohäsion und sozialer Reproduktion, (Unveröffentlichtes Manuskript, erscheint in der Zeitschrift Leviathan).

Bude, H. (1998): Die Überflüssigen als transversale Kategorie, in: Berger, P.A./Vester, M. (Hrsg.), Alte Ungleichheit – Neue Spaltung, Opladen, S. 363–382.

Bürsch, M. (2000): Bürgergesellschaft und aktivierender Staat. Eckpunkte für einen neuen Gesellschaftsvertrag, in: Die Neue Gesellschaft, Frankfurter Hefte 47, S. 452–459.

Coleman, J. S. (1988): Social Capital in the Creation of Human Capital, in: American Journal of Sociology, 94 (supplm), S. 95–120.

Commission on Citizenship (1990): Encouraging Citizenship, London.

Dambois, R. (1999): Der schwierige Abschied vom Normalarbeitsverhältnis, in: Aus Politik und Zeitgeschichte, B37, S. 13–20.

Deckstein, D. (1999): Megatrend Mikrounternehmen: Solisten geben den Ton an: Seit 1994 wächst auch in Deutschland die Zahl der Ein-Personen-Betriebe rasant an, in: Süddeutsche Zeitung vom 23./24. April 1999, S. 25.

Dettling, W. (1998): Bürgergesellschaft. Möglichkeiten, Voraussetzungen und Grenze, in: Aus Politik und Zeitgeschichte, B38, S. 22–28.

Deutscher Bundestag (2000): Enquete Kommission Zukunft des bürgerschaftlichen Engagements, Berlin [zit. als: Enquete Kommission].

Eder, K. (2000): Die Tätigkeitsgesellschaft: Euphemisierung postindustrieller Dienstleistungsarbeit und Normalisierung von Diskontinuität, in: Berliner Debatte Initial, 11, Heft 4, Schwerpunkt „Pfade in die Tätigkeitsgesellschaft", S. 2–16.

Elsdon, K. T. (2000): Voluntary Organisations: Citizenship, Learning and Change, Leicester.

Erpenbeck, J./*Sauer,* J. (2001): Das Forschungs- und Entwicklungsprogramm „Lernkultur Kompetenzentwicklung", in: QUEM-report: Schriften zur beruflichen Weiterbildung, Heft 67, S. 9–66.

Evers, A. (2000): Bürgerschaftliches Engagement und soziale Reformpolitik. Über Verständnis vom Umgang mit einer Form des sozialen Kapitals, in: Hildemann, K.D. (Hrsg.), Abschied vom Versorgungsstaat, Mühlheim, S. 27–38.

Friedrichs, J. / *Jagodzinski*, W. (Hrsg.) (1999): Soziale Integration (Sonderband 39 der KZfSS), Wiesbaden .

Gorz, A. (1989): Kritik der ökonomischen Vernunft, Berlin.

Habisch, A. (1998): Die Konkurrenz der konkurrenzfreien Räume: Sozialvermögen und die Zukunftsfähigkeit moderner Gesellschaften, in: Hinterberger, F. / Renner, A. (Hrsg.), Zukunftsfähigkeit durch Wettbewerb, Berlin.

– (1999): Sozialkapital, Soziales Kapital, in: Korff, W. (Hrsg.), Handbuch der Wirtschaftsethik, Bd. IV, S. 472–508 .

Hacket, A. (2001): Freiwilliges Engagement in Deutschland – Anmerkungen zur gleichnamigen Studie des BMFSFJ 2001, internes Arbeitspapier, München.

Hall, P.A. (1999): Social Capital in Britain; in: British Journal of Political Science, 29 (3), S. 417–462.

Heinze, R.G. / *Keupp*, H. (1998): Gesellschaftliche Bedeutung von Tätigkeiten außerhalb der Erwerbsarbeit, in: Kommission für Zukunftsfragen der Freistaaten Bayern und Sachsen: Erwerbstätigkeit und Arbeitslosigkeit in Deutschland – Entwicklung, Ursachen und Maßnahmen. Gutachten im Auftrag der Kommission für Zukunftsfragen, Anlageband 3, Bonn, S. 107–241.

Heinze, R. G. / *Olk*, Th. (Hrsg.) (2000): Bürgerengagement in Deutschland, Opladen.

Heitmeyer, W. (Hrsg.) (1997): Was treibt die Gesellschaft auseinander?, Frankfurt a.M.

Huber, J. (Hrsg.) (1979): Anders arbeiten – anders wirtschaften, Frankfurt a.M.

Inglehart, R. (1997): Modernization and Postmodernization: Cultural, economic and political change in 43 societies, Princeton.

Institut für Mittelstandsforschung (Hrsg.) (1999): Der Trend zum Ein-Personen-Unternehmen, in: Strukturbericht, Kurzinfo Nr. 5, Mannheim.

Jakob, G. (2000): Wenn Engagement zur „Arbeit" wird ... – Zur aktuellen Diskussion um freiwilliges Engagement im Wandel der Arbeitsgesellschaft, in: Heinze, R. G. / Olk, Th. (Hrsg.), Bürgerengagement in Deutschland, Opladen.

Janning, H. / *Bartjes*, H. (1999): Ehrenamt und Wirtschaft, hrsg. von der Robert Bosch Stiftung, Stuttgart .

Janowicz, C. / *Klement*, C. / *Kühnlein*, I. / *Mutz*, G. (2000): Corporate Citizenship in den USA und NL: Interner Bericht der Münchner Projektgruppe für Sozialforschung (MPS) an den Sonderforschungsbereich 536 „Reflexive Modernisierung" der DFG.

Janowicz, C. / *Klement*, C. / *Mutz*, G. (2000): Corporate Volunteering als neue Form bürgerschaftlichen Engagements in der Tätigkeitsgesellschaft, in: Berliner Debatte Initial, Jg. 2000, Heft 4, S. 17–26 .

Kistler, E. / *Noll*, H.-H. / *Priller*, E. (Hrsg.) (1999): Perspektiven gesellschaftlichen Zusammenhalts: Empirische Befunde, Praxiserfahrungen, Messkonzepte, Berlin.

Kistler, E. / *Rauschenbach*, Th. (2001): Ehrenamt und Erwerbsarbeit. Anmerkungen zu einem ungeklärten Verhältnis (Manuskript, erscheint in: WSI-Mitteilungen 3 / 2001).

Klammer, U. / *Bäcker*, G. (1998): Niedriglöhne und Bürgerarbeit als Strategieempfehlungen der Bayerisch-Sächsischen Zukunftskommission, in: WSI-Mitteilungen 51, S. 359–370.

Klement, C. (2001): Wirtschafts- und Arbeitsmarktindikatoren im internationalen Vergleich, Graues Papier des Projekts B4 des Sfb536, München.

Kühnlein, I. (1997): Weniger Erwerbsarbeit – mehr Eigenarbeit?, in: Aus Politik und Zeitgeschichte, B 48–49, S. 41–46.

– (2001): Gibt es einen Motivationswandel des Bürgerengagements? Unveröffentliches Manuskript des Projekts B4 des Sfb 536, München.

Kühnlein, I. / *Mutz*, G. (1999): Individualisierung und bürgerschaftliches Engagement in der Tätigkeitsgesellschaft, in: Kistler, E. / Noll, H.-H. / Priller, E. (Hrsg.), Perspektiven gesellschaftlichen Zusammenhalts, Berlin, S. 291–306.

Learndirect (2001): www.learndirect.co.uk.

Malone, Th. / *Laubacher*, R. J. (1999): Vernetzt, klein und flexibel – die Firma des 21. Jahrhunderts, in: Harvard Business Manager, 2, S. 28–36.

Münkler, H. (2000): Ehre, Amt und Engagement. Wie kann die knappe Ressource Bürgersinn gesichert werden, in: Forschungsjournal Neue Soziale Bewegung 13, S. 22–32.

Mutz, G. (1998): Von der Erwerbsgesellschaft zur Tätigkeitsgesellschaft. Das Münchner Modell, in: Eichendorf, W. (Hrsg.), we can work it out. Beiträge zur Zukunft der Arbeit, Wiesbaden.

– (1999a): Strukturen einer Neuen Arbeitsgesellschaft: Der Zwang zur Gestaltung der Zeit, in: Aus Politik und Zeitgeschichte, Beilage zur Wochenzeitung Das Parlament, B 9/99, S. 3–11.

– (1999b): Die Organisation gesellschaftlicher Arbeit in der Neuen Arbeitsgesellschaft, in: Jahrbuch Arbeit und Technik 1999/2000, Bonn, S. 71–90.

– (2000): Unternehmerisches Bürgerschaftliches Engagement: Corporate Social Responsibility, in: Forschungsjournal Neue Soziale Bewegungen, Jg. 13, Heft 2, S. 77–86.

– (2001): Soziales Lernen in Tätigkeitsfeldern des Bürgerengagements – Transferprozesse in die Erwerbsarbeit. Exemplarische Fallstudien in ausgewählten Regionen Deutschlands, Unveröffentlichtes Manuskript, Berlin / München.

Mutz, G. / *Korfmacher*, S. (2000): Das Projekt Switch: Ein „take off" für bürgerschaftliches Engagement: Voraussetzungen, Erfahrungen, Empfehlungen: Forschungsbericht an die Siemens AG, München.

Mutz, G. / *Kühnlein*, I. (2001): Erwerbsarbeit, Bürgerschaftliches Engagement und Eigenarbeit: Auf dem Weg in eine Neue Arbeitsgesellschaft; erscheint in: Beck, U. / Bonß, W. (Hrsg.), Die Modernisierung der Moderne: Dokumentation des Sonderforschungsbereichs 536 „Reflexive Modernisierung" der DFG, Frankfurt a.M.

Mutz, G. / *Ludwig-Mayerhofer*, W. / *Koenen*, E. / *Eder*, K. / *Bonß*, W. (1995): Diskontinuierliche Erwerbsverläufe: Analyse zur postindustriellen Arbeitslosigkeit, Opladen.

Mutz, G. / MPS (1998): Struktur der Erwerbsorientierungen und Beschäftigungserwartungen west- und ostdeutscher Erwerbspersonen, in: Kommission für Zukunftsfragen der Freistaaten Bayern und Sachsen, Erwerbstätigkeit und Arbeitslosigkeit in Deutschland: Entwicklung, Ursachen und Maßnahmen, Anlageband 1, Bonn.

Offe, C. (1983): Arbeit als soziologische Schlüsselkategorie?, in: Matthes, J. (Hrsg.), Krise der Arbeitsgesellschaft? Frankfurt a.M. / New York.

– (1999): „Sozialkapital". Begriffliche Probleme und Wirkungsweise, in: Kistler, E. / Noll, H.-H. / Priller, E. (Hrsg.), Perspektiven gesellschaftlichen Zusammenhalts: Empirische Befunde, Praxiserfahrungen, Messkonzepte, Berlin.

Ostrom, E. (2000): Social Capital: A Fad or a Fundamental Concept, in: Dasgupra, P. / Serageldin, I. (Ed.), Social Capital: A multifaceted Perspective, Washington, D. C., S. 172 – 214.

Putnam, R. D. (2000): Bowling Alone: The Collapse and Revival of American Community, New York.

Rauschenbach, Th. (1999): „Ehrenamt" – eine Bekannte mit (zu) vielen Unbekannten, in: Kistler, E. / Noll, H.-H. / Priller, E. (Hrsg.) (1999), Perspektiven gesellschaftlichen Zusammenhalts: Empirische Befunde, Praxiserfahrungen, Messkonzepte, Berlin.

Rifkin, J. (1995): Das Ende der Arbeit und ihre Zukunft, Frankfurt a.M.

Rudolph, B. (2001): Unternehmerisches bürgerschaftliches Engagement in Deutschland. Ausgewählte Fallstudien, Unveröffentlichtes Manuskript, München / Berlin.

Schout, R. J. (2000): Viewpoints on Corporate Citizenship and Corporate Social Responsibility & Models for Corporate Volunteerism in the United States, 2nd draft, Chicago.

Schröder, G. (2000): Die zivile Bürgergesellschaft. Anregungen zu einer Neubestimmung der Aufgaben von Staat und Gesellschaft, in: Die Neue Gesellschaft, Frankfurter Hefte 47, S. 200 – 207.

Senghaas-Knobloch, E. (1999): Von der Arbeits- zur Tätigkeitsgesellschaft? Zu einer aktuellen Debatte, in: Arbeit 8, S. 117 – 136.

Sennet, R. (1998): Der flexible Mensch: Die Kultur des neuen Kapitalismus, Berlin.

SPD-Bundestagsfraktion (2000): Unternehmen und bürgerschaftliches Engagement: Aufbruch zu neuer Verantwortung; Berlin.

Stecker, C. (1999): „Bürgerarbeit" — Eine Chance zur Erhaltung des Sozialstaates? Das Modell der Kommission für Zukunftsfragen der Freistaaten Bayern und Sachsen, ZeS-Arbeitspapier Nr. 13 / 1999, Bremen.

Süddeutsche Zeitung (2000 a): Ausgabe vom 31. 03. 2000, S. L8.

– (2000 b): Unternehmen und Bürgerschaftliches Engagement – Aufbruch zu neuer Verantwortung, Ausgabe vom 24. 11. 2000.

– (2001a): Der Kitt, den eine Gesellschaft braucht, Ausgabe vom 24. / 25. 2. 2001.

– (2001b): Die neuen Sozialarbeiter, Ausgabe vom 24. / 25. 2. 2001.

van Deth, J. / *Maraffi,* M. / *Newton,* K. / *Whiteley,* P. (ed.) (1999): Social Capital and European Democracy, London and New York.

Voß, G. (1999): Bürgerarbeit und die Arbeit der Lebensführung, in: Schwengel, H. (Hrsg.), Grenzenlose Gesellschaft?, Band II/2 Ad-hoc-Gruppen, Foren, Pfaffenweiler, S. 331–333.

Voß, G. G./*Pongratz*, H. J. (1998): Der Arbeitskraftunternehmer: Eine neue Grundform der Ware Arbeitskraft?, in: Kölner Zeitschrift für Soziologie und Sozialpsychologie, Jg. 50, S. 131–158

Wirtschaftswoche (2000a): Ganz neues Klima, Nr. 45 vom 2. 11. 2000.

– (2000b): Brücken Bauen, Nr. 48 vom 23. 11. 2000.

– (2001): Extrem andere Welten, Nr. 1/2 vom 4. 1. 2001.

Zimmer, A./*Nährlich*, St. (2000): Engagierte Bürgerschaft. Traditionen und Perspektiven, Opladen.

Zukunftskommission [Kommission für Zukunftsfragen der Freistaaten Bayern und Sachsen] (1997): Erwerbstätigkeit und Arbeitslosigkeit in Deutschland: Entwicklung, Ursachen und Maßnahmen, Teil III – Maßnahmen zur Verbesserung der Beschäftigungslage, Bonn.

Veränderung der Arbeitsorganisation: Befreiung von organisatorischen Zwängen durch neue Techniken

Von Erich Staudt

I. Mensch – Technik – Organisation: Wissenschaftlich begründete Fehleinschätzungen

Die aktuelle Diskussion über flexible Fertigungs- und Arbeitssysteme erfolgt vorwiegend mit dem Ziel, das Leistungsspektrum von Betrieben elastischer zu gestalten. Das heißt, organisatorische und technische Entwicklung werden darauf ausgerichtet, die Anpassungsfähigkeit von Arbeitsorganisationen an wechselnde Absatzmarktverhältnisse zu erhöhen. Der Zusammenhang Wirtschaftswachstum, Wohlfahrtsentwicklung und technischer Fortschritt wird dabei einseitig über den betrieblichen Output hergestellt. Eine Wohlfahrtsentwicklung durch Flexibilisierung von Arbeitsverhältnissen mit dem Ziel, die Anpassungsfähigkeit an wechselnde individuelle Erfordernisse in Arbeitsprozessen zu erhöhen, spielt in dieser Diskussion nur eine nachgeordnete Rolle.

Hier bei der individuellen Arbeitsgestaltung dominieren Sachzwangüberlegungen, gilt ein technischer und ökonomischer Imperativ, der die Gestaltungsfreiheit und die Gestaltungsmöglichkeit in Arbeitsorganisationen eingeengt erscheinen läßt. Dieser Sachzwang ist nicht nur seit Beginn der Industrialisierung Gegenstand heftiger Kritik gewesen, sondern auch implizit und explizit als deterministisches Verbindungsglied in zahlreichen Überlegungen zum Wandel von Industriegesellschaften akzeptiert worden. Die Vorstellung einer funktionalen, räumlichen und zeitlichen Determiniertheit aufgrund technischer und ökonomischer Gegebenheiten liegt auch einem großen Teil der Bemühungen um Prognosen und Aufklärung über die Folgen der technischen und organisatorischen Entwicklung zugrunde und verdeckt die im Verlauf der jüngsten technischen Entwicklung zunehmenden Freiräume bei der Gestaltung von Arbeitsorganisationen.

Viele der hochaggregierten Erklärungsansätze des technischen Wandels in Industriegesellschaften basieren auf einer Art Kurzschlußwirkungsprognosen, in denen von technischen Entwicklungen direkt auf politisch-kulturellen, ökonomischen und sozialen Wandel geschlossen wird. Die gesamte mikroökonomische Vermittlungsebene wird dabei häufig übersprungen. Der Komplex Arbeitsteilung, Spezialisierung, Organisation, Austausch etc. wird entproblematisiert, obwohl er doch tragende Säule der Vergesellschaftung ist.[1] Das heißt, die Zusammenhänge zwischen Technikeinsatz und wirtschaftlichen Organisationszielen sowie Formen der Arbeitsteilung und Rationalisierungsstrategien werden vernachlässigt.

Hält man dagegen, daß in marktwirtschaftlichen Ordnungen sowohl der überwiegende Teil der naturwissenschaftlich-technischen Erkenntnisgewinnung als auch die Umsetzung naturwissenschaftlich-technischen Wissens in Produktion, Produkte und Dienstleistungen durch Unternehmen betrieben werden, dann wird deutlich, daß sich Innovationen in marktwirtschaftlichen Ordnungen nicht durchsetzen, wenn sie technisch machbar oder sozial erwünscht sind, sondern erst dann, wenn sie ökonomisch sinnvoll erscheinen. Das heißt, die zum Strukturwandel führenden Entscheidungen vollziehen sich im Mikrobereich auf Unternehmensebene. Einerseits bestimmt also die Fähigkeit, neue Techniken ökonomisch umzusetzen, den Unternehmenserfolg, andererseits erlaubt es erst die prognostische Analyse eben dieser betrieblichen Umsetzungsprozesse und damit insbesondere auch der Arbeitsgestaltungsprozesse, Aussagen über die Konsequenzen technischer Entwicklungen zu machen.

Das Forschungsdefizit in der mikroökonomischen Analyse konkreter organisatorischer Lösungen des Technikeinsatzes beginnt jedoch schon eine Stufe früher. Die den Zusammenhang zwischen technologischem, ökonomischem und sozialem Wandel herstellende Einbindung von Individuen in technisierte Arbeitsprozesse wird nicht ausreichend analysiert. Die historisch vollzogene funktionale, räumliche und zeitliche Einkopplung des Menschen in den Betrieb wird als gegeben hingenommen. Entkopplungsfreiräume bleiben außer Ansatz. Oft besteht sogar ein eklatanter Mangel an definitorischer Grundlegung dessen, was man unter Arbeitsstruktur, Arbeitsteilung, Arbeitszeit etc. überhaupt verstehen will.

Die Statik der zugrundeliegenden Annahmen gerät damit in Widerspruch zur Dynamik des zu erklärenden und zu bewertenden Wandels. Als wichtigste Ursachen der auftretenden Widersprüche sind zu nennen:
– die stillschweigende Annahme einer festen Ankopplung im Mensch-Maschine-System sowohl in funktionaler als auch in räumlicher und zeitlicher Hinsicht,
– die Vernachlässigung der Entwicklung der Arbeitsintensität, aber auch der Arbeitsteilung zwischen Mensch und Maschine,
– die Nichtberücksichtigung der unterschiedlichen Arbeitseffektivität bei divergierenden organisatorischen Lösungen und unterschiedlichem Technikeinsatz.

Erst durch die Berücksichtigung der im Verlauf technologischer Entwicklungen möglich werdenden Entkopplung, Umverteilung, Effektivitätssteigerung etc. wird

---

[1] Vgl. *Staudt*, Bedürfniserfüllung – Anspruch und Wirklichkeit. Wege und Irrwege zur Technikbewertung aus einzelwirtschaftlicher Sicht, in: Rapp, F. (Hrsg.), Ideal und Wirklichkeit der Techniksteuerung. Sachzwänge – Werte – Bedürfnisse, Reihe: Der Ingenieur in Beruf und Gesellschaft, Düsseldorf 1982, S. 147 ff.

die Erklärung des Wandels in Industriegesellschaften der Realität ein Stück näher gerückt.

Aus der neueren technischen Entwicklung resultieren erhebliche Freiräume bei der Gestaltung von Arbeitsorganisationen. Dieser Spielraum wird mit der Integration von Informations- und Kommunikationstechniken in herkömmliche Arbeitsstrukturen deutlich. Die Diffusion folgt zum einen der Rationalisierungslogik der Industrialisierung und bewirkt zum anderen für die zukünftigen Arbeits- und Organisationsstrukturen in allen Wirtschaftsbereichen einen qualitativen Sprung. Normalarbeitsplätze, Arbeitszeitregelungen, Führungsstrukturen und in letzter Konsequenz auch die Wirtschaftsstruktur der Vergangenheit stehen zur Disposition.

1. Rationalisierung durch Automation[2]

Die betriebliche Rationalisierung ist seit Beginn der Industrialisierung eng verbunden mit der technischen Entwicklung. Trotz enormer Erfolge durch Technisierung bzw. Automatisierung blieb eine darauf ausgerichtete unternehmerische Rationalisierungspolitik aber stets begrenzt. Die Grenze resultiert aus dem hohen Stellenwert, der der betrieblichen Elastizität beigemessen wird. Diese Eigenschaft, das Produktions- und Dienstleistungsprogramm zu variieren, wechselnden Marktverhältnissen anzupassen und die Innovationsfähigkeit des Betriebes zu erhalten, gilt als unverzichtbar. So kam es, daß man in weiten Teilen der industriellen Produktion Gastarbeiter vorhandenen Automationstechnologien vorzog, weil sie trotz Sprachschwierigkeiten die betriebliche Elastizität eher garantierten als neue Techniken.

Bei dem heute verbreiteten „Produktionstyp" in Industrie, Dienstleistung und Verwaltung ranken sich die Arbeitsorganisationen um zentrale Produkt- und Verfahrenstechniken. Die im Betrieb installierten Organisationsstrukturen, wie Fließbänder, Logistikstrukturen oder Informationsnetzwerke, sind im wesentlichen technisch determiniert. Ähnlich wie der Industriebetrieb der Gründerzeit, als sich die gesamte Produktion um Mühlrad oder Dampfmaschine ordnete und der einzelne Arbeitsplatz über Transmissionsriemen an zentrale Antriebswellen angekoppelt war, findet man in jüngster Zeit auch im Dienstleistungs- und Verwaltungssektor ähnliche Verhältnisse (vgl. Abb. 1). Die Transmissionsriemen sind in diesen computerisierten Bereichen durch Standleitungen ersetzt. Die zentrale Technik bestimmt Aufbau- und Ablauforganisation. Das historische Suboptimum verlangt die Organisation nach den Kriterien

– Verminderung der Durchlaufzeit,

– Minimierung der Warte- und Stillstandszeiten,

– Minimierung der organisatorischen Läger

---

[2] Vgl. *Staudt*, Rationalisierung und betriebliche Elastizität, in: Fortschrittliche Betriebsführung – Industrial Engineering, 27. Jg. 1978, H. 6, S. 373 ff.

und spiegelt sich wider in modischen Organisationstrends wie Just-in-time, Kanban, Prozeßorientierung etc.

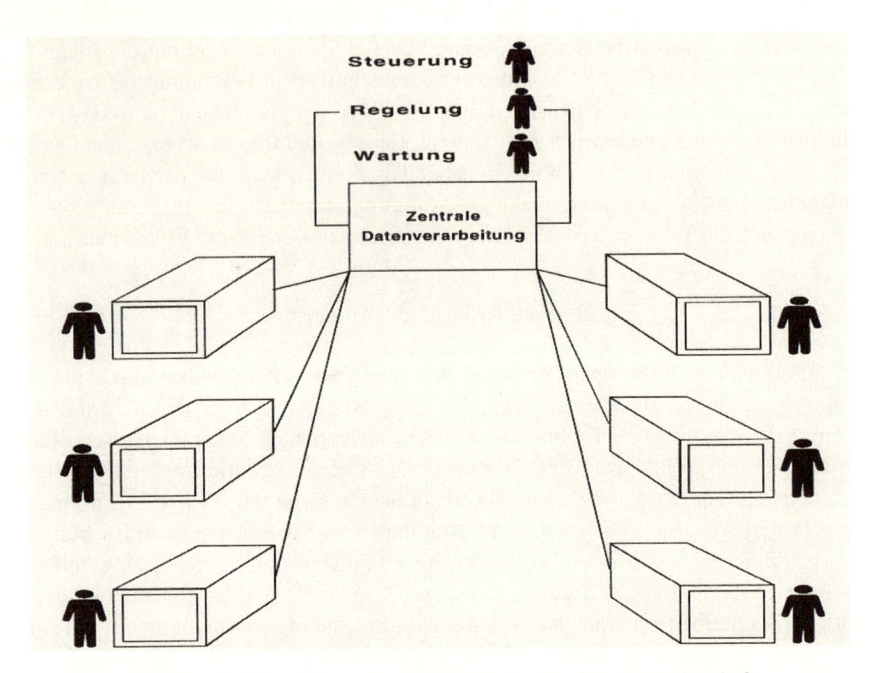

Abbildung 1: Dienstleistungsproduktion in der Versicherungswirtschaft

Der Sachbearbeiter ist an die Technik gebunden. Wie der Dreher auf die Drehbank, ist heute der Versicherungsangestellte auf seinen Computerterminal angewiesen. Er erfüllt die Restfunktionen, und die Kombination aus technischem Potential und seiner Kompetenz begrenzt die Leistung.

Es kommt in Produktion und Dienstleistung aufgrund der durch die Technisierung erforderlich werdenden Rhythmisierung und Terminisierung von Arbeitsabläufen zu Konsequenzen für den Material- bzw. Informationsfluß, der sich nur noch zeitlich und quantitativ starr vollziehen kann. Die Anpassungsfähigkeit des Fertigungs- und Verwaltungsapparates nimmt so im Zuge der Automatisierung immer weiter ab.

2. Automation und Massenproduktion

Ein weiterer Effekt der Automation ist die Tendenz zu einer Vereinheitlichung der Produkte aufgrund mangelnder Flexibilität automatisierter Systeme. In der industriellen Produktion kennt man diesen Trend seit Henry Ford. Anzeichen einer solchen Vereinheitlichung finden sich aber neuerdings auch infolge der Technisierung in der Dienstleistung. Zu denken ist dabei z. B. an die verstärkte Anwendung von Formblättern, die Normierung der Diktiersprache bzw. Programmiersprache, Normierung von Telekommunikation, Standardisierung von Dienstleistungen etc., letzteres mit der Folge zunehmender Transparenz und damit auch zunehmender Konkurrenz. Es bestehen dann nur noch begrenzte Möglichkeiten einer Differenzierung der Produkte und Dienstleistungen unter grundsätzlicher Beibehaltung der für eine automatisierte Fertigung günstigen Bedingungen der Massenproduktion. Gängigstes Beispiel ist das beschränkte Typenprogramm in der Automobilproduktion. Der Konsument steht hier nur noch vor der Alternative, entweder Verzicht auf Varietät zu üben oder die hohen Zusatzkosten für ein geringes Maß an sogenannten Extras zu übernehmen.

Das gleiche gilt aber auch für die automatisierte Dienstleistung. Das einseitige Bestreben nach einer Minimierung der Kosten führt schließlich zu einer Vermassung der Produkte wie beim Telebanking. Die Hotline zum Zentralcomputer liefert nur stereotype Antworten auf beschränkte Fragen. Regelungsprobleme werden auf andere Stellen verschoben bzw. ausgelagert. Für die verbleibenden Sonderfälle kommt es dann zur Neueinrichtung von Abteilungen und zu Funktionsverlagerungen bis über die Betriebsgrenzen hinaus.

Es findet sich also auch im Dienstleistungsbereich eine Entwicklung zu einer immer stärkeren funktionsgerechten Zerlegung des Arbeitsablaufs in Abschnitte, dann zu entsprechenden Investitionen in Spezialmaschinen. Schließlich kommt es aufgrund der erforderlich werdenden Abstimmungsprobleme zu einer sukzessiven Erstarrung des Transformationsprozesses.

Aus dieser Argumentationskette, daß

– automatisierte Fertigungs- und Dienstleistungstechniken kapitalintensive, starre Produktionsverfahren sind,

– die zu steigenden fixen Kosten führen,

– was wiederum entsprechend dem „Gesetz der Massenproduktion" unter der Zielsetzung möglichst geringer Stückkosten zur Forderung nach gleichbleibender Produktion führt und

– letztlich Großserien oder Massenproduktion zur Folge hat,

schließt man auf den gegenläufigen Zusammenhang von Rationalisierung durch Technisierung bzw. Automation und betrieblicher Elastizität.

Die These von der Gegenläufigkeit zwischen Automation und betrieblicher Elastizität entsprach und entspricht bis heute in weiten Bereichen durchaus den technischen Möglichkeiten zur Automation. Man findet Belege überall dort, wo aufgrund extremer Automation, wie z. B. in der Versicherungswirtschaft, nur noch Massenprodukte möglich sind. Während man sich in der industriellen Produktion in den letzten Jahren verstärkt um flexible Fertigungssysteme bemüht, nehmen im

Dienstleistungssektor (z. B. mit e-commerce) Teilautomation und Massenproduktion zu mit entsprechenden Folgen für die Erstarrung der Organisationsstrukturen.

Um aber ein gewisses Maß an betrieblicher Elastizität zu erhalten, erscheint es durchaus sinnvoll, auf einen Teil der technisch möglichen Automation zu verzichten und anstelle technischer Aggregate konventionell (z. B. in Callcentern) mit Personal zu arbeiten. An dieser Schnittstelle bewegt sich heute die Auseinandersetzung um die weitere Organisationsentwicklung in vielen Betrieben.

3. Menschliche Arbeitskraft als Garant der betrieblichen Elastizität

In der industriellen Produktion hat man die Erfahrung gemacht, daß die Nutzung des Kostenvorteils einer automatisierten Massenproduktion erst bei entsprechendem fertigungstechnischen Reifegrad eines Produkts sinnvoll wird. Die Rationalisierung erfordert in der Regel sogar eine Anpassung des Produkts an die technischen Bedingungen von automatisierten Produktionsprozessen. Da aber die Produktion stets bestrebt ist, nach den Gesetzen der Massenproduktion zu produzieren, während die Absatzseite der Unternehmen bemüht ist, sich individuellen Kundenwünschen anzupassen, entsteht zwischen Produktion und Absatz ein Konflikt. Um diesen zu mildern, oder um auch in der Einzel- und Kleinserienfertigung zumindest in Partialbereichen Vorteile der Massenfertigung zu nutzen, wird man vom Denken in Endprodukten abkommen und die Aufmerksamkeit primär den Grundelementen der einzelnen Produkte bzw. Dienstleistung zuwenden. Gelingt es nämlich, so die Idee, eine hinreichend große Zahl gleicher oder ähnlicher Grundfunktionen zu finden, die verschiedenen Produkten bzw. Dienstleistungen gemeinsam sind, so wird es möglich, gleiche oder ähnliche Grundfunktionen zusammenzufassen und zumindest in Partialbereichen die Vorteile der Massenproduktion anzuwenden; d. h. aber in der Folge dann auch, partiell zu automatisieren.

Verknüpfungen, Koordination, Steuerung und Regelung der automatisierten Teilfunktionen bleiben der menschlichen Arbeitskraft vorbehalten. Ihr Einsatz ist Alternative zur Vollautomation. Während also in der „Teilefertigung" Automation und Teilautomation immer weiter vordringen, gilt an den Schnittstellen – entsprechend der oben dargestellten Argumentationskette – der Einsatz von Personal aus Gründen der betrieblichen Elastizität als unvermeidlich. Dies vor allem in zwei Funktionsbereichen (vgl. Abb. 2):

– In der Handhabung. Dazu zählen z. B. das Bedienen von Automaten und Halbautomaten, deren Verknüpfung oder das Fügen von automatisch gefertigten Teilen in der Teil- oder Endmontage, aber auch das gesamte Informationshandling, z. B. die Kundenberatung einer Bank.

– In der Steuerung und Regelung, z. B. der einzelnen Automaten und Halbautomaten oder des Informations- bzw. Materialflusses, aber auch der Kontrolle von Zwischen- und Endprodukten.

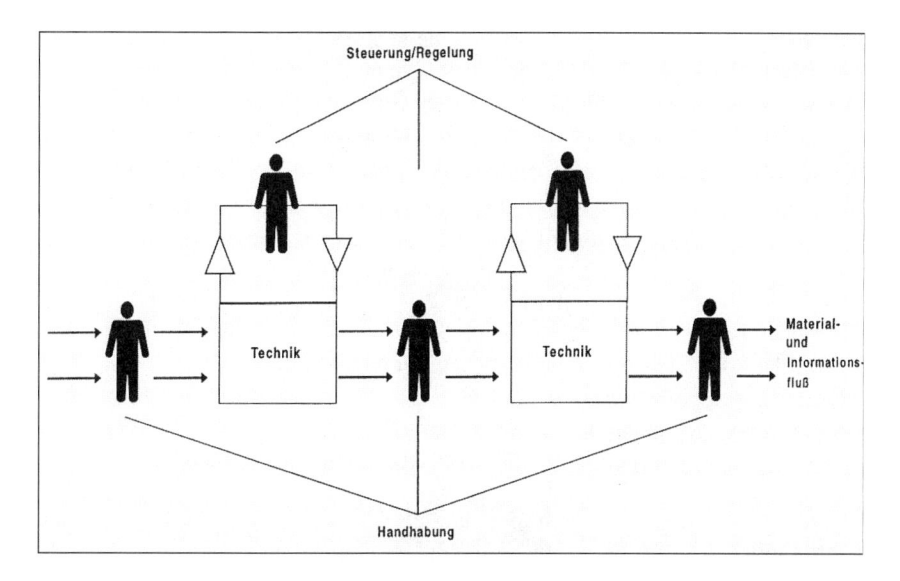

Abbildung 2: Konventionelle Einbindung des Menschen in Material- bzw. Informationsfluß in den Restfunktionen Steuerung / Regelung und Handhabung

In diesen beiden Funktionsbereichen, Handhabung und Steuerung / Regelung, gilt der Mensch als nicht ersetzbar oder nur um den Preis zunehmender Starrheit bzw. abnehmender betrieblicher Elastizität.

So interpretiert, erschöpft sich wirtschaftlicher Fortschritt im quantitativen Anstieg der Dienstleistungs- bzw. Produktionsmengen, die Denkrichtung führt über in eine Art Mengenwachstumsfetischismus mit der Folge zunehmender Unternehmenskonzentration nicht nur in der Automobilindustrie, sondern auch in traditionellen Dienstleistungsbereichen wie Banken, Handel und Versicherungen.

Das mag daran liegen, daß Automation auch bisher schon als Technisierung von Fertigungs- und Verwaltungsprozessen definiert, aber Technisierung entsprechend den konventionellen Erfahrungen sehr eingeengt und lediglich als Mechanisierung interpretiert wurde. Dabei muß so etwas wie das starre Zahnradgetriebe einer mechanischen Uhr Pate für die Entwicklung der Vorstellung von einem automatisierten Betrieb gestanden haben.

Die heute sichtbaren Abhängigkeiten im Mensch-Maschine-System resultieren aus der qualitativen Charakteristik bisher verfügbarer Automationstechnologie, d. h. vor allem ihres Elastizitätspotentials. Weil diese Techniken nur als Insellösungen in Partialbereichen einsetzbar sind, wirken ihre harten Begrenzungen auf die im Arbeitsprozeß abhängigen Personen restriktiv. Soweit die Anpassung dieser Techniken an den Menschen mißlingt, wird der Mensch an die harten Schnittstellen der Technik angepaßt. Die Anforderungen finden sich dann als Berufsbilder wie Dreher oder Programmierer wieder. Die heutige Diskussion um Computerfertigkeiten in der Wissensgesellschaft ist ein Symptom hierfür. Dem Bediener mutet man Flexibilität zu. Dem Menschen obliegen die verbleibenden Regelungs-, Steuerungs- und Handhabungsfunktionen. Er wird räumlich und zeitlich durch die Technik gebunden. Seine Elastizität kompensiert die Inelastizität der Technik und begrenzt den Einsatz weiterer Techniken.

Wenn es aber im Verlauf der technischen Entwicklung gelingt, Techniken höherer Elastizität zur Anwendung zu bringen, dann verschiebt sich das bisher ungünstige Elastizitätsverhältnis zugunsten der Automation, und es verschiebt sich auch der Stellenwert der traditionellen, durch den Personaleinsatz garantierten, betrieblichen Elastizität in der unternehmerischen Rationalisierungspolitik.

II. Potentialanalyse des Einsatzes neuer Techniken[3]

Interpretiert man Automation nicht eng als Mechanisierung, sondern zieht zukünftig mögliche Entwicklungen bei den Informations- und Kommunikationstechniken in Betracht, so stößt man auf Techniken, die durchaus geeignet sind, die bisherigen Vorurteile von der abnehmenden Elastizität bei zunehmender Automation zu widerlegen.

1. Das organisatorische Potential des Einsatzes der Informationstechnik

Betrachtet man das Eignungsprofil von Mikroprozessoren, das es nicht nur erlaubt, digitale Daten zu verarbeiten, sondern neben diesen konventionellen Funktionen mit Hilfe entsprechender Sensoren auch direkt physikalische Größen wie Druck, Schwingungen (also auch Schall, in Zukunft sicher auch Sprache), Wärme, Magnetfelder, Strahlung, chemische Zustände etc. zu erfassen, umzuwandeln, auszuwerten, zu speichern und zu verarbeiten, so wird deutlich, daß diese miniaturisierten Großrechenanlagen ein fast unendliches Anwendungspotential haben, und daß man durch die Anwendung dieser neuen Technik in einen Bereich eindringt, der bisher menschlicher Arbeitskraft vorbehalten war.

Mikroprozessoren werden zwar selbst massenhaft hergestellt, und erfüllen bei der Anwendung, ähnlich wie die Teilprodukte bei partieller Massenfertigung, Grundfunktionen. Im Unterschied zu den in Hardware oder Routinen erstarrten Grundfunktionen sind die Mikroprozessoren jedoch auf beliebige Grundfunktionen programmierbar. Mit Mikroprozessoren werden also nicht starre Grundfunktionen produziert, sondern massenhaft Elastizitätspotentiale für den Anwender erzeugt.

---

[3] Vgl. *Staudt,* Ursachen und Einflußfaktoren des Einsatzes neuer Automationstechnologien in Industrie und Verwaltung, in: Biethahn / Staudt (Hrsg.), Automation in Industrie und Verwaltung, Berlin 1981, S. 21 ff.

Mit der Informationstechnik öffnet sich der Weg zur Entwicklung flexibler Fertigungs- und Dienstleistungssysteme. In diesen treten an die Stelle der bisher durch menschliche Arbeitskraft garantierten betrieblichen Elastizität zumindest in Teilbereichen adäquate technische Einrichtungen (Abb. 3). Man nähert sich dann sehr schnell auch dem Grenzwert, an dem die Multiplikation des Zentralrechners billiger ist als störanfällige Standleitungen und das zentralistische Ordnungsmuster erstarrter Großorganisationen zur Disposition steht.

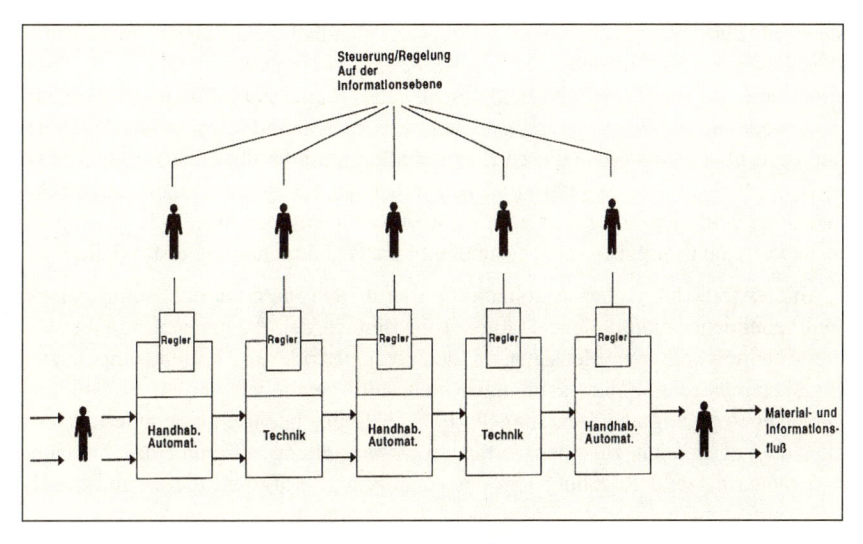

Abbildung 3: Funktionale Entkopplung des Menschen und des Material- und Informationsflusses durch Material- und Informationshandhabungsautomaten und dezentrale Regelungsintelligenz

Ein derart gewaltiges technisches und ökonomisches Potential, verstärkt um weitere Vorteile, wie geringerer Energiebedarf, höhere Zuverlässigkeit, höhere Lebensdauer, Miniaturisierbarkeit und Integrierbarkeit, drängt zur Anwendung. Seine Diffusion fordert Veränderungen im Produktspektrum und in der Gestaltung von Fertigungs- und Dienstleistungsprozessen geradezu heraus, führt zur

– Substitution von Produkten, Produktions- und Dienstleistungsprozessen sowie zur
– Rationalisierung durch Automation in Industrie und Dienstleistung und ist
– Grundlage für zahlreiche Innovationen.

Das organisatorische Potential dieser Substitutions-, Rationalisierungs- und Innovationsvorgänge resultiert aus der neu gewonnenen Möglichkeit, gerade die Funktionsbereiche von Produktion, Dienstleistung und Verwaltung, in denen der Einsatz von Personal aus Gründen der betrieblichen Elastizität bisher als unvermeidlich galt, nunmehr automatisieren zu können. Steuerung / Regelung wird ohne Verlust an betrieblicher Elastizität automatisierbar. Es ist also anzunehmen, daß überall dort, wo bisher Menschen einfache Regelungs- und Steuerungsfunktionen wahrnehmen, diese Funktionen in Zukunft billiger und zuverlässiger von Automaten erfüllt werden.

Selbst in der bisher noch verbliebenen Funktion der Handhabung wird es verstärkt möglich, den Menschen von stupider Maschinenbedienung und monotonen Montage-, Bestückungs-, Informationsbe- und -verarbeitungsaufgaben zu entlasten. Auf der neuen Technologiestufe werden Handhabungssysteme mit einer kostengünstigeren Art niederer organischer Intelligenz entwickelt (wie z. B. Industrieroboter oder automatische Belegleser), deren produktions- und bürowirtschaftliche Bedeutung darin liegt, daß sie sich in manchen Bereichen sogar elastischer und zuverlässiger als der in diesen Eigenschaften mitunter überschätzte Mensch erweisen. Der Automat ist indifferent gegenüber ungünstigen Bedingungen der Arbeitsumgebung. Damit erspart er Erschwerniszulagen oder macht die Erledigung mancher Arbeitsaufgaben ohne gesundheitliche Beeinträchtigung erst möglich.

Mit der fortschreitenden Automation bisher an den Material- oder Informationsfluß gebundener menschlicher Tätigkeit im Bereich der Handhabung nimmt auch die Abhängigkeit von Menschen in der Bedienerrolle ab. Da die eingesetzten Handhabungstechnologien aber neben den selbstgeregelten Funktionsausführungen einer Regelung und Steuerung auf höherer Ebene bedürfen, kommt es auch im Handhabungsbereich zu einer vertikalen Arbeitsteilung aufgrund der Trennung von Steuerung und Regelung von der Ausführung. Aufgrund dieses, mit zunehmender Automation sichtbar werdenden Übergangs der Abhängigkeit des Personals vom Material- und Papierfluß zu einer stärkeren Abhängigkeit des Personals vom Informationsfluß auf der Regelungs- und Steuerungsebene, kommt dem organisatorischen Potential neuer Kommunikationstechniken entscheidende Bedeutung für die weitere Organisationsentwicklung zu.

2. Das organisatorische Potential des Einsatzes von Kommunikationstechniken

Die Miniaturisierung und Verbilligung elektronischer Bauelemente und das Vordringen der Digitaltechnik in den Bereich der Kommunikationstechnik führt zu einer fortschreitenden Verbesserung der technischen Hilfsmittel bis hin zur Automation von Aufnahme, Verarbeitung, Speicherung, Übertragung und Ausgabe von Informationen. Mentale Informationsprozesse, die der Mensch mit eigenen geistigen Hilfsmitteln vollzieht, werden zunehmend durch den Einsatz von Rechengeräten, Daten-, Text- und Bildverarbeitungssystemen technisch unterstützt.

Auch im Bereich der Kommunikation erfolgt der Informationsaustausch nicht mehr nur in unmittelbarer persönlicher Begegnung, sondern zunehmend unter Zuhilfenahme multimedialer Systeme.

Damit sind technische Potentiale genau an den Stellen verfügbar, wo bisher Rationalisierungsgrenzen bestanden. Diese Grenzen waren durch die Abhängigkeit vom Informationsstrom und die Kopplung der Steuerungs-/Regelungs- an die Ausführungsebenen bedingt. Die Potentiale der neuen Informations- und Kommunikationstechniken drängen hier aufgrund der technischen Verfeinerung, zunehmender Verbilligung und hoher Elastizität zur Anwendung (vgl. Abb. 4).

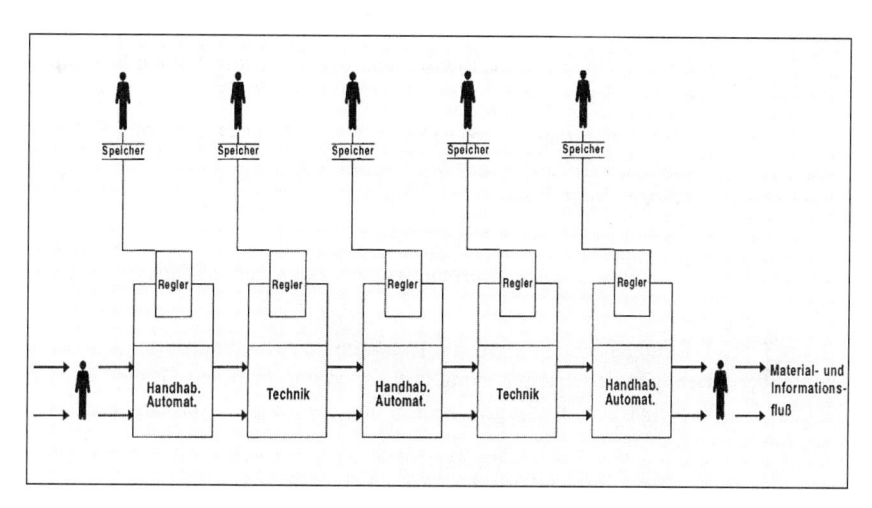

Abbildung 4: Räumliche und zeitliche Entkopplung der Menschen durch Telekommunikation

Für den organisatorischen Spielraum bedeutet dies, daß insbesondere Kopplungen in Mensch-Mensch- und Mensch-Maschine-Systemen, soweit sie auf den Austausch von Daten, Text, Sprache und Bildern reduzierbar sind, in einer ersten Stufe durch Telekommunikationstechnologien räumlich zu entkoppeln sind. Das ermöglicht inhouse- aber auch international verteilte Netzwerke wie Intra- oder Internet, die allerdings wegen der hohen Kopplung äußerst störanfällig sind.

Soweit die auszutauschenden Informationen speicherbar sind und aufgrund von Selbstregulationseinrichtungen zumindest partielle Autonomie bzw. Automation besteht, sind sie in einer zweiten Stufe auch zeitlich entkoppelbar. Damit fallen aber zugleich die letzten Kopplungsgrenzen, die konventionelle Arbeitsstrukturen determinierten und Ursache der heute praktizierten starren Orts- und Zeitreglementierung sind. Das Entkopplungspotential neuer Technologien läßt Weiterungen zu, hebt traditionelle Zwänge auf und eröffnet Optionen für flexible Arbeitsverhältnisse und die Individualisierung von Arbeitsstrukturen in einem Umfang, der bisher nicht vorstellbar war.

III. Flexibilisierung der Arbeitsorganisation

1. Aufhebung von Zwängen in Organisationen[4]

Die sich heute abzeichnenden Entwicklungstrends von Informations- und Kommunikationstechnik haben in der Summe drei Wirkungsbereiche:

- Zunehmende Substitution des Menschen in Bereichen niederer organischer Intelligenz und aus der Kombination konventioneller technischer Ausführungsfunktionen mit diesen technischen Intelligenzleistungen zunehmende Substitution im Handhabungsbereich;
- zunehmende Entkopplung des Menschen vom Papier- und Materialfluß, verbunden mit zunehmender Abhängigkeit vom Informationsfluß auf der Steuerungs- und Regelungsebene und kommunikativen Vernetzungen zwischen Personen und zwischen Personen und technischen Aggregaten;
- zunehmende Technisierung der informatorischen und kommunikativen Tätigkeiten.

Diese drei Wirkungen verschieben die traditionellen Rationalisierungsgrenzen, führen zu Änderungen der Arbeitsteilung und haben vor allem auf Grund der Korrekturen der Wirtschaftlichkeitsvergleiche erhebliche Folgen für die Organisationsgestaltung.

Bei der Bearbeitung informatorischer Aufgaben kann bei horizontaler Arbeitsteilung die bisher erforderliche räumliche und zeitliche Abhängigkeit des Personals entfallen. Traditionell war das zu bearbeitende Datenmaterial in Aktenordnern gebunden, die durch Büroboten von Bearbeitungsstelle zu Bearbeitungsstelle transportiert wurden. Durch zusätzliche zentrale Speicher und dezentrale Zugriffsmöglichkeiten über Telekommunikationssysteme ist der „Vorgang" nunmehr am Bildschirm zu bearbeiten. Damit können die Mitarbeiter weitgehend unabhängig voneinander operieren.

So wird im rein humanen Organisationsprozeß der Kooperationszwang durch die Verfügbarkeit von Informationsverarbeitungsanlagen und entsprechenden Speichern für Informationen abgeschwächt. War man bisher auf beschriebenes Papier angewiesen, so sind nun neue Datenträger und Speichermedien, Datenbanksysteme etc. verfügbar, die eine zeitliche Zergliederung kooperativer Prozesse und damit eine Rückführung des Kooperationsproblems auf ein Konsekutivproblem, vermittelt durch Mensch-Maschinen-Dialoge, erlauben. Einfachstes Beispiel für einen derartigen Entkopplungsvorgang ist das klassische Kooperationsverhältnis von Sachbearbeiter und Sekretärin bei der Diktataufnahme. Traditionell mußten Chef, Stenoblock und Sekretärin am selben Ort zur selben Zeit zusammenkommen.

---

[4] Vgl. *Staudt,* Entkopplung im Mensch-Maschine-System durch neue Technologien als Grundlage einer Flexibilisierung von Arbeitsverhältnissen, in: Meyer-Abich/Steger u. a. (Hrsg.), Mikroelektronik und Dezentralisierung, Berlin 1982, S. 53 ff.

Durch Zwischenschaltung eines Diktiergerätes wird der Vorgang zeitlich entkoppelt und in ein Reihenfolgeproblem überführt. Eine gleichzeitige Präsenz der beiden Teilnehmer ist nicht mehr erforderlich. Oder der „Plausch" mit dem Kassierer in der Bankfiliale entfällt bei der Geldabhebung am Kassenautomaten. Dafür steht dieser Automat rund um die Uhr zur Verfügung, macht den Kunden unabhängig von Öffnungs- bzw. Präsenzzeiten des Kassierers.

Die Technik wird also zum Hilfsmittel im rein humanen Organisationsprozeß. Es erfolgt damit, und auch darauf muß man ganz klar hinweisen, eine Technisierung innerhalb bisher technikfreier reiner Human-Organisationsbereiche. Es entstehen insbesondere im Dienstleistungssektor und in der Verwaltung neue Schnittstellenprobleme zwischen Mensch und Technik.

Weitere Problemlösungen bieten sich im reinen Humanbereich durch den Einsatz neuer Telekommunikationssysteme an. Die konventionell erforderliche gleichzeitige Präsenz verschiedener Personen war ursprünglich am gemeinsamen Vollzug materieller Arbeitsprozesse orientiert. Sie wurde im folgenden aber auch übertragen auf informatorische und Kommunikationsprozesse, weil die traditionell verfügbaren Hilfsmittel, wie beschriebenes Papier, so schwerfällig, umständlich, aufwendig und zeitraubend waren. So kam es zu den ausufernden Hauptverwaltungen und gigantischen Verwaltungszentren, deren gemeinsames Ansteuern zur selben Zeit Ursache der gefürchteten Rush-hour ist. Durch den verstärkten Übergang von materiellen zu informatorischen Abhängigkeiten und die Verfügbarkeit von Telekommunikationssystemen wird zumindest die bisher erforderliche räumliche Kopplung aufgehoben.

Ein erster Fortschritt war hier schon das Telefon. Es erlaubt die räumlich unabhängige verbale Kooperation zweier Gesprächspartner. Das „intelligente" Telefon, Ring- bzw. Konferenzschaltungen etc. bringen weitergehende Möglichkeiten, und die Breitbandkommunikation wird schließlich Bildschirmkonferenzen erlauben. Damit werden zwar auch soziale Kontakte vermindert bzw. bei Telearbeit umgestaltet, aber zugleich Transport- und Verkehrsprobleme entschärft und die dafür erforderlichen, oft verlorenen Wegezeiten eingespart.

2. Weiterungen des organisatorischen Gestaltungsspielraums

Die Möglichkeiten zur Kooperation auch über größere Entfernungen und der Rückgriff auf Arbeitsunterlagen, die nun in zentralen Datenbanken über Telekommunikation zugänglich sind, reduzieren das alte Präsenzproblem auf das technische Problem der Verfügbarkeit von Bildschirmterminal und Telekommunikationsanschluß am Arbeitsplatz. Damit stellt sich auch die Frage nach dem richtigen Arbeitsplatz völlig neu. Die industriellen Ordnungsmuster des letzten Jahrhunderts werden zumindest in Teilbereichen aufhebbar. Ob z. B. die Arbeitsplätze im Hochhaus weiterhin in der Rush-hour (eine Folge der notwendigen gleichzeitigen Präsenz) besetzt bzw. verlassen werden müssen, bedarf einer Überprüfung, wenn die gleiche Arbeitsaufgabe auch familiennah am heimischen Arbeitsplatz ausgeübt werden kann.

Da darüber hinaus ein guter Teil der räumlichen Kopplung auch zeitliche Kopplungsaspekte impliziert, sind die bisherigen harten Gleichzeitigkeitserfordernisse wesentlich zu entschärfen.

Die wichtigste Folgerung des Einsatzes neuer Techniken resultiert aber aus der Möglichkeit zu einer neuen Funktionsverteilung zwischen Mensch und Maschine. Da die technischen Einrichtungen aufgrund der neuen Qualität in der Lage sein werden, einfache Regelungs- und Steuerungsfunktionen selbst zu übernehmen, kommt es zu einer Umverteilung von Funktionen, die wegen der starken Verbilligung der Technik weder durch konventionelle Wirtschaftlichkeitsüberlegungen gebremst, noch aufgrund der zunehmenden Elastizität durch herkömmliche Substitutionsgrenzen verhindert wird.

Es ist also zu erwarten, daß auf der neuen Automationsstufe technische Aggregate in größerem Umfang als bisher selbständig arbeiten. Damit wird neben dem Maschinenbediener, dessen Handhabungsfunktionen automatisiert werden können, auch der Maschinenführer, -steuerer / -regler sehr stark entkoppelt. Im Flugverkehr ist mittlerweile die Landung mittels technischer Geräte zuverlässiger als durch Piloten, und in vielen Großanlagen helfen technische Kontroll- und Regelsysteme, menschliches Versagen zu vermeiden. Es muß also nicht mehr ad hoc vom einzelnen Maschinenführer disponiert werden, sondern man kann ohne Streß und unter Rückgriff auf die Erfahrung anderer auch global verteilt steuern und regeln. Freilich stehen wir hier erst am Anfang.

Die heute verfügbaren Techniken wie PC oder Internet sind nur transitorische Techniken, die in kurzen Zyklen weiterentwickelt werden. Sie haben den qualitativen Sprung noch nicht geschafft! Deshalb verlangen sie von den betroffenen Menschen laufend Flexibilität und Anpassung ganz nach dem Muster der Industriestrukturen des vergangenen Jahrhunderts. Insofern ist die heute hochproblematisierte Schnittstelle Mensch-Technik, wie z. B. die geforderte Computer- oder Internetfähigkeit, eventuell nur Folge einer „notwendigen Fehlentwicklung", die in absehbarer Zeit überwunden werden kann.

Erst dann wird die viel kritisierte harte Konfrontation zwischen Mensch und Maschine aufhebbar, denn die neuen Techniken machen die Grenzen fließend und enthalten Optionen zur „weicheren" Gestaltung der Technik, was insbesondere den Betroffenen zugute kommt, weil nicht mehr die unreife Technik Anforderungen an die Kompetenz der Nutzer stellt, sondern die flexible Technik auf die Problemlage des Nutzers eingeht. Erst dann ist eine neue Qualität von Technik erreicht und werden organisatorische Zwänge aufhebbar.

Neben den neuen technischen Möglichkeiten wird die Aufhebung konventioneller ökonomisch bedingter Kopplungszwänge von ausschlaggebender Bedeutung sein. Strenge Präsenzregelungen und Arbeitszeitreglementierung im Betrieb resultierten schließlich nicht aus individuellen Bedürfnissen, sondern aus dem Bestreben nach möglichst kontinuierlichen Laufzeiten von Maschinen. Diese neue Art von Maschine ist nicht mehr der Engpaßfaktor, an dem sich die Organisation orientieren muß. Sie ist vielmehr kostengünstig verfügbare Elastizitätsreserve und funktioniert weitgehend entkoppelt vom humanen Bereich.

Die damit erreichbare Automation mittels Technologien höherer Elastizität befreit von der Bindung an die starren Arbeitszeitregelungen von Tarifverträgen, Arbeitszeitverordnungen und Geschäftszeiten. Damit können auf dieser Automationsstufe ohne Personalengpässe Betriebsmittel im Dreischichtbetrieb genutzt, die Gleitzeit selbst im Produktionsbetrieb eingeführt und Dienstleistungen auch außerhalb der Geschäftszeit erbracht werden.

Der naive, aus der Präsenz am zentralisierten Arbeitsplatz abgeleitete Arbeits- und Arbeitszeitbegriff[5] wird unter diesen Umständen reformbedürftig. Kontroll- und Überwachungssysteme, konventionelle Führungssysteme, aber auch die Reaktionsmuster der Gewerkschaften hierauf werden obsolet, oder aber sie verhindern diesen Entwicklungssprung, weil sie den technischen Entwicklungsstand festschreiben, vor dessen Hintergrund sie entstanden sind.[6]

3. Innovation durch neue Technik

Die Entlastung von monotonen, kaum zumutbaren Maschinenbedienungsaufgaben und die räumliche und zeitliche Entkopplung von Standort und Laufzeit technischer Aggregate ergeben völlig neue Möglichkeiten der Globalisierung und Virtualisierung komplexer Systemleistungen.

Dann wird es durchaus möglich, über neue, sinnvoll kombinierte Arbeitsinhalte nachzudenken, die weniger durch Restfunktionen an Maschinen als durch individuelle Kompetenzen und soziale Bedürfnisse gestaltet sind. Man kann dezentrale Organisationsmuster anstreben, die die neue Qualität von Techniken, verbunden mit geeigneten Kooperationsformen in ein gewaltiges qualitatives Potential für völlig neue individuell gestaltbare Produkte und Dienstleistungen umsetzen.

Dies bedeutet zugleich einen gewaltigen ökonomischen Druck auf die einzelnen Unternehmen hin zu einer offensiveren Personalentwicklung, verbunden mit neuen Kompetenzprofilen[7], neuen Arbeitsplätzen und neuer Arbeitsverteilung (in der die

---

[5] Vgl. *Staudt*, Die Bedeutung der mikroökonomischen Analyse zur Beurteilung und Durchsetzung neuer Arbeitszeitstrukturen, in: Mitteilungen aus der Arbeitsmarkt- und Berufsforschung, MittAB 3/1979.

[6] Vgl. *Staudt*, Widerstände bei der Einführung neuer Technologien, in: VDI-Z, 124. Jg. 1982, S. 233 ff.

[7] Vgl. *Staudt* et al., Kompetenz und Innovation – Eine Bestandsaufnahme jenseits von Personalentwicklung und Wissensmanagement, in: Schriftenreihe Innovation: „Forschung und Management", hrsg. von E. Staudt, Bochum 1997.

undifferenzierte Gruppenarbeit nur eine Zwischenstufe darstellt)[8] und macht eine Überprüfung der Wettbewerbssituation erforderlich.

Für die Arbeitsplätze in Industrie und Dienstleistung bedeutet dies, daß die Verfügbarkeit von dezentraler Steuerungs- und Regelungsintelligenz, Handhabungsautomation und Telekommunikation eine Neuverteilung der Aufgaben zwischen Mensch und Technik ermöglicht. Die Integration der neuen Technik ist verbunden mit umfangreichen Kompetenzentwicklungs-Prozessen.[9] Der Spielraum für einen organisatorischen Wandel nimmt aufgrund der funktionalen, räumlichen und zeitlichen Entkopplungsmöglichkeiten zu. Konventionelle Hauptverwaltungs- und Zweigstellenorganisation, zentrale Datenverarbeitung und Arbeitsplatzstruktur, aber auch die Trennlinie zwischen Innen- und Außendienst stehen damit zur Disposition.

Vor diesem Hintergrund wird aus dem heute vordergründig das Personalproblem belastende Akzeptanzproblem im Sinne einer Anpassung von Menschen, Arbeitsplätzen und Organisation an vorgegebene technische Bedingungen nunmehr ein Gestaltungsproblem. Es ist also nicht der schlichte Wechsel von der tayloristischen Arbeitsorganisation zur Gruppe oder Team oder der Wechsel von der Technikzentrierung zur menschenzentrierten Organisation, wie Ideologen meinen, sondern eine neue Qualität von Arbeitsgestaltung, die beide Seiten integriert.

Die Abkehr vom Normarbeitsplatz, Normarbeiter, Normlohn, Normarbeitszeit etc. bedeutet, so gesehen, eine Herausforderung an Unternehmen, Gewerkschaften und Gesetzgeber.

Die konstruktive Nutzung der Option neuer Techniken, verbunden mit den entsprechenden Personalentwicklungen, führt zu Organisationen hoher Elastizität, deren große qualitative Gesamtkapazität auf einem völlig neuen Niveau zur Anwendung drängt, was neben einem häufigeren Produktwechsel vor allem auch zu einer Dynamisierung der Wettbewerbssituationen von Produktions- und Dienstleistungsbetrieben führt und zu einer Individualisierung und Weiterentwicklung der Güter- und Dienstleistungsangebote genutzt weden kann.

In letzter Konsequenz steht auch die Wirtschaftsstruktur selbst zur Disposition. Die Grenze zwischen Produktion, Dienstleistung und Verwaltung wird fließend und die heute viel diskutierte „Virtualisierung" erhält Gestalt.

---

[8] Vgl. *Staudt,* Technische Entwicklung und betriebliche Restrukturierung oder Innovation durch Integration von Personal- und Organisationsentwicklung, in: Kröll / Schnauber (Hrsg.), Lernen der Organisation durch Gruppen- und Teamarbeit, Berlin / Heidelberg / New York 1997, S. 34–106.

[9] Vgl. *Staudt / Kottmann,* Deutschland gehen die Innovatoren aus, Frankfurt 2000.

Wandel der beruflichen Arbeitsanforderungen an die Arbeitnehmer

Von Eduard Gaugler

In einer Reihe von Lebens- und Tätigkeitsbereichen des modernen Menschen unterliegen die dort an ihn gestellten Anforderungen einem unterschiedlich raschen und verschieden tiefgreifenden Wandel. Beispielsweise haben sich die Anforderungen bei den im durchschnittlichen Privathaushalt üblichen Verrichtungen in den letzten zwei bis drei Generationen erheblich verändert. Ähnliches ist bei der Aufnahme von öffentlich vermittelten Informationen mit der Ausbreitung der neuen Medien (Rundfunk, Fernsehen, Printmedien etc.) in den letzten Jahrzehnten zu beobachten. Erhebliche Veränderungen haben die Verkehrsteilnehmer bei den an sie gestellten Anforderungen erfahren, was sich zum Beispiel in den Unterschieden bei der Nutzung von Pferdekutschen, der Eisen- und Straßenbahnen, eines Pkw auf der Autobahn oder eines modernen Passagierflugzeugs zeigt.

Auch die Arbeitswelt ist seit Beginn der Industrialisierung vor anderthalb Jahrhunderten vom Wandel der Anforderungen an den dort tätigen Menschen nicht ausgenommen, wie besonders die Veränderungen bei den Tätigkeiten und Arbeitsbedingungen in Betrieben sichtbar machen. Diese Veränderungen in der betrieblichen Arbeitswelt, die sich im Wandel der Arbeitsanforderungen an die Arbeitnehmer niedergeschlagen haben, soll der folgende Beitrag unter unterschiedlichen Aspekten aufzeigen.

I. Kontexte des Anforderungswandels

Im Vordergrund der folgenden Überlegungen stehen die Veränderungen der beruflichen Arbeitsanforderungen an die einzelnen Arbeitnehmer; dabei darf nicht unbeachtet bleiben, dass dieser Wandel im Zusammenhang mit anderen Umgestaltungen der Wirtschaft und der Arbeitswelt steht, die jedoch diese Studie nicht näher untersucht. Dazu gehört u. a. der Übergang von einer ursprünglich dominanten Agrarwirtschaft zu einer Wirtschaft, die in der zweiten Hälfte des 19. Jahrhunderts immer mehr von der Industrie zurückgedrängt wird; seit ungefähr zwei bis drei Jahrzehnten strebt der Dienstleistungssektor zunehmend in eine Vorrangstellung, die die Industrie über die längste Zeit des 20. Jahrhunderts eingenommen hatte. So ist der Anteil der Erwerbstätigen in Dienstleistungsunternehmen in Westdeutschland von 1960 bis 1996 von 9,1 auf 23,2 Prozent gewachsen; der Anteil im Produzierenden Gewerbe von 47,8 auf 34,7 Prozent und jener in der Landwirtschaft von 13,7 auf 2,7 Prozent gesunken.

Den Wandel in den Arbeitsanforderungen an die Arbeitnehmer begleiten Umstrukturierungen bei den Betriebsformen. Zwar behaupten sich in einer Reihe von Wirtschaftszweigen mittelständische Unternehmen bis in die Gegenwart herein; dennoch gewinnen im Laufe des 20. Jahrhunderts Großbetriebe mit der Vielzahl ihrer Beschäftigten und mit der fortschreitenden Arbeitsteilung gegenüber den Klein- und Mittelbetrieben immer mehr an Bedeutung. In jüngerer Zeit üben Konzernbildungen und Vernetzungen von Unternehmen auch auf die Arbeitswelt spürbare Einflüsse aus; dies trifft nicht zuletzt zu, wenn Unternehmenskooperationen und Firmenzusammenschlüsse Landesgrenzen überschreiten und internationale bzw. globale Dimensionen erreichen. Schließlich vollzieht sich der Wandel der Arbeitsanforderungen an Arbeitnehmer in Verbindung mit einem fortschreitenden Einsatz einer zunehmend spezialisierten Technik, die – wie die Informations- und Kommunikationstechniken zeigen – die Zahl der technikarmen Arbeitsplätze immer mehr reduziert. Keineswegs zu vernachlässigen sind ferner noch die Veränderungen in der betrieblichen Arbeitsorganisation (siehe Beitrag *Staudt* in diesem Band), die seit den Anfängen der Industrialisierung permanent zum Wandel der Arbeitsanforderungen an die Arbeitnehmer beigetragen haben und die seit dem Postulat der Humanisierung der Arbeit in den Siebziger Jahren des letzten Jahrhunderts ausdrücklich dem Anspruch gerecht werden sollen, die Arbeitsanforderungen der im betrieblichen Leistungsprozess Tätigen verstärkt an ihren Bedürfnissen und Erwartungen auszurichten (*Gaugler* 1991).

Diese Veränderungen der Arbeitsanforderungen an den arbeitenden Menschen werden nicht nur an den betrieblichen Arbeitsplätzen sichtbar. Sie zeigen sich auch in einem anhaltenden Wandel der Berufswelt in modernen Volkswirtschaften. Vor der Erörterung der Veränderungen bei den Arbeitsanforderungen, die an den Arbeitsplätzen auftreten, ist deshalb nach den Entwicklungen bei Berufen zu fragen, die Erwerbstätige in der Wirtschaft ausüben.

II. Veränderungen in der beruflichen Arbeitswelt

Unter Beruf kann man eine Betätigung des Menschen verstehen, die auf Dauer angelegt ist, die seine Arbeitskraft und Arbeitszeit überwiegend in Anspruch nimmt, die der Schaffung und Erhaltung seiner Lebensgrundlage dient, die ferner wirtschaftlich sinnvoll ist und einen Beitrag zur gesellschaftlichen Gesamtleistung erbringt. Das Statistische Bundesamt bezeichnet als Beruf diejenigen Arbeitsverrichtungen, die auf Erwerb gerichtete charakteristische Kenntnisse und Fertigkeiten sowie Erfahrungen erfordern und die in einer typischen Kombination zusammengefasst sind; mit solchen Arbeitsverrichtungen wirkt der einzelne an der Leistung der Gesamtheit der Volkswirtschaft mit. In der Regel bildet der Beruf die wirtschaftliche Lebensgrundlage für den arbeitenden Menschen und für seine nicht berufstätigen Angehörigen.

Die berufliche Arbeitswelt – verstanden als Gesamtheit der Vielzahl vorkommender Berufe – unterliegt seit langem einem Wandel der Berufsstruktur (*Bohl* 1980); dabei lassen sich drei Entwicklungstendenzen unterscheiden: Wegfall herkömmlicher Berufe, Aufkommen neuer Berufe, mehr oder weniger starke Veränderungen der Anforderungen an die Menschen in den fortbestehenden Berufen.

Im Zuge der fortschreitenden Industrialisierung sind vor allem im Handwerk in der zweiten Hälfte des 20. Jahrhunderts eine Reihe von vorher weit verbreiteten Berufen zahlenmäßig stark geschrumpft oder nahezu vollständig verschwunden. Dazu zählen beispielsweise Handwerksberufe in der Landwirtschaft, wie Schmied und Wagner. Auch bei verschiedenen konsumentennahen Berufen, wie Schneider und Schuster, waren starke Dezimierungen zu beobachten.

Umgekehrt sind schon mit dem Beginn der Industrialisierung im letzten Drittel des 19. Jahrhunderts und insbesondere in der ersten Hälfte des 20. Jahrhunderts viele neue Berufe entstanden, die als verschiedene Arten von Facharbeitern auftraten und teilweise sich aus entsprechenden Handwerksberufen entwickelt hatten. Manche dieser Industrieberufe sind unter dem Einfluss der neuen Informations- und Kommunikationstechniken sowie mit der Anwendung neuer Formen der Arbeitsorganisation im Arbeiter- und Angestelltenbereich in jüngster Zeit schon wieder verschwunden oder starken Veränderungsprozessen unterworfen worden. Auch im sich stark ausbreitenden Dienstleistungssektor sind in den letzten Jahren eine Reihe neuer Angestelltenberufe entstanden. Für die Verschiebungen in den Berufsstrukturen bei einer Reihe von Wirtschaftszweigen ist das Aufkommen und die rasche Ausbreitung neuer Berufe wie Programmierer und Informatiker besonders typisch.

Der Wegfall früherer Berufe und die Einführung neuer Berufe haben zwar die Berufsstruktur in vielen Branchen und Betrieben deutlich verändert. Nicht unbeachtet soll aber dabei bleiben, dass Veränderungen der Arbeitsanforderungen auch bei vielen herkömmlichen Berufen, die eine längere Tradition aufweisen und fortbestehen, stattgefunden haben und weiterhin zu erwarten sind. Dies trifft bei handwerklichen Berufen (wie etwa bei Bäckern, Schlossern, Schreinern etc.) ebenso wie bei kaufmännischen Angestellten, Schreib- und Verwaltungskräften etc. zu.

Die Verschiebungen in der Berufsstruktur, die seit ungefähr drei Jahrzehnten zu beobachten sind, beschreibt die Fachliteratur mit Tendenzen von ausführenden zu planenden und überwachenden Tätigkeiten. Diese Trends, die sich nicht nur im Verschwinden herkömmlicher und im Aufkommen neuer Berufe, sondern auch bei fortbestehenden Berufen niederschlagen, lassen sich für die Fertigungswirtschaft mit fünf Aspekten konkretisieren (*Oechsler* 2000):

– Abnahme manueller Funktionen (wie Handarbeit und Handtransport) in den auf die unmittelbare Herstellung bezogenen Produktionsbereichen.

- Zunahme von Funktionen, die die primären Produktionsprozesse steuern, überprüfen und in Gang halten (Maschinenbedienung, -überwachung und -einstellung).
- Zunahme und Verselbständigung von Wartungs- und Instandhaltungsarbeiten, allerdings in quantitativ geringerem Maße als die Verbreitung der Maschinensteuerungs- und -bedienungsfunktionen.
- Ausdehnung technischer, den Produktionsprozess vorbereitender Arbeitsaufgaben (wissenschaftlich-technische Arbeitsfelder).
- Ausdehnung planender, organisatorischer und administrativer Funktionen im Fertigungsbereich.

Den allgemeinen Wandel in den Funktions- und Anforderungsstrukturen begleitet in den letzten drei Jahrzehnten eine Verschiebung der Qualifikationsstrukturen bei den Erwerbstätigen in der Bundesrepublik Deutschland, die man als Professionalisierung bezeichnet hat. Von 1970 bis 1991 ist der Anteil der Erwerbstätigen ohne Ausbildungsabschluss von 40,0 auf 20,2 Prozent gesunken. Im selben Zeitraum nahm der Anteil mit einer betrieblichen Ausbildung von 43,5 auf 59,1 Prozent zu; der Anteil der Erwerbstätigen mit Fachhochschul- bzw. Hochschulausbildung entwickelte sich in diesen zwei Jahrzehnten von 5,8 auf 12,3 Prozent. Die Prognosen für die weitere Entwicklung der Qualifikationsstruktur rechnen bis 2010 mit einer nochmaligen Halbierung des Anteils der Erwerbstätigen ohne beruflichen Ausbildungsabschluss (10,1%). Der Anteil der Erwerbstätigen mit einer betrieblichen Ausbildung soll auf 63,3, jener der Absolventen von Fach- und wissenschaftlichen Hochschulen sogar auf 16,7 Prozent wachsen. Schließlich erwartet die Berufsforschung, dass der Anteil der Erwerbstätigen mit einer Berufsfach-, Fach- bzw. Technikerschule, der in der Zeit 1970–1991 von 10,7 auf 8,4 Prozent gesunken war, bis zum Jahr 2010 wieder auf 9,8 Prozent zunimmt.

Diese Prognosen deuten darauf hin, dass die Berufsforschung auch für die überschaubare Zukunft einen allgemeinen Anstieg der beruflichen Anforderungen an die Erwerbstätigen erwartet. Tatsächlich kommt aber die Qualifikationsforschung zu widersprüchlichen Aussagen. Neben der Annahme einer allgemeinen Erhöhung der beruflichen Qualifikation steht die These von einer durchgängigen Dequalifizierung. Andere Autoren fassen diese beiden entgegen gesetzten Erwartungen in der Annahme der sog. Polarisierungsthese zusammen, die eine wachsende Diskrepanz zwischen den beruflichen Anforderungen an die Berufstätigen in hohe (steigende) und in niedrige (sinkende) Qualifikationen beinhaltet.

Unabhängig von der Genauigkeit der oben zitierten Schätzungen und der Prognosen für die künftige Qualifikationsstruktur der Berufstätigen kann man mit großer Wahrscheinlichkeit annehmen, dass die Verschiebungen in der beruflichen Arbeitswelt in absehbarer Zeit nicht aufhören werden. Die dynamischen Entwicklungstendenzen in der Wirtschaft bleiben auch künftig nicht ohne Auswirkungen auf die quantitative und qualitative Struktur der Berufe der Erwerbstätigen. Diese

Prognose leitet sich nicht zuletzt aus den erwartbaren Veränderungen der beruflichen Arbeitsanforderungen an den Arbeitsplätzen im betrieblichen Leistungsprozess ab.

III. Arbeitstätigkeiten im Wandel

Berufsstrukturen und Berufsbilder stellen ein relativ grobes Raster dar, um die konkreten Arbeitsanforderungen an die Berufstätigen und deren Veränderungen zu beobachten (vgl. u. a. *Frieling* 1980). Mit der Arbeitsanalyse ergänzt die Arbeitswissenschaft die Erkenntnisse der Berufsforschung und ermöglicht so vertiefte Einblicke in die Struktur der beruflichen Arbeitsanforderungen an die Mitarbeiter im betrieblichen Leistungsprozess; im Zeitablauf wiederholte Arbeitsanalysen geben zu erkennen, ob, inwieweit und in welcher Richtung die beruflichen Arbeitsanforderungen an betrieblichen Arbeitsplätzen variieren.

Mit Hilfe der Arbeitsanalyse, die sich auf Stellen- bzw. Arbeitsplatzbeschreibungen stützt und die einzelnen Anforderungsarten auf der Basis einer angenommenen Normalleistung bewertet (vgl. u. a. *Karg / Staehle* 1982), lassen sich die unterschiedlichen Anforderungen in verschiedenartiger Weise gruppieren. Ein vor allem im deutschsprachigen Raum seit vielen Jahrzehnten verbreitetes Instrument der Arbeitsanalyse ist die analytische Arbeitsbewertung anhand des Genfer Schemas. Sie hat selbst verschiedene Entwicklungsphasen durchlaufen; von ihrem ursprünglichen Anwendungsbereich aus, den Arbeiter-Arbeitsplätzen, wurde sie erweitert und partiell auch zur Ermittlung der Arbeitsanforderungen bei Angestelltentätigkeiten eingesetzt. Das im Jahre 1950 bei einer internationalen Konferenz entwickelte Genfer Schema hatte für die Arbeitsbewertung vier Anforderungsarten vorgesehen: Geistige Anforderungen, körperliche Anforderungen, Verantwortung (moralische Anforderungen), Arbeitsbedingungen (Umgebungseinflüsse). Auf dieser Grundlage hat das REFA-Konzept sechs Anforderungsarten für die Arbeitsbewertung entwickelt (*Berthel* 2000).

Mit der Bewertung dieser Anforderungsarten ermöglicht die Arbeitsanalyse nicht nur einen gleichzeitigen Vergleich der unterschiedlichen Belastungen verschiedener Arbeitsplätze und Tätigkeiten für die Arbeitnehmer. Im Zeitvergleich gibt die Arbeitsbewertung ferner zu erkennen, ob und wie sich die objektive Belastung an den Arbeitsplätzen und Tätigkeiten verändert hat. Die Arbeitsbewertung richtet sich prinzipiell auf bestimmte, in einzelnen Betrieben konkret existierende Arbeitsplätze und Tätigkeiten. Überbetriebliche Zusammenfassungen dieser einzelbetrieblichen Bewertungen der Arbeitsanforderungen, etwa für eine ganze Branche, für einen bestimmten Wirtschaftszweig oder gar für die Gesamtwirtschaft sind zwar denkbar, werden aber aus naheliegenden Gründen und wegen erheblicher Probleme nicht erstellt. Deshalb können sich generelle Aussagen über Veränderungen bei den Anforderungsarten nur auf mehr oder weniger fachkundige Beobachtungen und Wahrnehmungen stützen; sie bleiben auch bei guter Fundierung lediglich allgemeine Trendaussagen, von denen die tatsächlichen Anforderungen und Belastungen an einzelnen Arbeitsplätzen in der betrieblichen Praxis abweichen können.

1	Kenntnisse	– Ausbildung – Erfahrung – Denkfähigkeit
2	Geschicklichkeit	– Handfertigkeit – Körpergewandtheit
3	Verantwortung	– für die eigene Arbeit – für die Arbeit anderer – für die Sicherheit anderer
4	geistige Belastung	– Aufmerksamkeit – Denktätigkeit
5	muskelmäßige Belastung	– dynamische Muskelarbeit – statische Muskelarbeit – einseitige Muskelarbeit
6	Umgebungseinflüsse	– Klima – Nässe – Öl, Fett, Schmutz – Staub – Gase, Dämpfe – Lärm – Erschütterung – Blendung oder Lichtmangel – Erkältungsgefahr – Schutzkleidung – Unfallgefährdung

IV. Veränderungstendenzen

Ein relativ eindeutiger allgemeiner Trend ist bei der Unfallgefährdung (Unterart der Umgebungseinflüsse) festzustellen. In Westdeutschland ist bei stark ansteigender Beschäftigung die Anzahl der bei Berufsgenossenschaften gemeldeten Arbeitsunfälle von 2,71 Mio im Jahr 1960 auf 1,67 Mio im Jahr 1990 gefallen; im gleichen Zeitraum ist die Zahl der Wegeunfälle von 284 Tausend auf 188 Tausend gesunken. Auf je 1000 Vollarbeiter kamen 1960 0,20, 1990 nur noch 0,05 tödliche Arbeitsunfälle. Nach der deutschen Wiedervereinigung hat sich dieser Trend fortgesetzt. In der Bundesrepublik Deutschland waren 1991 2.016 Mio, 1998 1.575 Mio Arbeitsunfälle gemeldet worden; die Quote der tödlich verlaufenden Arbeitsunfälle fiel in dieser Zeit von 0,04 auf 0,03 je 1000 Vollarbeiter. Die Anzahl der gemeldeten Wegeunfälle ist im selben Zeitraum allerdings leicht von 245 auf 249 Tausend angestiegen. Hinsichtlich der Anforderungsart „Umgebungseinflüsse" geben diese Zahlen einen eindeutigen Durchschnittstrend zu erkennen: die Unfallgefährdung an Arbeitsplätzen hat in deutschen Betrieben seit vier Jahrzehnten beständig abgenommen; es gibt keine erkennbaren Anzeichen für eine grundlegende Änderung dieser Tendenz in der Zukunft, wenn auch eine Abschwächung dieses positiven Trends nicht auszuschließen ist. – Weniger vorteilhaft zeigt sich der zahlenmäßige Verlauf der bei den Berufsgenossenschaften gemeldeten Verdachtsfälle auf Berufskrankheiten; ihre Anzahl ist von knapp 69 Tausend in 1991 auf knapp 86 Tausend in 1998 angestiegen. Die Wirksamkeit der übrigen Umgebungseinflüsse (siehe sechste Anforderungsart) folgt im letzten Jahrzehnt nicht dem durchschnittlich positiven Trend bei den Arbeitsunfallgefährdungen. Die Daten der Statistik bestätigen bislang nicht eine starke Effizienz der großen Anstrengungen, die viele insbesondere Industriebetriebe im Fertigungsbereich seit Jahren zur Reduzierung gesundheitsschädigender Umgebungseinflüsse unternehmen.

Kennzahlen, die Veränderungen der durchschnittlichen muskelmäßigen Belastung als weitere Anforderungsart an betrieblichen Arbeitsplätzen und Tätigkeiten belegen lassen, stehen nicht zur Verfügung. Dennoch geht man wohl nicht fehl in der Annahme, dass bereits zwischen den beiden Weltkriegen der zunehmende Einsatz der Technik im betrieblichen Leistungsprozess zumindest auch die Absicht verfolgte, die körperliche Belastung der Mitarbeiter zu mindern. Nach dem Zweiten Weltkrieg geht diese Tendenz über den Fertigungsbereich hinaus und ergreift immer mehr auch den kaufmännischen und administrativen Sektor der Betriebe. Ein einfacher Vergleich der um 1950 eingesetzten Schreib- und Rechengeräte mit den heutigen Techniken für diese Zwecke belegt die durchschnittliche Abnahme der erforderlichen Muskelarbeit auch außerhalb der hier natürlich vorrangigen Tätigkeiten in der Fertigung, Lagerhaltung und beim Transport. Nach wie vor kann man nicht ignorieren, dass es Arbeitsplätze mit hoher muskelmäßiger Belastung gibt (u. a. in der Bauwirtschaft, im Bergbau, bei der Verhüttung, in der Landwirtschaft); unbestreitbar erscheint aber der in der Wirtschaft weit verbreitete Trend einer fortschreitenden Entlastung von körperlicher Belastung durch den Einsatz technischer Hilfsmittel und Einrichtungen.

V. Unterschiedliche Veränderungsrichtungen

Die Anforderungsarten „Umgebungseinflüsse" und „muskelmäßige Belastung" sind zwar in ihren Veränderungstendenzen ebenfalls differenziert zu betrachten; sie erlauben aber dennoch, vorherrschende Trends in einer durchschnittlich rückläufigen Belastung der Arbeitnehmer in weiten Bereichen der Wirtschaft bei diesen beiden Anforderungsarten zu konstatieren. Begründete Annahmen für eine grundlegende Umkehr dieser Trends in der überschaubaren Zukunft sind nicht erkennbar.

Ungleich schwieriger ist es, für die vier weiteren Anforderungsarten (Kenntnisse, Geschicklichkeit, Verantwortung, geistige Belastung) über die Beobachtungen der entsprechenden Vorgänge in den Betrieben ähnlich generalisierbare Aussagen über deren Veränderungen zu machen. Am ehesten kann man noch bei der erstgenannten Anforderungskategorie („Kenntnisse") von einer verbreiteten Veränderungstendenz sprechen, die sich jedoch im Unterschied zu den beiden zuvor erörterten Anforderungsarten im allgemeinen nicht in einer Reduzierung der Belastungen, sondern in einer Zunahme dieser Anforderungen an die Arbeitnehmer äußert. Die oben zitierten Zahlen für die wachsenden Anteile der Erwerbstätigen mit qualifizierter allgemeiner und beruflicher Ausbildung können mit Vorsicht als Indikatoren für einen Anstieg der an beruflichen Arbeitsplätzen erforderlichen Kenntnisse gelten, wenn man unterstellt, dass die zunehmende höhere Ausbildung nicht zu einer verbreiteten Überqualifizierung der Berufstätigen führt. Ähnlich kann man auch die wachsenden Bemühungen um eine beruflich orientierte Weiterbildung als Auswirkung zunehmender Anforderungen bei den Kenntnissen der im betrieblichen Arbeitsprozess eingesetzten Menschen interpretieren. Dem steht freilich entgegen, dass man vor allem in früheren Phasen der Technisierung betrieblicher Arbeitsprozesse geneigt war, einen Abbau der erforderlichen geistigen Anforderungen anzunehmen. Neuere Entwicklungen in der Betriebs- und Arbeitstechnik – insbesondere auch der sich rasch ausbreitende Einsatz moderner Informations- und Kommunikationstechniken (EDV, Computer) – tendieren an vielen Arbeitsplätzen dazu, die dort erforderlichen Kenntnisse und in mancher Hinsicht auch die geistige Belastung (vierte Anforderungsart im obigen Schema) anwachsen zu lassen. Ähnliche Wirkungen gehen seit einigen Jahren von der zunehmenden Internationalisierung wirtschaftlicher Aktivitäten und von der sich ausdehnenden Globalisierung vieler Unternehmen auf die beruflichen Anforderungen der dort Beschäftigten aus. Die Aneignung interkultureller Kompetenzen – und damit eine Zunahme der nötigen Kenntnisse und Fähigkeiten sowie der geistigen Beanspruchung – erweist sich immer mehr als ein Qualifikationserfordernis, das sich keineswegs auf Führungskräfte und Experten beschränkt; international operierende Unternehmen benötigen auf allen Ebenen und in nahezu allen Funktionsbereichen Mitarbeiter, die über die Grenzen ihrer eigenen Kultur hinweg kommunizieren und kooperieren können – unabhängig davon, ob sie an Positionen im Ausland zum Einsatz kommen oder von einem heimischen Standort des arbeitgebenden Unternehmens aus mit Menschen in bzw. aus anderen Kulturen betriebliche Aufgaben zu erledigen haben.

Auch bei den Anforderungsarten „Geschicklichkeit" und „Verantwortung" sind unterschiedliche Veränderungen zu beobachten. Dies gilt insbesondere für die Verantwortung für die eigene Arbeit, für die Arbeit anderer und für die Sicherheit anderer. Besonders bei der Einführung moderner Formen der Gruppenarbeit (*Scholz* 2000) kann die Verantwortung für die Arbeit und Sicherheit von Arbeitskollegen im Vergleich zu getrennten Einzelarbeitsplätzen zunehmen. Diese Tendenz wird sich bei neuen Arten der Heimarbeit (z. B. Telejobs) kaum beobachten lassen, dagegen kann hier die Verantwortung für die eigene Arbeit – etwa mangels einer ständigen Begleitung durch betriebliche Experten und Führungskräfte – wachsen.

VI. Thesen zum Anforderungswandel

Diese beispielhaft genannten Veränderungen der beruflichen Anforderungen an die Menschen in betrieblichen Arbeits- und Leistungsprozessen deuten auf mehrere Aspekte im Wandel der individuellen Beanspruchungen der Arbeitnehmer hin. So überrascht es nicht, dass – ähnlich wie bei den erwähnten Veränderungen der Berufsstruktur – auch beim Wandel der Arbeitsanforderungen unterschiedliche Thesen diskutiert werden:

- These von der Reduzierung der Anforderungen,

- These von der Zunahme der Anforderungen,

- These von der Polarisierung (Dichotomisierung) der Anforderungen,

- These vom Auftreten neuer (anderer) Anforderungen.

Die drei erstgenannten Tendenzen können sich bei den herkömmlichen und im obigen REFA-Schema abgebildeten Anforderungsarten abspielen; dabei verschiebt sich dann die Anforderungsstruktur, indem sich die Anforderungshöhen bei den einzelnen Anforderungsarten ändern. Beispiel für das Hinzukommen neuer Anforderungen bieten Unternehmen, die im Zuge eines verschärften Wettbewerbs an ihren heimischen und internationalen Absatzmärkten den Mitarbeitern auch außerhalb des Forschungs- und Entwicklungsbereichs und gehobener Führungspositionen Aufgaben zuteilen, die unternehmerisches Verhalten, eigenständige Kreativität sowie innovative Leistungsbeiträge verlangen. Wenn das gegenwärtig häufig zu hörende Postulat, Mitarbeiter zu Mitunternehmern werden zu lassen, nicht ein bloßer Appell bleiben soll, muss die Anpassung der Betriebs- und Arbeitsorganisation dazu beitragen, dass das Konzept vom Mitunternehmertum der Mitarbeiter im betrieblichen Leistungsprozess tatsächlich verwirklicht wird (*Wunderer* 2000). Damit ist dann an vielen Arbeitsplätzen eine Zunahme der Anforderungen und insbesondere das Auftreten anderer, bisher nicht oder nur schwach vorhandener Anforderungen verbunden.

Ähnliche Tendenzen bei den Arbeitsanforderungen sind zumeist mit Konzepten der Arbeitsflexibilisierung verbunden (vgl. u. a. *Gaugler/Krüsselberg* 1986; *Schanz* 1993; *Boemke/Föhr* 1999). Flexible Gestaltungen der Arbeit im Betrieb können sich darin zeigen, dass die bisher konstante Zuteilung der Aufgaben künftig variabel gehalten wird, dass auf die dauerhafte Zuweisung eines bestimmten Arbeitsplatzes der Einsatz an verschiedenen Stellen folgt, dass bisher starre Regelungen für die Arbeitszeiten zugunsten veränderlicher Handhabungen des Arbeitsbeginns, des Arbeitsendes und der Pausenregelungen und damit der täglichen, wöchentlichen, monatlichen und jährlichen Arbeitszeiten gelockert werden (*Bühner* 1994; *Drumm* 2000). In solchen Fällen führt die Flexibilisierung des Mitarbeitereinsatzes tendenziell zu höheren Anforderungen bei der Verantwortung für die eigene Arbeit und können insgesamt die geistigen Anforderungen – zugunsten sonstiger Arbeitserleichterungen für die Mitarbeiter (beispielsweise durch Stressabbau bei der Abstimmung der persönlichen Arbeits-, Frei- und Familienzeit) – ansteigen lassen. Ferner können Anforderungsarten, die zuvor an den Arbeitsplätzen gar nicht aufgetreten sind, hinzukommen, wie etwa eigenständige und mit den betrieblichen Erfordernissen abgestimmte Dispositionen über den eigenen Arbeitseinsatz sowie Abstimmungs- und Kooperationsnotwendigkeiten mit Arbeitskollegen.

Experten neigen dazu, in der Gegenwart einer Kombination der Polarisierung der beruflichen Anforderung in Verbindung mit der Ausbreitung bislang an den Arbeitsplätzen unbekannter Anforderungen die vorrangige Bedeutung zuzubilligen (vgl. u. a. *Kern / Schumann* 1990). Dabei stellen sich dann weitere Fragen: Mit je welchen Anteilen nehmen bei der Polarisierung der beruflichen Anforderungen welche Anforderungsarten ab, welche zu? In welchem Umfang kommen neue Anforderungsarten zu den bisherigen Anforderungen eines Arbeitsplatzes hinzu und um welche Arten handelt es sich dabei?

VII. Veränderungsvielfalt

Diese und ähnliche Fragen hinsichtlich der quantitativen und qualitativen Veränderungen der beruflichen Anforderungen lassen sich pauschal und generalisierend nicht befriedigend beantworten. Für empirisch fundierbare Aussagen über Entwicklungstrends in Vergangenheit und Zukunft sind die Unterschiede der vorherrschenden Arbeitsanforderungen in Wirtschaftszweigen (Industrie, Handwerk, Groß- und Einzelhandel, Dienstleistungen, Agrarwirtschaft etc.) und in einzelnen Branchen, in verschiedenen Betriebsgrößen sowie in den verschiedenen betrieblichen Funktionsbereichen (Fertigung, Beschaffung, Lagerhaltung, Forschung und Entwicklung, Absatz und Marketing, Führung und Verwaltung) zu beachten. Mit den Unterschieden der Zugehörigkeiten einzelner Arbeitsplätze können die jeweiligen Anforderungsstrukturen und deren Veränderungen (Abnahme, Zunahme, Konstanz von Anforderungsarten; Auftreten neuer Anforderungsarten) variieren.

Schließlich empfiehlt sich eine Differenzierung der Anforderungsänderungen zwischen intendierten Veränderungen und nicht angestrebten Folge-Entwicklungen. Die Erörterungen zu den Arbeitsinhalten und den damit verbundenen Anforderungen an den betrieblichen Arbeitsplätzen gingen vor und nach dem Zweiten Weltkrieg davon aus, dass vor allem die eingesetzte Technik und die Arbeitsorganisation (insbesondere das Ausmaß der spezialisierenden Arbeitsteilung) die Anforderungen an die Qualifikation der Arbeitnehmer bestimmen („technologischer Determinismus"). Seit den Siebziger Jahren des vorigen Jahrhunderts verändern besonders die damals neuen und sich ausbreitenden Informations- und Kommunikationstechniken sowie das Postulat „Humanisierung der Arbeit" dieses überkommene Paradigma (*Gaugler/Kolb/Ling* 1977; *Gaugler* 1991). Seither sieht man tendenziell die Arbeitsinhalte und damit die beruflichen Anforderungen an den Arbeitsplätzen als in mehr oder weniger weiten Grenzen gestaltbare Komponenten der modernen Arbeitswelt an. Die unterschiedliche Gestalt und Anwendbarkeit neuer Arbeits- und Betriebstechniken in Verbindung mit verschieden einsetzbaren Formen der Arbeitsorganisation bilden den Rahmen für diesen Paradigmenwechsel, der die beruflichen Arbeitsanforderungen im Betrieb – in Grenzen – nicht mehr als völlig determiniert, sondern gewollt und unterschiedlich gestaltbar betrachtet (*Gaugler* 2002). Das von den Arbeitswissenschaften entwickelte Konzept vom Handlungsspielraum liefert die Grundlage für die Gestaltung von Arbeitsstrukturen (job enlargement, job enrichment, teilautonome Arbeitsgruppen u. ä.) (*Rohmert/Weg* 1976). Mit der organisatorischen Veränderung der Arbeitsaufgaben und der Arbeitsinhalte werden auch die Arbeitsanforderungen gewollt geprägt (*Kolb* 1980). Einen zusätzlichen Einfluss auf die beruflichen Arbeitsanforderungen üben solche Umstrukturierungen der herkömmlichen Arbeitsorganisation aus, wenn sie die zeitliche und örtliche Bindung des Leistungsbeitrags von Mitarbeitern lockern bzw. lösen, wie dies bei verschiedenen Arten flexibler Arbeitszeitregelungen und bei der Verlagerung des Arbeitsplatzes in den privaten Lebensraum des Mitarbeiters (Telejob) geschieht. Hierbei reduziert sich die Prägung der Arbeitsanforderungen durch die betrieblichen Bedingungen; die zeitliche Flexibilisierung und die lokale Verlagerung unterwerfen die Arbeitsanforderungen an den Mitarbeiter partiell seinen eigenen Intentionen und Dispositionen; die Möglichkeiten der individuellen Mitbestimmung des einzelnen Mitarbeiters über seine persönlichen Arbeitsbedingungen und die daraus resultierenden Anforderungen nehmen zu.

Die hier angestellten Überlegungen sollen nicht ignorieren, dass an betrieblichen Arbeitsplätzen nach wie vor ein mehr oder weniger großer Anteil der dortigen Aufgaben und Arbeitsinhalte und damit die beruflichen Arbeitsanforderungen zumindest für eine gewisse Zeitspanne konstant bleiben (können). Im Vergleich zur vorindustriellen Wirtschaft und auch zu den frühen Phasen der Industrialisierung beobachtet man aber in den letzten Jahrzehnten und besonders in der Gegenwart in der beruflichen Arbeitswelt aus unterschiedlichen Gründen und Anlässen tiefergehende Veränderungen mit einer sich beschleunigenden Geschwindigkeit. Da man weder ein Ende solcher Entwicklungen absehen, noch annehmen kann, dass sie künftig nicht mehr auf die beruflichen Anforderungen der arbeitenden Menschen einwirken werden, ist nun noch nach den daraus resultierenden Folgerungen für ihre Qualifizierung, also für ihre Befähigung zur Bewältigung des Anforderungswandels zu fragen.

VIII. Anforderungswandel und berufliche Qualifizierung

Die Veränderungen der beruflichen Anforderungen an die Menschen in der künftigen Arbeitswelt lassen sich nur begrenzt prognostizieren. Dennoch ist die Berufspädagogik herausgefordert, den Menschen für ihren Berufseinsatz durch eine qualifizierte Erstausbildung und durch eine entsprechende berufliche Weiterbildung soweit wie möglich Qualifikationspotenziale zu vermitteln, die sie dazu befähigen, sich im Erwerbsleben zu behaupten und nicht einer strukturellen Arbeitslosigkeit anheim zu fallen. Hinsichtlich der zuvor erörterten Veränderungen bei den beruflichen Anforderungen sind im Folgenden vor allem drei Ansätze zu nennen, die als allgemeine Strategien diesem Ziel dienen.

Auf der Grundlage der Überlegungen zu den sog. extrafunktionalen Qualifikationen entstand bereits in den Siebziger Jahren ein differenziertes Konzept für die Vermittlung von Schlüsselqualifikationen. Im Unterschied zu den heute oft sehr vagen Vorstellungen hat man bereits damals die Inhalte der Schlüsselqualifikationen und die Intentionen für ihre Vermittlung präzise umschrieben. Sie umfassen solche Kenntnisse, Fähigkeiten und Fertigkeiten, die nicht nur den Einsatz eines Mitarbeiters an unterschiedlichen Stellen und Arbeitsplätzen ermöglichen, sondern insbesondere auch „die Eignung für die Bewältigung einer Sequenz von (meist unvorhersehbaren) Änderungen von Anforderungen im Laufe des Lebens" beinhalten (*Mertens* 1974). In der folgenden Beschäftigung mit dem Konzept der Schlüsselqualifikationen hat man u. a. darauf hingewiesen, dass sie „die Grundlage für die individuelle und kollektive Bewältigung des technischen und sozialen Wandels" bilden. Damit wird deutlich, dass die Schlüsselqualifikationen u. a. die Aufgabe haben, dem einzelnen Mitarbeiter auch bei Veränderungen der beruflichen Anforderungen die Beschäftigung als Erwerbstätiger zu ermöglichen.

Eng verbunden ist mit diesem Ansatz ein zweites Konzept, das die allgemeinen Vorstellungen vom lebenslangen Lernen in die Notwendigkeit der permanenten beruflichen Weiterbildung überführt. Aus der allgemeinen Dynamik in der wirtschaftlichen Entwicklung mit tiefen Veränderungen in der Arbeits- und Berufswelt soll zusätzlich zum Erwerb von Schlüsselqualifikationen das berufslebenslange Lernen nicht nur die Beschäftigung an einem sich verändernden Arbeitsplatz sichern, sondern auch die Mobilität des Arbeitnehmers stützen, wenn ein Wechsel seines bisherigen Arbeitsplatzes (und seines Arbeitgebers) erforderlich wird.

Angesichts der Expansion der institutionellen beruflichen Weiterbildung in den letzten Jahrzehnten ist es bemerkenswert, dass Berufspädagogen das Konzept vom berufslebenslangen Lernen immer mehr mit Überlegungen zu einer vom einzelnen Berufstätigen selbstgesteuerten und eigenverantwortlichen Qualifizierung ergänzen (*Dohmen* 1997; *Weber* 1985). Damit sollen die Weiterbildungsaktivitäten der Wirtschaft, der Unternehmen und Gewerkschaften sowie zahlreicher Institutionen zur beruflichen Weiterbildung nicht grundsätzlich in Frage gestellt werden. Das Konzept der selbstgesteuerten und eigenverantwortlichen Weiterbildung verdeutlicht den subsidiären Charakter der einschlägigen Institutionen und ihrer Bemühungen für die Absicht, die berufliche Eignung möglichst vieler Menschen bei einem anhaltenden Wandel der Arbeitsanforderungen in der Wirtschaft und darüber hinaus zu fördern. In einer freiheitlichen Wirtschafts- und Gesellschaftsordnung kann niemand das Individuum von der primären Zuständigkeit und Verantwortung für die Weiterentwicklung seiner beruflichen Qualifikation entbinden, auch und gerade dann nicht, wenn die unvollkommene Prognose über die künftigen Arbeitsanforderungen berufsbezogene Entscheidungen unter Ungewissheit verlangt.

Literatur

Berthel, Jürgen (2000): Personalmanagement. 6. Aufl., Stuttgart.

Boemke, Burkhard / *Föhr,* Silvia (1999): Arbeitsformen der Zukunft. Heidelberg.

Bohl, Kurt (1980): Berufs- und Tätigkeitsinhalte im Wandel. Nürnberg.

Bühner, Rolf (1994): Personalmanagement. Landsberg.

Dohmen, Günther (Hrsg.) (1997): Selbstgesteuertes lebenslanges Lernen? Bonn.

Drumm, Hans Jürgen (2000): Personalwirtschaft. 4. Aufl., Berlin-Heidelberg.

Friedmann, Georges (1959): Grenzen der Arbeitsteilung. Frankfurt.

Frieling, Ekkehart (1980): Verfahren und Nutzen der Klassifikation von Berufen. Stuttgart.

Gaugler, Eduard (1991): Humanisierung der Arbeit. Reihe „Kirche und Gesellschaft", Nr. 176. Köln.

– (2002): Taylorismus und Technologischer Determinismus. In: Albach, Horst / Kaluza, Bernd / Kersten, Wolfgang (Hrsg.): Wertschöpfungsmanagement als Kernkompetenz. Wiesbaden, S. 165 – 181.

Gaugler, Eduard / *Kolb,* Meinulf / *Ling,* Bernhard (1977): Humanisierung der Arbeitswelt und Produktivität. 2. Aufl., Ludwigshafen.

Gaugler, Eduard / *Krüsselberg,* Hans-Günter (1986): Flexibilisierung der Beschäftigungsverhältnisse. Berlin.

Gaugler, Eduard / *Weber,* Wolfgang (Hrsg.) (1992): Handwörterbuch des Personalwesens. 2. Aufl., Stuttgart.

Institut der deutschen Wirtschaft, Zahlen zur wirtschaftlichen Entwicklung der Bundesrepublik Deutschland 2000. Köln 2000.

Karg, Peter W. / *Staehle,* Wolfgang H. (1982): Analyse der Arbeitssituation. Freiburg i.Br.

Kern, Horst / *Schumann,* Michael (1990): Das Ende der Arbeitsteilung? Rationalisierung in der industriellen Produktion. 4. Aufl., München.

Kolb, Meinulf (1980): Gestaltung von Arbeitsstrukturen. Ludwigshafen.

Mertens, Dieter (1974): Schlüsselqualifikationen. In: Mitteilungen aus der Arbeitsmarkt- und Berufsforschung, S. 36 – 43.

Oechsler, Walter A. (2000): Personal und Arbeit. 7. Aufl., München – Wien.

Rohmert, Walter / *Weg,* Franz Josef (1976): Organisation teilautonomer Gruppenarbeit. München-Wien.

Schanz, Günther (1993): Personalwirtschaftslehre. 2. Aufl., München.

Scholz, Christian (2000): Personalmanagement. 5. Aufl., München.

Weber, Wolfgang (1985): Betriebliche Weiterbildung. Stuttgart.

Wunderer, Rolf (Hrsg.) (1999): Mitarbeiter als Mitunternehmer. Neuwied.

Erhöhte Chancen zur Emanzipation oder gestiegene Repression?

Zur Kontroverse um die neuen Formen der Industriearbeit[*]

Von Michael Schumann

Bringen die neuen Konzepte modernisierter Arbeitspolitik auch für die Beschäftigten Verbesserungen oder erhöht sich ihre Arbeitsproblematik? Wird traditionelles Solidaritätsverständnis der Industriearbeiter durch ein Bewusstsein abgelöst, wo jeder sich nur noch als Einzelner, als Individuum sieht und von anderen vor allem abgrenzt? Diese Fragen werden in der Soziologie und in den Organisationen der Arbeiterbewegung seit langem kontrovers diskutiert. Eine neue Arbeitspolitik in den Unternehmen, die mehr auf Eigenverantwortung und Selbständigkeit der Beschäftigten und insbesondere auch der Arbeiter setzt, hat diese Debatte nun verschärft. Zugespitzt geht es um die Frage: Erhöht die neue Arbeitspolitik für die Beschäftigten nur die betriebliche Unterdrückung, oder verbessert sie die Chancen für emanzipatorische Ansprüche der Arbeiter? Ausgrenzung statt Solidarität, Repression versus Emanzipation – auf diese polaren Positionen laufen die Interpretationen der möglichen Folgen der neuen Arbeitspolitik hinaus.

I. Kennzeichen einer innovativen Arbeitspolitik

Vorab einige Erläuterungen zur neuen, von uns auch „innovativ" bezeichneten Arbeitspolitik. Denn mit diesem Begriff wird mancher Etikettenschwindel betrieben. Allein Bezeichnungen wie „Gruppenarbeit", „Partizipation", „Eigenverantwortung" reichen nicht aus, etwas über die wirklichen Veränderungen der Arbeitssituationen zu sagen (*Gerst* 1998; *Kuhlmann/Schumann* 2000). Oft sollen sie nur gewandelte „Unternehmenskulturen", „Unternehmensphilosophien" oder „Visionen" ankündigen. Aber Programme verändern noch nicht die Betriebswirklichkeit. Sie können auch schlichte Sprechblasen sein, mit denen ein und derselbe Wein mit neuen Etiketten verkauft werden soll. In diesen Fällen geht es dann nur um die alte Arbeitspolitik mit allenfalls kleinen Abweichungen vom traditionellen, sogenannten tayloristischen Konzept.

---

[*] Überarbeitete Fassung eines Vortrages in der Hörfunksendereihe AULA (Programm SWR2 zum 1. Mai 2001).

Tayloristisch meint dabei vor allem eine möglichst weit getriebene Arbeitsteilung: Die einen machen die Kopfarbeit, sollen also denken und planen, die anderen machen die Handarbeit und sollen vor allem ausführen, was andere gedacht und für sie geplant haben. Für die Arbeiter bringt Taylorismus häufig höhere Leistungsanforderungen, Dequalifizierung und wachsende Unselbständigkeit. Sie sollen in diesem Konzept eben die Nur-Ausführenden sein und damit auch die leicht Austauschbaren. Manche sogenannte neue Arbeitspolitik, auch wenn sie schön modern als „Gruppenarbeit" daher kommt, ist nicht viel mehr als ein Verkaufsprinzip für und ein Versuch des Verdunkelns von Leistungssoll-Erhöhungen, ohne an der untergeordneten Stellung der Arbeiter etwas substanziell zu ändern.

Ich unterscheide von solcher letztlich traditionellen Arbeitspolitik eine innovative, von der auch die Beschäftigten profitieren.

Es geht dabei vor allem um Gruppenarbeit, die dadurch gekennzeichnet ist, dass die Arbeiter ganzheitlich Aufgaben im Team gestellt bekommen und sie weitgehend selbständig, auch gegenüber dem Meister, erledigen. Das heißt, als Veränderungen sind dann typisch, dass die Arbeiter

– Möglichkeiten gewinnen, an der Gestaltung ihrer eigenen Arbeitssituation teilzunehmen;

– eigene berufsbezogene Interessen verwirklichen können;

– betriebliche Leistungszumutungen erfolgreich parieren können;

– eine Rücknahme persönlicher Überwachung und detaillierter Anweisung erfahren und dabei vergrößerte Handlungs- und Entscheidungsspielräume gewinnen;

– neue Formen der Zusammenarbeit nicht nur untereinander, sondern auch mit Planern, Instandhaltern und Meistern entwickeln.

Die Unternehmen führen innovative Arbeitspolitik ein, weil sie damit das Know how der Beschäftigten besser nutzen und dies ihre Wirtschaftlichkeit verbessert. Und in unseren Untersuchungen können wir nachweisen, dass diese Arbeitspolitik, soweit sie nicht nur Programm bleibt, sondern in den Betrieben umgesetzt ist, tatsächlich auch Verbesserungen für die Beschäftigten bringt. Wir wissen aus unseren Befragungen, dass auch die Beschäftigten selbst diese innovative Arbeitspolitik eher als Arbeitsverbesserung beurteilen. Ihre positive Wahrnehmung dieser Arbeitspolitik drückt nach unseren Befunden Anerkennung der insgesamt guten Erfahrungen mit den neuen Konzepten aus.

Sowohl unsere Arbeitsanalysen wie die Bewertungen der Betroffenen unterstreichen die Unterschiede zur herkömmlichen Arbeitspolitik: erweiterte Aufgabenstellungen; qualifiziertere und selbstverantwortlichere Arbeit; gleichermaßen fachlich wie persönlich verbesserte Entwicklungschancen des Einzelnen; vergrößerte Verhaltensspielräume.

Sich in der Arbeit fachlich-intellektuell herausgefordert zu fühlen, nicht mehr austauschbare Nummer, sondern „Subjekt" zu sein, kann sich nun tatsächlich ein Stück weit auch in den Beschäftigungsverhältnissen der Arbeiter entfalten.

Um Missverständnissen vorzubeugen: Das ist keine befreite Lohnarbeit. Lohn-Leistungswidersprüche, Machtunterschiede und Entscheidungsdefizite bleiben. Aber die untergeordnete Stellung der Lohnarbeiter im Betrieb wird arbeitspolitisch nicht mehr festgeschrieben und weitergeführt, sondern der Tendenz nach abgebaut.

II. Kontroverse Bewertungen und kritische Fragen

Diese innovative Arbeitspolitik wird nun in der Wissenschaft und in den Gewerkschaften in ihren Wirkungen auf das Bewusstsein der Arbeiter konträr bewertet. Die eine Seite beurteilt die neue Entwicklung der Arbeitspolitik höchst skeptisch. Den Vertretern der sogenannten „Repressionsthese" zufolge weist das Versprechen der neuen Arbeitspolitik mit mehr Selbstbeteiligung und Partizipation den Weg in eine noch autoritärer werdende betriebliche Organisation. Denn unter den Bedingungen einer dezentralisierten Produktion wandele sich Autonomie in Herrschaft. Selbstorganisation bedeute, dass Arbeiter ihre Widerstandsmöglichkeiten gegen maßlose Leistungsansprüche verlieren (*Glißmann* 1999). Es gelinge den Betrieben ein erweiterter Zugriff auf die Subjektivität und damit auf die Orientierungen und Bedürfnisse der Beschäftigten (*Kleemann* u. a. 1999). Dadurch würden Arbeitskräfte zu Opfern eines „kulturellen Imperialismus des Managements" (*Deutschmann* 1989) degradiert, der auf die ganze Persönlichkeit des Arbeiters zielt. Mit der neuen Arbeitspolitik werde versucht, die Beschäftigten so eng an das Unternehmen zu binden, dass sie letztlich kaum mehr in der Lage seien, zwischen eigenen und fremden Interessen zu unterscheiden. Deswegen wird in Anlehnung an Marxsche Kategorien (*Türk* 1984) von einer „ideellen Subsumption" der Arbeiter unter das Kapital gesprochen. Und das meint dann für *Kleemann* eine „neue Ausbeutung von Tiefenschichten der Person" (*Kleemann* u. a.). Mit der neuen Arbeitspolitik errichteten die Beschäftigten selbst ein enges Netz der gegenseitigen Kontrolle und Selbstkontrolle, so dass die Selbstorganisation auch zur Grundlage einer Selbstentmündigung werde und neue Formen der Selbstausbeutung begründe.

Ich denke, man muss die von den Vertretern der Repressionsthese genannten Gefahren der neuen Arbeitspolitik durchaus ernst nehmen. Mit der neuen Arbeitspolitik geht es zweifellos auch um einen, in seinem Ausmaß bislang unbekannten Zugriff auf die Gesamtpersönlichkeit der Beschäftigten.

Auch mir stellen sich damit Fragen: Kann sich der in die Autonomie entlassene, aller Sicherheiten beraubte „flexible Mensch" (*Sennett* 1998) dagegen wehren, dass sein Wissen und Können, seine Bildung, Erfahrung, Intelligenz und Kreativität, ja seine höchst persönlichen Engagements, seine Zeiteinteilungen und seine privaten Räume mit der neuen Arbeitspolitik gleichsam grenzenlos für Zwecke von Betrieben und Unternehmen vereinnahmt werden? Ist die von den Betrieben gewünschte Bereitschaft zu permanenter Höchstleistung vom Einzelnen überhaupt noch „rational" im Eigenkalkül kontrollierbar? Zeichnet sich damit tatsächlich eine gegenüber allen bisherigen Formen der „Vernutzung der Arbeitskraft" viel radikalere Indienstnahme der Beschäftigten ab? Kann dem Anspruch der Unternehmen, immer ausschließlicher alle Sinn-Fragen des Lebens mit „Arbeit" und „Arbeitsidentität" zu besetzen, noch wirkungsvoll begegnet werden? Dies sind neue Problemlagen, die auch aus meiner Sicht mit der neuen Arbeitspolitik auftreten.

III. „Individuierung" – Emanzipationschancen und neue Formen der Solidarität

Doch diese Fragen werden m. E. von den Vertretern der Repressionsthese zu einseitig beantwortet. Um es zugespitzt zu formulieren: Ihr Fundamentalismus macht die Vertreter der Repressionsthese blind für die Widerspruchsmomente der neuen Arbeitspolitik und für die in ihr auch erkennbaren Chancen, Emanzipationsinteressen der Beschäftigten besser durchzusetzen. Sie argumentieren zu defensiv und kleinmütig. Nach unseren Befragungsergebnissen sind wir uns einigermaßen sicher: Bei gelungener, richtig konzipierter und umgesetzter neuer Arbeitspolitik wird nicht Ausgrenzung, forcierte interne Konkurrenz und der „Hyänen"-Habitus des Stärkeren eingeübt, sondern eher ein an Solidarität und Verständnis für andere orientiertes Verhalten. Die mit innovativer Arbeitspolitik eingeführten Regelungen der Selbstorganisation – also gewählte Sprecher, gesicherte Zeitspielräume für Gruppengespräche, Möglichkeiten für konsensorientierte Gruppenverhandlungen – befördern spezifische Formen der Solidarität. Je anspruchsvoller, selbstgestalteter und autonom verantworteter die Formen von Gruppenarbeit sind, je stärker sie auf individuellen und gruppenbezogenen Autonomiespielräumen und freiwillig erzielten Übereinkommen in der Gruppe und zwischen Gruppe und Betrieb aufbauen, desto ausgeprägter sind neue Solidarhaltungen erkennbar. Grundlage dieser neuen Arbeitssolidarität ist nicht vorrangig die kollektive Frontstellung gegen den Betrieb bzw. das Unternehmen, die die traditionelle Arbeitersolidarität begründete. Bei entfalteter Gruppenselbstorganisation entstehen vielmehr aktiv ausgehandelte, an sozialer Vernunft orientierte Solidaritäten im Gruppen- bzw. im Betriebszusammenhang, oft ohne direkten Bezug auf die „Lager"-Interessen einer „Arbeiterschaft". Es geht um rationale, Ungerechtigkeit vermeidende, letztlich konserfordernde Entscheidungen, die durchaus gegensätzliche Interessenpositionen auch innerhalb der Gruppen, aber auch zwischen Gruppen und Betrieb aushandeln müssen. Was vorher vom Betrieb / Meister diktiert wurde, muss jetzt selbst entschieden und von jedem für jeden verantwortet werden: Wer macht die unangenehme Arbeit? Wer verzichtet auf das Wochenende? Wer wechselt vorübergehend in die Nachbarschicht? Was lassen wir als machbares betriebliches Leistungssoll gelten?

Und wie halten wir als Gruppe eine alle einschließende, überzeugende Gerechtigkeit ein, wenn formale Gleichbehandlung allein als Prinzip untauglich wird?

Uns erstaunt bei unseren Untersuchungen, wie bei einer gut praktizierten innovativen Arbeitspolitik Interessenausgleiche auf der Basis demokratisch-ausgehandelter Problemlösungsprozesse möglich sind. Die Gruppen erleben wechselseitige Unterstützung und kooperativ-solidarische Umgangsformen als zentrale Prinzipien ihrer neuen Arbeitsform, die auch für die Durchsetzung vorteilhafter betrieblicher Rahmenbedingungen genutzt werden. In den Gruppen finden soziale Lernprozesse statt, die aus Sicht der Beschäftigten in starkem Kontrast zur üblichen Betriebsrealität stehen.

Nehmen wir das Beispiel der Urlaubsvergabe: Wer bekommt wann Urlaub, etwa weil die Schulferien der Kinder es erfordern? Wer darf vier Wochen im Stück Urlaub machen, etwa weil bei Ausländern lange Fahrten, also Heimwege, zu berücksichtigen sind? Nehmen wir das Beispiel der Arbeitsvergabe und hier den Umgang mit dem gestressten Vater mit drei Kleinkindern oder auch den Leistungsgeminderten – sie stellen berechtigt und, wenn man darüber nachdenkt, nachvollziehbar andere Ansprüche an gerechte Arbeitsverteilung als der junge, unverbrauchte Olympionike. Bei selbstorganisierter und eigenverantworteter Arbeitsverteilung wird deutlich, dass sich in den Gruppen ein Gerechtigkeitsverständnis auszubilden vermag, das die individuellen Lebenssituationen und Interessen der einzelnen sehr wohl berücksichtigt. Die gruppeninternen Aushandlungsprozesse, die für selbstorganisierte Gruppen typische Suche nach Konsenslösungen und die praktische Erfahrung des Gebens und Nehmens fördern dabei die Fähigkeit zur Perspektivenübernahme von Anderen und damit die soziale Kompetenz.

Diese Ergebnisse unserer empirischen Aufnahme innovativer Arbeitspolitik deuten an: Solidarität, die mehr Differenz aushält, kann – in weitergehendem Maße als die undifferenzierte Gleichheitssolidarität des traditionellen Arbeiterkollektivs – ausgeprägte individuelle Lebenslagen, unterschiedliche Interessen und Ansprüche zusammenbringen. Dies eröffnet den Arbeitern neue Emanzipationschancen. Denn die neu gefundene Solidarität ist offener, greift weiter aus und umfasst einen breiteren Kosmos von Ausdrucksmöglichkeiten. Entsprechend besser gelingt ihr die einverständliche Berücksichtigung der Interessen anderer und die Integration auch konträrer Autonomieansprüche.

Damit eröffnet sich eine Perspektive, die von den Vertretern der Repressionsthese für ausgeschlossen gehalten wird: Der gerade unter dem Aspekt der Solidarität kritisch bewertete Prozess wachsender „Individualisierung" bedeutet nicht notwendig die Zerstörung der Grundlagen von kollektiv geprägter Solidarität. Er kann im Gegenteil die Voraussetzung für den Übergang zu einer anderen, unter dem Aspekt wechselseitiger Einsicht in Interessendifferenzen und Perspektivenbesonderheiten bei Anerkennung und gegenseitiger Respektierung unterschiedlicher Positionen anspruchsvolleren Form von Solidarität fördern. Diese Form der, wie ich es formulieren möchte, „Individuierung" ermöglicht den Übergang von der traditionellen, stark emotional gestützten Solidarität der Milieu- oder Klassengleichheit zu einer „modernen", stärker rational begründeten Solidarität, die Differenzierungen zulässt und Strukturen wechselseitiger Anerkennung trotz oder sogar wegen Differenz auszubilden in der Lage ist. Mit der neuen Arbeitspolitik korrespondiert eben nicht – oder, vorsichtiger formuliert, nicht notwendig – egoistischer Einzelbezug und Selbstvertretung, Kampf aller gegen alle und Ausgrenzung.

Ein gestärktes individuelles Selbstbewusstsein kann sich auch den Kollegen gegenüber öffnen und schließt Lösungen bzw. Durchsetzung als gemeinsam erkannter Interessen keineswegs aus.

Im System der tayloristischen Fabrik wirkt die Interessenverletzung typischerweise kollektivierend. Mit der traditionellen Arbeitspolitik verbindet sich in der Regel für *alle* Arbeiter körperliche, intellektuelle und nicht selten auch seelische Beeinträchtigung. Sie schafft also verallgemeinerbare Kollektiverfahrungen. Vom einzelnen Arbeiter, also individuell, sind arbeitsvereinfachende und erleichternde Regelabweichungen, Arbeitszurückhaltung und tendenziell Arbeitsverweigerung die naheliegende Reaktion. Kollektiv begründet die tayloristische Arbeitspolitik gemeinsame Gegenreaktionen, d. h. die traditionelle Solidarität. Als Haltung ist dominant: Wir haben gemeinsame Interessen, die wir, weil wir als Einzelne zu schwach sind, nur gemeinsam durchzusetzen vermögen. Das spiegelt die Reaktion wider auf jene fremdbestimmten Arbeitsprozesse, die in der Diktion von Karl Marx die Arbeiter „bei der Arbeit außer sich" und „außer der Arbeit bei sich" sein lässt.

Die innovative Arbeitspolitik, die dem Einzelnen mehr intellektuelle Entfaltung, psychische Bestätigung und körperliche Unversehrtheit sichert und zusammen mit der Gruppe Verhaltensspielräume für eigenverantwortliche Gestaltung überlässt, ist aus der Perspektive der Arbeiter mit dieser kategorialen Zuordnung nicht mehr angemessen zu kennzeichnen. Jedenfalls gibt es keine eindeutige Negativfolie mehr. Eher treten hier Widerspruchsmomente in den Vordergrund: Höheren Leistungsanforderungen und verstärktem Druck stehen selbständige Arbeitsgestaltung, eigenverantwortliches Handeln und bessere Bewältigungsbedingungen gegenüber; Interessenverletzungen der Belastungs- und Leistungssituation kombinieren sich also mit Verbesserungen der Fachlichkeit und der Verhaltenssouveränität.

Wenn die Vertreter der Repressionsthese die Gefahren der „ideellen Subsumption der Arbeiter", der „Ausbeutung der Tiefenschichten" und „wachsenden Selbstentmündigung" einseitig betonen, unterschätzen sie m. E. die mit der neuen Arbeitspolitik auch für die Beschäftigten wachsenden Kräfte, sich als gestärkte Subjekte individuell und kollektiv eben diesen Tendenzen besser entziehen zu können. Kann eine Arbeitsgestaltung, die den Beschäftigten intellektuell fordert und fördert sowie durch mehr Anerkennung und Expertenstatus ihn als Person stabilisiert, im Kern ganz falsch sein? Schafft sie nicht allemal günstigere Voraussetzungen für den Widerstand gegen unzulässige betriebliche Vereinnahmung? Legt sie nicht sogar eine verbesserte Basis für das Erkennen von Interessenwidersprüchen und

Eigenbedürfnissen? Wer sollte sich gegen manipulative Integration besser wehren als der fachlich-intellektuell und psychisch gestärkte Arbeiter? Wenn dem Macht-Anspruch der Unternehmen überzeugende Sinn-Perspektiven der Beschäftigten gegenübergestellt werden, die deren Interessen besser zum Ausdruck bringen – warum sollten sie keine Chance haben? Das Problem der politischen Linken liegt darin, dass das Revolutionsangebot „Systemwechsel" und „Ende des Kapitalismus" nicht mehr verfängt, und eine neue Gesellschaftsutopie bisher nicht ausformuliert werden konnte.

Gegenwärtig muss offen bleiben, wie sich die von uns ausgemachte neue Arbeitssolidarität zur umfassenderen, Teilkollektive übergreifenden Arbeitersolidarität und einem entsprechenden gewerkschaftlichen Selbstverständnis verhält. Es spricht allerdings viel dafür, dass die Solidaritätserfahrungen im Nahbereich der Arbeitsgruppe sich zumindest nicht verselbständigen und gegen die Arbeitersolidarität ausspielen lassen. Viele Beschäftigte, mit denen wir gesprochen haben, betonen, dass die eigene Gruppe mit ihren Interessen und Konflikten keine Besonderheit darstelle und bei den anderen Gruppen vergleichbare Situationen existierten. Gegenüber dem Betrieb sieht man sich also mehr oder weniger in derselben Lage. Hier vereinheitlichen sich Forderungen auch wieder. Auch wird die Notwendigkeit einer gewerkschaftlichen Interessenvertretung und eines Betriebsrats als Konterpart zur Unternehmensleitung von den Arbeitern, die Erfahrungen mit innovativer Arbeitspolitik gemacht haben, ebenso wenig in Frage gestellt wie vom traditionellen Arbeiter – was, wie wir wissen, über aktives Engagement weder beim einen noch beim anderen viel sagt.

Da hat sich nichts verschoben, es sei denn, man hält sich jetzt für viele Fragen auch selbst vertretungsfähig. Das muss nicht schlecht sein! Der Arbeiter wird dann eigene Interessenvertretung solange betreiben, wie sie ihm hinreichend durchsetzungsfähig erscheint und Interessen*vertretung* fordern, wenn es anders nicht geht.

Mir erscheint es durchaus möglich, dass sich die Tendenz zur „Individuierung" mit einer neuen Form solidarischer Verhaltensfähigkeit paart. Sie wird getragen von in ihrem Selbstbewusstsein und betrieblichen Status gestützten Einzelnen, die sich gerade nicht einigeln, sondern weiterhin auch kollektive Interessen erkennen und gegen entsprechende Interessenverletzungen angehen. Allerdings nicht mehr in fragloser Solidarität. Der Einzelne wird auf eigenen, argumentativer Begründung standhaltenden Bewertungen bestehen und nur dann mitspielen, wenn er auch als Person überzeugt ist. Darauf müssen sich die Gewerkschaften einstellen, wenn sie die in einem modernen Solidaritätsverständnis enthaltenen Handlungschancen ergreifen wollen. Unter dem Gesichtspunkt gewerkschaftlicher Organisation und Durchsetzungskraft braucht dies kein Nachteil zu sein; es könnte sogar sein, dass hieraus eine neue Durchschlagskraft erwächst.

IV. Plädoyer für die Beibehaltung der innovativen Arbeitspolitik

Das sind meine Gründe, warum ich mit Nachdruck dafür eintrete, an der innovativen Arbeitspolitik festzuhalten und sie weiter auszubauen. Denn dies ist keineswegs gesichert, gerade wenn sich, was in den letzten Jahren immer häufiger geschieht, konservative Manager und Unternehmer, Gewerkschafter und Unternehmensberater in ihrem Widerstand gegen die innovative Arbeitspolitik verbünden. Erneut wird heute wieder häufiger „Zentralisierung" und eine Rekonventionalisierung der Arbeitspolitik gefordert. Dies meint dann vor allem Rücknahme von Eigenverantwortung, neue Standardisierung und Forcierung von Kontrolle und direkter Steuerung.

Ich plädiere für die Beibehaltung der innovativen Arbeitspolitik, weil ich darin für die Unternehmen und die Beschäftigten Vorteile sehe, die sogar für unsere Gesellschaft insgesamt Fortschritt bedeuten können: Für die Unternehmen sehe ich bei dieser Politik den riesigen Vorteil, mit dem weiteren Ausbau der Produktionsintelligenz ihre Chancen deutlich zu verbessern, im verschärften internationalen Wettbewerb um Produktivität und Innovation gut zu bestehen. Für die Beschäftigten und ihre Vertretungen liegt in der neuen Arbeitspolitik, d. h. im aufgeklärteren Umgang mit der Arbeitskraft nicht nur der Vorteil, individuelle Entfaltungschancen im Arbeitsprozess zu verbessern, sondern auch die Möglichkeit, individuelle Interessen zu bündeln und kollektiv im betrieblich-gesellschaftlichen Aushandlungsprozess aussichtsreich einzubringen. Deswegen sehe ich im Ausbau der neuen Arbeitspolitik eine Chance für eine gleichermaßen wirtschaftliche wie gesellschaftliche Fortschrittsperspektive. Ihre wahre Bewährung ist freilich erst dann erfolgt, wenn die Solidarität aus den Betrieben heraus auch die Ausgeschlossenen, d. h. die Arbeitslosen mit einbezieht. Aber auch dieser Brückenschlag zu einer erweiterten Solidarität erscheint mir von der innovativen, aufgeklärten Arbeitspolitik leichter als von der alten, borniertien.

Literatur

Deutschmann, C. (1989): Reflexive Verwissenschaftlichung und kultureller „Imperialismus" des Managements. In: Soziale Welt, Heft 3, S. 374–396.

Gerst, D. (1998): Selbstorganisierte Gruppenarbeit. Gestaltungschancen und Umsetzungsprobleme. Eschborn (RKW).

Glißmann, W. (1999): Die neue Selbständigkeit in der Arbeit und Mechanismen sozialer Ausgrenzung. In: Herkommer, S. (Hrsg.): Soziale Ausgrenzungen. Gesichter des neuen Kapitalismus. Hamburg, S. 150–170.

Kern, H. / *Schumann,* M. (1984): Das Ende der Arbeitsteilung? Rationalisierung in der industriellen Produktion. München.

Kleemann, F. / *Matuschek*, I. / *Voß*, G. (1999): Zur Subjektivierung von Arbeit. Veröffentlichungsreihe der Querschnittsgruppe Arbeit & Ökologie beim Präsidenten des Wissenschaftszentrums Berlin für Sozialforschung. Berlin.

Kuhlmann, M. / *Schumann*, M. (2000): Was bleibt von der Arbeitersolidarität? Zum Arbeits- und Betriebsverständnis bei innovativer Arbeitspolitik. In: WSI-Mitteilungen 1/2000.

Peters, K. (1995): Der Begriff der Autonomie und die Reorganisation von Unternehmen. In: Fricke, W. (Hrsg.): Betrieblicher Wandel und Autonomie von Ingenieuren. Reihe Forum Humane Technik, Heft 14, S. 22–31.

– (2000): Die neue Selbständigkeit. In: Supplement der Zeitschrift Sozialismus, Heft 2, S. 20–29.

Pickshaus, K. (2000): Das Phänomen des „Arbeitens ohne Ende". Eine Herausforderung für eine gewerkschaftliche Arbeitspolitik. In: Supplement der Zeitschrift Sozialismus, Heft 2, S. 1–19.

Schumann, M. (2001): Kritische Industriesoziologie. Theoretische Anknüpfungspunkte, exemplarische Befunde, neue Aufgaben. In: Hannoversche Schriften 4. Frankfurt/M.

Schumann, M. / *Gerst*, D. (1997): Innovative Arbeitspolitik – ein Fallbeispiel. In: Bungard, W. / Rosenstiel, Lutz v. (Hrsg.): Gruppenarbeit und soziale Kompetenz. Themenheft 3/1997 der Zeitschrift für Arbeits- und Organisationspsychologie.

Sennett, R. (1998): Der flexible Mensch. Die Kultur des neuen Kapitalismus. Berlin.

Spurk, J. (1988): Die Modernisierung der Betriebe als Vergemeinschaftung. In: Soziale Welt, Heft 3, S. 260–278.

Türk, K. (1984): Qualifikation und Compliance. In: Mehrwert, Heft 24.

Sozialethische Überlegungen zur Arbeitsgesellschaft der Zukunft

Von Anton Rauscher

Seit dem Niedergang des Sozialismus in den mittel- und osteuropäischen Ländern und in der ehemaligen Sowjetunion befinden sich die Rahmenbedingungen für das wirtschaftliche, soziale, kulturelle und politische Zusammenleben der Menschen und Staaten in einem tiefgreifenden Wandel. Nicht umsonst spricht man vom Prozeß der „Globalisierung", der auf den Abbau von Grenzen und Hindernissen abstellt und zugleich neue Möglichkeiten und Chancen auf den regionalen und nationalen, auf den kontinentalen und weltumspannenden Märkten geschaffen hat. Auch wenn die großen Verdichtungszonen der fortgeschrittenen Industriestaaten die Wirtschaft mit ihren Handelsströmen an Gütern und Diensten, an Geld und Kapital dominieren, so hat die Globalisierung doch auch jenen Ländern, die sich noch im Entwicklungsstadium befinden oder den Take-off schon hinter sich haben, neue Perspektiven gebracht. Diese Entwicklung wird noch beschleunigt durch die ständig steigende Mobilität der Menschen und die weltweiten Kommunikationsprozesse. Die wissenschaftlichen Entdeckungen und die wirtschaftlichen Innovationen, die heute in einem Land gemacht werden, können morgen bereits überall in der Welt wahrgenommen und in die Wirklichkeit umgesetzt werden. Nur der afrikanische Kontinent scheint trotz aller Entwicklungshilfen weit hinterherzuhinken und nach wie vor von Stammesfehden bedrängt zu werden. Hier zeigt sich, daß wirtschaftliche Entwicklung um so besser gelingt, je mehr sie mit der sozialen, kulturellen und politischen Entwicklung Hand in Hand geht.

Welche Rolle, welche Bedeutung wird der Arbeit in der Gesellschaft der Zukunft zukommen? Die Auswirkungen der veränderten Rahmenbedingungen auf die Märkte und insbesondere auf die Arbeitsmärkte werden inzwischen sehr genau registriert und in zahlreichen zwischenstaatlichen und internationalen Konferenzen und Gesprächen diskutiert. Noch nie wurden die Anteile, die eine Volkswirtschaft an den verschiedenen Märkten hat, schärfer beäugt. Die Staaten – und schon die Regionen – achten eifersüchtig darauf, wo und in welchem Umfang Investitionen getätigt werden, weil hiervon die Arbeitsplätze, die Einkommen und der Wohlstand einer Bevölkerung abhängen. Auch wenn düstere Prophezeiungen, die früher schon davor gewarnt haben, der Industriegesellschaft könnte die Arbeit ausgehen, nicht eingetreten sind, so ist doch die Angst, die Arbeit würde zunehmend vom Kapital ersetzt und verdrängt, weit verbreitet. Das Risiko, arbeitslos zu werden, empfinden viele Arbeitnehmer, vor allem jene, die weniger begabt, weniger mobil und flexibel sind, als Bedrohung.

Sicherlich: die Gestalt der Arbeit verändert sich laufend und fordert von den Menschen Beweglichkeit und die Bereitschaft zur Anpassung, zum lebenslangen Lernen, womöglich zur Umschulung. Dennoch ist die Arbeit trotz der gewachsenen Bedeutung des Faktors Kapital und der damit zusammenhängenden Automatisierungsprozesse in der Produktion der tragende Faktor der Wirtschaft geblieben.

I. Arbeit und Sinnerfahrung

Im Unterschied zu den empirischen Sozialwissenschaften, die wichtige Erkenntnisse über die Arbeit und ihre Strukturen in der modernen arbeitsteiligen Industriegesellschaft vermitteln, setzt die sozialethische Betrachtungsweise beim Menschen an, der von Anfang an durch seine Arbeit die benötigten Nahrungsmittel anbauen, die Güter produzieren und die Dienste bereitstellen mußte. Damit setzt auch die Frage nach den anthropologischen und sozialen Voraussetzungen und Bedingungen ein, unter denen Arbeiten stattfindet. Im Vergleich zu anderen Kulturen in der Antike hat der jüdisch-christliche Kulturkreis in der Arbeit nicht ein notwendiges Übel, um zu überleben, gesehen, auch nicht eine Beschäftigung, die des freien Menschen unwürdig ist, sondern als eine Tätigkeit, die zum Menschsein gehört und weit über die Beschaffung von Gütern und Diensten, auf die der Mensch angewiesen ist, hinausreicht.[1] Die Arbeit ist zwar – seit der Vertreibung des Menschen aus dem Paradies (Gen 3, 17 – 19) – mit Anstrengung und Mühsal verbunden; aber diese Strafe, die der Mensch für seinen Aufstand gegen Gott zu tragen hat, nimmt nicht den Sinn und die Gestaltungsmöglichkeiten weg, die die Arbeit dem Menschen eröffnet und die am Anfang aller kulturellen Entwicklung auf dieser Erde steht.

Die katholische Soziallehre unterscheidet drei Sinnebenen der Arbeit. Erstens: Durch Arbeit muß sich der Mensch den Lebensunterhalt für sich und seine Familie, ja alle, für die er zu sorgen hat, beschaffen. Die Natur selber bietet „Ressourcen", aus denen erst durch Arbeit jene wirtschaftlichen Güter entstehen, die die Bedürfnisse des Menschen befriedigen können.[2] Dieser Zusammenhang wird von jenen übersehen, die den christlichen Grundsatz, wonach die „Güter der Erde" für alle Menschen bestimmt sind, nur als eine Norm der gerechten Verteilung der Erdengüter auffassen. In Wirklichkeit ist die Arbeit für die Erzeugung von Nahrungsmit-

---

[1] Zu den unterschiedlichen Auffassungen und Bewertungen der Arbeit in der griechisch-römischen und in der jüdisch-christlichen Tradition vgl. den aufschlußreichen Artikel über „Arbeit; 1. Anthropologisch-ethisch" von *Alois Baumgartner* und *Wilhelm Korff,* in: Lexikon der Bioethik, hrsg. im Auftrag der Görres-Gesellschaft von Wilhelm Korff u. a., Gütersloh 1998, Band 1, S. 189 ff.

[2] Dazu *Anton Rauscher,* Das Eigentum – persönliches Freiheitsrecht und soziale Ordnungsinstitution, in: Kirche in der Welt, Erster Band, Würzburg 1988, S. 337 ff., bes. 353 ff.

teln, für die Produktion von Gütern und für die Bereitstellung von Diensten der entscheidende Faktor. Die Umwandlung der Ressourcen in wirtschaftliche Güter geschieht durch Arbeit. Das größte Hindernis für den Aufstieg der Entwicklungsländer, vor allem in Afrika und auch in Teilen des asiatischen Kontinents, ist nicht nur der Mangel an Kapital, sondern ebenso das Fehlen von Ideen und Initiativen, von qualifizierter Arbeit, wie aus den nicht entwickelten Ressourcen des Bodens durch Arbeit Güter in der benötigten Quantität und in der erforderlichen Qualität entstehen. Und auch in den reichen Ländern bleibt die Arbeit des Menschen, auch wenn sie durch Einsatz von Kapital und durch Zusammenarbeit immer ertragreicher wird, der maßgebliche Produktionsfaktor. Die Maxime „Schnell reich werden ohne Arbeit", die in vielen Massenmedien – oft unbedacht – propagiert wird, entstammt eher der Illusion eines Schlaraffenlandes als der harten Wirklichkeit.

Die zweite Sinnebene, die die katholische Soziallehre betont, betrifft die Entfaltung des Menschen durch Arbeit. Jeder Mensch, den Gott ins Dasein ruft, ist mit Anlagen und Fähigkeiten ausgestattet, die er in seinem persönlichen und sozialen Leben nicht brachliegen lassen darf. Insbesondere geschieht dies im Bereich von Arbeit und Beruf, wodurch die Menschen eine starke Ausprägung erfahren. Dies gilt für einfache Arbeiten und Berufe ebenso wie für qualifizierte Arbeiten und Berufe in allen Lebensbereichen der Gesellschaft. In Arbeit und Beruf findet der Mensch in der Regel eine Sinnquelle seines Daseins. Auch heute antworten die meisten Menschen auf die Frage, wofür sie arbeiten, dies geschehe vor allem, um die Lebens- und Entfaltungsmöglichkeiten der Familie zu sichern. Umgekehrt verliert der Mensch, wenn er keine Arbeit findet und womöglich auf Sozialhilfe angewiesen ist, leicht seine Selbstsicherheit und sein Selbstbewußtsein, auch sein Vertrauen in die Gesellschaft und in den Staat. Dies hängt auch damit zusammen, daß Arbeit und Beruf den Einzelnen mit seinen Mitarbeitern verbinden und damit jenes Für- und Miteinander ermöglichen, das schon zuvor in der Familie erfahren wird. Arbeit und Beruf werden ausgeübt, um den Bedarf an Gütern und Diensten der Menschen zu decken. Leider wird heute die soziale Ausrichtung von Arbeit und Beruf zu wenig reflektiert. Genauso wichtig wie die Arbeitsteilung ist die Arbeitsvereinigung, die hinter den abstrakten Tauschvorgängen an den Märkten kaum noch sichtbar wird. Auch das Job-Denken kreist eher um das Individuum, anstatt die Bedeutung des Tätigwerdens für andere als Sinnerfahrung zu begreifen.

Die dritte Sinnebene, die die christliche Deutung der Arbeit bedenkt, sieht den Menschen als Mitarbeiter Gottes an dessen Schöpfungswerk. Mit und durch seine Arbeit baut er die gesellschaftlichen Lebensbereiche auf. Der Mensch wird dadurch zum Ursprung und Träger der Kultur, der wirtschaftlichen und sozialen Prozesse, der Bereiche in Wissenschaft, Kunst und Politik, nicht zuletzt der Religion und der Moral. Der christliche Glaube und die Kirche haben durch diese Sicht der Arbeit der Entwicklung und der Kultur Europas ihren Stempel aufgedrückt.

Johannes Paul II., der in jungen Jahren in seiner Heimat Polen mit der kommunistischen Arbeitsorganisation konfrontiert wurde und eine Zeitlang selbst „Steineklopfen" mußte, befaßte sich nach seiner Wahl zum Papst in seiner ersten Sozialenzyklika „Laborem exercens" (1981) nicht nur mit den vielfältigen Konflikten zwischen Arbeit und Kapital im Gefolge der Industrialisierung, sondern besonders mit dem Wesen und dem Sinn der Arbeit. Er hatte ein untrügliches Gespür dafür, daß die Sozialverkündigung der Kirche über die sozialen Probleme nur dann bei den Arbeitnehmern und Arbeitgebern Gehör fände und verstanden würde, wenn die Christen und die Menschen guten Willens sich wieder über Sinn und Wert der Arbeit Gedanken machen.

„Laborem exercens" ist einem einzigen Thema, nämlich der Arbeit, gewidmet und problemorientiert angelegt. Gleich zu Beginn heißt es: „Nach Gottes Ebenbild und Gleichnis geschaffen, als Mittelpunkt der sichtbaren Welt und in sie hineingestellt mit dem Auftrag, die Erde sich untertan zu machen, ist der Mensch von seinem Ursprung her zur Arbeit berufen. Und diese Arbeit ist eines der Merkmale, die den Menschen von allen anderen Lebewesen unterscheidet... Zur Arbeit fähig ist einzig und allein der Mensch. Er allein leistet im wahren Sinne des Wortes Arbeit und erfüllt damit zugleich sein irdisches Dasein mit sinnvollem Gehalt." Der Papst geht sogar so weit, daß er die Arbeit – trotz aller Mühsal, die mit ihr verbunden ist, „eine Wohltat für den Menschen" nennt. Unter Bezugnahme auf den heiligen Thomas von Aquin, der die Arbeit ein „bonum arduum", ein „steiles Gut" bezeichnet, deutet er diesen Ausdruck in dem Sinne, daß Arbeit nicht nur ein „nützliches" oder ein „angenehmes", sondern ein „würdiges", das heißt der Würde des Menschen entsprechendes Gut ist, also ein Gut, das diese Würde zum Ausdruck bringt und sie vermehrt. Hier liegt die ethische Bedeutung der Arbeit: „Die Arbeit ist eine Wohltat für den Menschen – für sein Menschsein –, weil er durch die Arbeit nicht nur die Natur umwandelt und seinen Bedürfnissen anpaßt, sondern auch sich selbst als Mensch verwirklicht, ja gewissermaßen ‚mehr Mensch wird' " (9, 3).

Jede Art von Arbeit, ob körperliche oder geistige, ob selbständig oder abhängig geleistete, ob bezahlte oder unbezahlte, ob einfache oder hochqualifizierte, hat Teil an der Würde, die der menschlichen Person zukommt. Insofern ist keine Arbeit des Menschen unwürdig, wie dies in der Antike vor allem für die „Sklavenarbeit" angenommen wurde. Es gab und gibt zwar eine ungeheuer breite Skala, die von den am wenigsten geschätzten und oft auch schlecht bezahlten bis hin zu den am meisten angesehenen und gut honorierten Arbeiten reicht. Dennoch muß die Ethik darauf drängen, daß auch die einfachste Arbeit nicht nur deshalb, weil sie in der Gesellschaft noch benötigt und nachgefragt wird, sondern, weil sie von einem Menschen erbracht wird, an der Würde des Menschen teilhat. Die menschenwürdigen Arbeits- und Entlohnungsbedingungen müssen alle Arbeiten umfassen, ob sie nun auf der gesellschaftlichen Nachfrageskala oben oder unten angesiedelt sind.

Im übrigen ist eine Entwicklung, die beim großen Automatisierungsschub in den 1970er Jahren befürchtet wurde, nicht eingetreten. Damals beherrschte die öffentliche Diskussion die Frage, ob anstelle der bisherigen Ordnungen in Arbeit und Beruf künftig nicht die in den USA verbreitete Job-Struktur treten würde, bei der sozusagen die zu erbringende Leistung nicht mehr an bestimmte Voraussetzungen gebunden wäre, sondern die Träger der Arbeitsleistung geradezu austauschbar würden. Dieses Szenario, das den größeren Teil der Beschäftigten auf eine Hilfsarbeiterebene zurückstufen würde, hat sich Gott sei Dank als Fehleinschätzung erwiesen. Im Gegenteil: Schon bald setzte die Rede von der qualifizierten Arbeit ein, die nahezu lückenlos an die überkommenen Strukturen in Arbeit und Beruf anknüpft. Sicherlich gibt es heute einen nicht geringen Teil von einfachen und auch gering bezahlten „Jobs". Die Entwicklung in Wirtschaft und Gesellschaft geht jedoch in eine andere Richtung.[3] Die Unternehmen und Betriebe, im Besonderen auch die Dienstleistungsbranchen suchen qualifizierte Arbeitskräfte, die zwar an Veränderungen anpassungsfähig und auch lernfähig sein müssen, die aber nicht austauschbar werden. Vom Beschäftigten wird mehr und mehr eine kreative Leistung, Mitdenken und Mitverantwortung erwartet, die am ehesten wiederum von beruflich geprägten Personen erbracht werden kann, die dann auch zum „Mitarbeiter" in den Unternehmen und Betrieben werden.

II. Angebot und Nachfrage nach Arbeit

Wenn der Arbeit eine so große Bedeutung nicht nur für die Deckung der leibgeistigen Bedürfnisse, sondern auch für die Entfaltung des Menschen zukommt, dann wird einem erst bewußt, was für ein Übel die Arbeitslosigkeit für Menschen ist, die arbeiten können und auch arbeiten wollen, aber keinen Arbeitsplatz finden. Die Massenarbeitslosigkeit ist ohne Zweifel die „soziale Frage" schlechthin. Insofern ist Johannes Paul II. konsequent, wenn er in der menschlichen Arbeit den „entscheidenden Dreh- und Angelpunkt der gesamten sozialen Frage" erblickt („Laborem exercens", 3 2). Wo immer die Arbeitsverhältnisse in einer Gesellschaft und die damit zusammenhängenden Einkommensverhältnisse nicht der Gerechtigkeit gemäß gestaltet und organisiert sind, da breiten sich Gegensätze aus, da entstehen Klassen, da entwickelt sich eine „soziale Frage". Dies gilt sowohl für die antiken wie für die mittelalterlichen Gesellschaften, dies gilt nicht minder für die moderne Industrie- und Dienstleistungsgesellschaft.

Natürlich lassen sich die verschiedenen Epochen nicht ohne weiteres miteinander vergleichen, zumal jene, in denen es in dem Raum zwischen den (Groß-)Familien und der politischen Führung gar keine „Gesellschaft" im modernen Sinne gab, mithin auch keine arbeitsteilige Wirtschaftsgesellschaft mit einem dazugehörigen Arbeitsmarkt, wohingegen heute das gesellschaftliche Zusammenleben auf allen

---

[3] Auf die Differenzierungen der Arbeit und die Probleme in industriellen Wirtschaftssystemen weist *Heinz Lampert* hin: Artikel „Arbeit; 2. Wirtschafts- und sozialpolitisch", in: Lexikon der Bioethik, Band 1, S. 195 ff. – Vgl. auch die Überlegungen, die *Hartmut Kreikebaum* anstellt: Art. „Arbeit – Zukunft der Arbeitsgesellschaft", in: Handbuch der Wirtschaftsethik, hrsg. im Auftrag der Görres-Gesellschaft von Wilhelm Korff u. a., Gütersloh 1999, Band 4, S. 52 ff.

Ebenen eine dominierende Größe geworden ist. Arbeitslosigkeit hat in einer Zeit, in der die Großfamilie nicht mehr das Auffangnetz für existentielle Risiken bildet, eine ganz andere Qualität.

Dabei dürfen wir nicht den Fehler begehen, Arbeit mit Erwerbsarbeit zu identifizieren. Es ist ein Grundproblem der modernen empirischen Wissenschaften, daß sie seit der Entstehung der Industriegesellschaft ihr Augenmerk fast ausschließlich auf die Erwerbsarbeit richten. Die Lohnarbeit, die selbständige Arbeit und die Dienstverhältnisse der Beamten bilden den Kern aller Untersuchungen, die sich mit der Arbeit und ihren Entwicklungen befassen. Diejenige Arbeit, die nicht über die Märkte organisiert und bezahlt wird, wird meist nicht erfaßt. Die Arbeit in den Haushalten und Familien[4], die Arbeit der Pflege und Erziehung der Kinder, die Betreuung der Kranken, wenn sie daheim geschieht, die vielen Zweige der „ehrenamtlichen Arbeit", die Arbeit der kirchlichen und Ordensgemeinschaften erscheint als eine quantité négligeable, soweit sie nicht durch Arbeitsverhältnisse abgedeckt wird. Dadurch konnte der Eindruck entstehen, als ob diese Arbeiten eine Art privates Hobby seien, die für die volkswirtschaftliche Gesamtrechnung im Grunde ohne Belang wären.

Erst in jüngster Zeit gibt es Bemühungen, zum Beispiel die Arbeit der „Nur-Hausfrau" – was für eine begriffliche Fehlleistung! – und vor allem der Mutter zu schätzen und zu gewichten, um Anhaltspunkte für den Familienlastenausgleich zu gewinnen. Aber zufriedenstellend sind die bisherigen Ansätze nicht. Genauso abwegig ist es, wenn die Personen in Haushalten und Familien, die nicht einer bezahlten Erwerbsarbeit nachgehen, den registrierten Arbeitslosen einfach hinzugerechnet werden. Gott sei Dank ist die Wirklichkeit der Arbeit und der Arbeitsverhältnisse viel differenzierter, als dies so manche Statistiken und ökonometrische Rechenexempel vermuten lassen.

Allerdings können und dürfen diese Überlegungen nicht dazu führen, das Problem der Arbeitslosigkeit auf die leichte Schulter zu nehmen. Auch die Vorsorge des Sozialstaats für die Arbeitslosen, damit sie ein ausreichendes Einkommen aus der Arbeitslosenversicherung beziehen, darf nicht darüber hinwegtäuschen, wie schlimm sich Arbeitslosigkeit auf die Menschen auswirkt, die keinen Arbeitsplatz finden. Die Leistungen aus der Arbeitslosenversicherung sind keine Alternative zum Arbeitseinkommen. Auch für den Sozialstaat hat das wirtschaftliche, soziale und ethische Gebot der Vollbeschäftigung, das zu den Eckpfeilern der Sozialen Marktwirtschaft gehört, hohe Priorität. Die Erfahrung zeigt, daß nichts den Sozialstaat mehr gefährdet als eine lang anhaltende Massenarbeitslosigkeit.

Übrigens verstoßen diejenigen, die gar nicht arbeiten wollen, obwohl sie gesundheitlich dazu in der Lage wären, und jene, die sich auf Sozialleistungen ver-

---

[4] *Heinz Lampert* ist bemüht, den Wert des Beitrages der Familien zur Humanvermögensbildung zu ermitteln und damit eine Korrektur der bisher einseitig auf die Erwerbsarbeit ausgerichteten Studien zu bewirken: Priorität für die Familie. Plädoyer für eine rationale Familienpolitik, Berlin 1996 (Soziale Orientierung, Bd. 10).

lassen und womöglich „schwarz" noch hinzuverdienen, nicht nur gegen die Solidarität der Beschäftigten, sondern auch gegen die Pflicht, ihre Begabung und Fähigkeiten zum Wohle der Mitmenschen einzusetzen.

Wie aber kann der Arbeitsmarkt trotz der ihm innewohnenden Dynamik so organisiert werden, daß Angebot und Nachfrage nach Arbeit auf mittlere Sicht einigermaßen ausgeglichen werden können? Daß dies nicht allein eine Sache der „Marktkräfte" sein kann, geht schon daraus hervor, daß es, was die Bekämpfung der Arbeitslosigkeit angeht, große Unterschiede gibt.[5] Die Schweiz, Dänemark, Österreich, neuerdings auch Frankreich sind in der Bekämpfung vor allem der Langzeitarbeitslosigkeit viel erfolgreicher als Deutschland – trotz des „Bündnisses für Arbeit", von dem sich alle Beteiligten: die Regierung, die Gewerkschaften und die Arbeitgeberverbände anfangs gemeinsame Lösungen erhofft hatten, das aber inzwischen viel an Glanz und Wirkung verloren hat. Auch von den USA, die ohne Zweifel auf verschiedenen Gebieten große soziale Probleme haben, können wir, was die Vollbeschäftigung angeht, lernen. Dabei kommt es nicht primär darauf an, ob man sich für die Stärkung der Angebotsseite oder der Nachfrageseite entscheidet. Die Wirtschaftspolitik muß beide Seiten im Auge behalten und entsprechend reagieren, wenn sich Schwächen zeigen.

Das, was am meisten einer wirkungsvollen Beschäftigungspolitik im Wege zu stehen scheint, das ist die, man kann fast sagen, privilegierte Stellung der Arbeitsplatzbesitzenden, die sie mit Hilfe der Gewerkschaften und der Berufsverbände mit allen Mitteln verteidigen. Um nicht dem Vorwurf ausgesetzt zu sein, die Funktionäre dieser Organisationen würden sich nur in Sonntagsreden für die Arbeitslosen stark machen, im Grunde aber nur die Interessen ihrer Klientel vertreten, verlangen sie vom Staat, daß er durch Beschäftigungsprogramme der Arbeitslosigkeit entgegentritt. Aber sie weigern sich, eine Änderung der Rahmenbedingungen ernsthaft zu erwägen, die die Chancen für die Arbeitslosen, einen Arbeitsplatz zu finden, verbessern würden. Es ist keineswegs erwiesen, daß die Position der Arbeitsplatzbesitzenden dadurch geschmälert würde. Wie schwer war es für die letzte Regierung Kohl, erste Änderungen dieser Rahmenbedingungen im Parlament durchzusetzen. Und es war ein großer Fehler der rot-grünen Regierung, diese Änderungen sofort wieder zurückzunehmen. Hier liegt einer der Gründe, warum die jetzige Regierung in ihrer Arbeitsmarktpolitik so wenig ausrichtet. Aufs Ganze gesehen kann man nämlich nicht den Investoren die Schuld zuweisen, wenn nicht genügend neue Arbeitsplätze geschaffen beziehungsweise die bestehenden nicht krisensicher gemacht werden. Investitionen werden nur dort getätigt, wo auch die Rahmenbedingungen hierfür günstig sind. Auch die Rechnung, man könne die hausgemachten Probleme über einen im Vergleich zum Dollar leichteren Euro bes-

---

[5] Dazu: *Carsten Rolle / Ulrich van Suntum,* Langzeitarbeitslosigkeit im Ländervergleich, Berlin 1997 (Soziale Orientierung, Bd. 11). – Aufschlußreich sind die Überlegungen von *Gerhard D. Kleinhenz,* Die Arbeitsmärkte der Zukunft und Wege zu mehr Beschäftigung, in: Zukunftsfähige Gesellschaft. Beiträge zu Grundfragen der Wirtschafts- und Sozialpolitik (Soziale Orientierung, Bd. 12), hrsg. von Anton Rauscher, Berlin 1998, S. 87–99.

ser bewältigen, wird nicht aufgehen, sondern, wie die Erfahrung lehrt, die Probleme eher noch verschärfen.

Für die Arbeitsgesellschaft der Zukunft ist das Erreichen und die Sicherung der Vollbeschäftigung der Maßstab für eine gute Politik. Diese steht und fällt mit der Gestaltung der Arbeitsmarktverhältnisse. Der Rückgang der Arbeitslosigkeit würde auch der bereits eingetretenen Überlastung des Sozialsystems entgegenwirken und größere Freiräume schaffen für Bereiche, die bisher kaum, jedenfalls viel zu wenig unterstützt wurden.

III. Stärkere Verschiebung der Lasten von der Arbeit auf das Kapital?

In der Diskussion um die Zukunft der Arbeitsgesellschaft wird von verschiedener Seite vorgeschlagen, den Faktor Arbeit zu entlasten und dafür den Faktor Kapital stärker zu belasten. Dies hängt damit zusammen, daß der wachsende Wohlstand nur durch die zunehmende wirtschaftliche Leistungsfähigkeit ermöglicht wird, die wiederum auf dem ständig steigenden Kapitaleinsatz und parallel dazu auf der entsprechenden Qualifizierung der Arbeit beruht.

Diese Dynamik der Wirtschaft führt dazu, daß die Lohnsteuern nicht nur absolut, sondern auch proportional einen immer größeren Anteil des Steueraufkommens ausmachen, weil die steigenden Löhne und Gehälter infolge der Steuerprogression immer größere Summen in die öffentlichen Kassen bringen. Demgegenüber ist der Anteil der Kapitalertragssteuern am Gesamtaufkommen rückläufig, zumal in einer Reihe von Industrieländern die Spitzensteuersätze bei den Einkommensteuern wie auch bei den Körperschaftsteuern kräftig gesenkt wurden.

Aber nicht nur im Steuerbereich kann man die Verschiebung der Lasten vom Faktor Kapital auf den Faktor Arbeit beobachten. Ähnliche Prozesse verändern auch die Struktur der Sozialabgaben für die sozialen Sicherungssysteme, die in etwa hälftig von den Arbeitnehmern und von den Arbeitgebern aufzubringen sind. Wenn in Großunternehmen der Kapitaleinsatz infolge von Rationalisierungsmaßnahmen überdurchschnittlich steigt – bezogen auf die Industrie oder auch die gesamte Wirtschaft – und Arbeitsplätze abgebaut werden, so vermindern sich die zu leistenden Sozialabgaben, und zwar auf Arbeitgeberseite. Dort, wo die Kapitalintensität hoch ist und deshalb große Gewinne anfallen, sinkt die Belastung durch Sozialabgaben. Allerdings ist die Verschiebung der Belastungsstruktur nicht so groß, wie es manchmal behauptet wird. Denn der Abbau von Arbeitsplätzen bewirkt, daß auch der Faktor Arbeit zurückgeht, auch wenn gleichzeitig eine höher qualifizierte Arbeit ein größeres Einkommen erzielt und davon mehr Sozialabgaben zu entrichten sind. Tendenziell jedoch wird der Faktor Arbeit im Vergleich zum Faktor Kapital stärker belastet.

Diese Entwicklung hat nicht nur viele Sozialpolitiker auf den Plan gerufen; auch die Kirchen und christliche Gruppierungen sehen darin eine soziale Schieflage beziehungsweise eine Gerechtigkeitslücke.[6] In einer Zeit, in der die Einnahmen und Ausgaben der sozialen Sicherungssysteme auseinanderklaffen und eine weitere Anhebung der Beiträge zur Alters- und Gesundheitssicherung den Arbeitnehmern nicht mehr zugemutet werden kann, in der aber auch der Sozialstaat an seine Grenzen gestoßen ist und die Zuschüsse zum Beispiel zur Rentenversicherung nicht beliebig angehoben werden können, wächst der Druck auf die Politik, die sozialen Lasten anders, das heißt wieder gleichmäßiger auf Arbeit und Kapital zu verteilen.

Manche Stimmen sprechen bereits von einer Wiederkehr des alten „Kapitalismus". Schon früher gab es in Zeiten einer forcierten Rationalisierung und Automatisierung in einigen Industriezweigen ähnliche Vorstöße. In den 1960er Jahren ging die Sorge um, die gewaltigen Gewinne würden vornehmlich den Kapitaleignern zufallen, wohingegen die Arbeitnehmer benachteiligt würden und obendrein das Risiko des Arbeitsplatzes zu tragen hätten. Deshalb sollten die kapitalintensiven Betriebe und Unternehmen, soweit sie hohe Gewinne erzielen, stärker zur Finanzierung des Sozialstaats beitragen, so daß die arbeitsintensiven Betriebe und Unternehmen bei den Sozialabgaben entlastet werden könnten.

Derartige Vorschläge, die gelegentlich immer wieder die Gemüter bewegen, sind größtenteils im Sande verlaufen. Dies liegt zunächst an dem ungeheuren Kapitalhunger in der Welt. Auch wenn das Zinsniveau hauptsächlich wegen der Umschichtung erheblicher Vermögenswerte aus dem Bereich öffentlicher Anleihen auf denjenigen von Aktien und Investmentfonds gesunken ist, so können diese Vorgänge nicht darüber hinwegtäuschen, daß der Kapitalbedarf nicht nur bei den fortgeschrittenen Industrieländern, sondern ebenso bei vielen in der Entwicklung befindlichen Nationen enorm ist. Dadurch werden natürlich die Bestrebungen, den Faktor Kapital stärker zur Finanzierung der sozialen Sicherheit heranzuziehen, nicht begünstigt.

Wenn die Regierungen – auch sozialdemokratische – bisher gezögert haben, dem Faktor Kapital neue soziale Verpflichtungen aufzuerlegen, so hängt dies entscheidend damit zusammen, daß das Kapital keinerlei Grenzen kennt und dorthin fließt, wo insgesamt die geringsten Auflagen und Belastungen bestehen und damit die effizientesten Verwertungsmöglichkeiten gegeben sind. Ein lückenloses System öffentlich-staatlich-internationaler Kontrolle wäre die Voraussetzung dafür, daß sich die Kapitalströme nicht verselbständigen. Unmöglich ist das nicht, wie die auf internationaler Ebene errichteten Regelungssysteme wie zum Beispiel WTO zeigen. Aber dies setzt einen Grad an rechtlicher und auch solidarischer Verdichtung in der Welt voraus, wie er jetzt noch nicht gegeben ist. Ein solches System würde um so eher durchsetzbar sein, je mehr – wenigstens bei einem Großteil der Länder – die wirtschaftlichen und sozialen Angleichungsprozesse einen Stand

---

[6] „Für eine Zukunft in Solidarität und Gerechtigkeit". Wort des Rates der Evangelischen Kirche in Deutschland und der Deutschen Bischofskonferenz zur wirtschaftlichen und sozialen Lage in Deutschland. Hannover / Bonn 1997, Nr. 9 ff., 68 ff., 145.

erreicht haben, bei dem es sich nicht mehr lohnt, auf Sondervorteile zu setzen. Davon sind wir aber noch weit entfernt.

Im übrigen kann sich der Faktor Kapital auch jetzt schon nicht von seinen sozialen Verpflichtungen emanzipieren. Da ist zunächst die Steuerprogression, die, auch wenn der Spitzensteuersatz absinkt, die „Reichen" beziehungsweise „Erfolgreichen" besonders zur Kasse bittet. Viel wichtiger jedoch ist, daß das Kapital den Faktor Arbeit befruchtet. Wenn die Arbeit, insbesondere die qualifizierte Arbeit einen quantitativ und qualitativ so viel höheren Ertrag erbringt, dann ist dies auch auf den gestiegenen Kapitaleinsatz zurückzuführen. Insofern sind natürlich auch die Lohnsteuern, die in den zurückliegenden Jahrzehnten beständig zugelegt haben, nicht nur der Qualifizierung der Arbeitnehmer, sondern zugleich dem Einsatz an Kapital zuzuschreiben.

Eine andere Frage ist es, ob nicht die Diskussion über die Gewichtsverschiebungen bei den Produktionsfaktoren Arbeit und Kapital der Forderung nach einer gerechten Vermögens- und Eigentumsverteilung neue Impulse geben kann. In einer Volkswirtschaft, in der der Einsatz von Kapital bereits ein sehr hohes Niveau erreicht hat und auch in Zukunft weiter wachsen wird, erhält die Verteilungsproblematik eine neue Qualität. Dabei genügt es nicht, nur die Zunahme der Einkommens- und Vermögensmillionäre mit Genugtuung oder mit Neidgefühlen zu registrieren. Entscheidend ist, ob sozusagen jedes Jahr neue Schichten der Bevölkerung erreicht werden können, die sich an der volkswirtschaftlichen Kapitalbildung beteiligen und damit die Zusammensetzung der Kapitaleignerseite verbreitern.

Dies ist ein altes Anliegen der katholischen Soziallehre, dessen Umsetzung in die Wirklichkeit der lang anhaltende Gegensatz zwischen Kapital und Arbeit verhindert hat. Auch dem gemeinsamen Vorstoß der beiden Kirchen im Jahre 1993 war nicht unmittelbar ein Erfolg beschieden, wenngleich die Fernwirkungen dieser Initiative nicht meßbar sind.[7] Aber die mit der Privatisierung der Telekom einhergehende Attraktivität der Aktie ist auch nicht lediglich Ergebnis einer gelungenen Werbeaktion im Fernsehen, sondern beruht doch ebenso auf einem allmählich spürbaren Wandel in der Einstellung vieler Arbeitnehmer zum Aktiensparen. Natürlich hat die dann folgende Aufwärtsentwicklung der Aktienkurse an den Börsen viele Menschen bewegt, ebenfalls Aktien zu erwerben. In anderen Ländern hat dieser Prozeß schon früher eingesetzt. Die Beteiligung der Arbeitnehmer an der volkswirtschaftlichen Kapitalbildung ist in Deutschland zwar in Gang gekommen, verharrt aber immer noch auf einer niedrigen Basis.

Im Interesse einer breitgestreuten Vermögensbildung wäre es wünschenswert gewesen, wenn es gelungen wäre, die Zusammenhänge zwischen dem Aktiensparen und der Vermögensverteilung den breiten Schichten der Bevölkerung besser zu vermitteln. Vor allem wäre es nötig gewesen, die Menschen darüber aufzuklären,

---

[7] Vgl. Beteiligung am Produktiveigentum, hrsg. vom Kirchenamt der Evangelischen Kirche in Deutschland und vom Sekretariat der Deutschen Bischofskonferenz. Hannover / Bonn 1993.

daß nicht der schnelle Kursgewinn, sondern die dauerhafte Vermögensanlage entscheidend ist, daß nicht die Spekulation auf schnellen Reichtum, sondern ein gediegener Wohlstand erstrebenswert ist. Leider haben die Massenmedien unter dieser Rücksicht aufs Ganze gesehen versagt und das Anliegen der gerechten Vermögens- und Eigentumsverteilung nicht gefördert. Sie hätten die Bürger gleichzeitig auch vor unliebsamen Überraschungen warnen sollen. Die Ernüchterung, die inzwischen an der Börse eingetreten ist, hat Gott sei Dank nicht dazu geführt, daß die Mehrheit der neuen Aktionäre das Vertrauen verloren und ihre Aktien verkauft hat. Über kurz oder lang wäre eine erneute Vermögenskonzentration die Folge.

Da inzwischen auch bei jenen Gewerkschaften, die bisher der Vermögens- und Eigentumsbildung skeptisch, wenn nicht feindselig gegenüberstanden, eine gewisse Öffnung sich abzeichnet – die Auflockerung der Fronten wurde bei der Frage der Rentenreform und des Einstiegs in die private Altersvorsorge sichtbar[8] – stehen die Chancen günstig, die Zusammensetzung der Kapitaleigner zu verbreitern. Je mehr Arbeitnehmer sich an der volkswirtschaftlichen Kapitalbildung beteiligen, desto breiter wird auch die Basis derjenigen, deren Einkünfte aus Kapitalvermögen zunehmen. Dadurch wird die ungleiche Belastung der Faktoren Arbeit und Kapital auf längere Sicht gemildert.

Die Vermögensbildung in Arbeitnehmerhand würde sich auch positiv auf die Geldwertstabilität auswirken.[9] Der Versuchung der Mitgliedsstaaten der Europäischen Union, ihre Probleme, wenn nicht auf Kosten der anderen, dann doch zu Lasten der gemeinsamen Währung zu lösen, muß entgegengewirkt werden. Nur wenn sich die Bevölkerung gegen eine Politik mit inflationären Wirkungen zur Wehr setzt, kann die Ausgabefreudigkeit demokratischer Regierungen gebremst werden. Währungsstabilität ist eine der Grundbedingungen für die Solidarität der Arbeitsgesellschaft der Zukunft.

---

[8] Über den Zusammenhang zwischen Altersvorsorge und Vermögensbildung siehe den gleichnamigen Beitrag von *Lothar Roos* in: Zukunftsfähige Gesellschaft (wie Anm. 5), S. 157–178.

[9] Vgl. *Hans Tietmeyer,* Die Rolle der Geldwertstabilität für die politische und gesellschaftliche Kultur, in: Zukunftsfähige Gesellschaft (wie Anm. 5), S. 199–217.

Autorenverzeichnis

Prof. Dr. *Jörg Althammer*, Professur für Sozialpolitik und Sozialökonomik an der Ruhr-Universität Bochum

Prof. Dr. *Wolfgang Bonß*, Professor für Allgemeine Soziologie an der Fakultät für Sozialwissenschaften der Universität der Bundeswehr München

Prof. Dr. *Gebhard Flaig*, Professur für Volkswirtschaftslehre, insbes. Ökonometrie an der LMU München; Mitglied des Vorstands des ifo Instituts für Wirtschaftsforschung, München

Prof. em. Dr. Dres. h. c. *Eduard Gaugler*, Fakultät für Betriebswirtschaftslehre, Universität Mannheim; Vorstandsvorsitzender der Forschungsstelle für Betriebswirtschaft und Sozialpraxis e.V. (FBS)

Prof. Dr. *Gerhard Kleinhenz*, Lehrstuhl für Volkswirtschaftslehre mit Schwerpunkt Wirtschafts- und Sozialpolitik an der Universität Passau; Direktor des Instituts für Arbeitsmarkt und Berufsforschung (IAB) der Bundesanstalt für Arbeit, Nürnberg

Dr. *Gerd Mutz*, Privatdozent an der Universität Konstanz; Leiter des Münchner Instituts für Sozialforschung (MISS)

Prof. Dr. Dr. h. c. *Anton Rauscher*, Lehrstuhl für Christliche Gesellschaftslehre an der Universität Augsburg; Direktor der Katholischen Sozialwissenschaftlichen Zentralstelle (KSZ), Mönchengladbach

Prof. Dr. *Michael Schumann*, Lehrstuhl für Soziologie an der Universität Göttingen; Präsident des Soziologischen Forschungsinstituts Göttingen (SOFI)

Prof. Dr. *Erich Staudt*, Lehrstuhl Arbeitsökonomie; Leiter des Instituts für angewandte Innovationsforschung an der Ruhr-Universität Bochum

Prof. Dr. *Ulrich van Suntum*, Direktor des Instituts für Siedlungs- und Wohnungswesen der Westfälischen Wilhelms-Universität Münster

Ludwig Bußmann (Hrsg.)

Unternehmensfusionen und Beschäftigung

24. Internationale Tagung der Sozialakademie Dortmund
Tab., Abb.; 159 S. 2002 ⟨3-428-10639-3⟩ € 36,– / sFr 64,–

Angesichts der ungebrochenen Welle von Unternehmensfusionen wenden sich die Autoren in diesem Sammelband der Frage zu, ob und inwieweit Unternehmensfusionen Arbeitsplätze zu sichern oder zu vernichten in der Lage sind und welche Konsequenzen Unternehmensfusionen für die Beschäftigungsverhältnisse insgesamt mit sich bringen.

Bei der Beurteilung von Unternehmensfusionen wird in der Regel großes Gewicht und Aufmerksamkeit auf die damit verbundenen Kapitalbewegungen, die Renditeerwartungen und die Verbesserung der Umsatz- und Wettbewerbsposition gelegt. Die mit Fusionen verbundenen Folgen für die Zahl der Beschäftigten und deren arbeitsrechtliche Situation sowie für die Veränderung von Arbeitsbedingungen und Berufsaussichten werden dagegen in der wettbewerbs- und wirtschaftspolitischen Diskussion und in der empirischen Forschung trotz des explosionsartigen Anstiegs der Fusionsaktivitäten kaum beachtet.

Die Beiträge des ersten Teils befassen sich schwerpunktmäßig mit wettbewerbs- und strukturpolitischen Fragen der Fusionsproblematik. Es wird u. a. vorgeschlagen, das von den statistischen Ämtern des Bundes und der Länder zur Zeit aufgebaute Unternehmensregister auch auf die wichtigsten Beschäftigungsaspekte auszudehnen. Des Weiteren wird die laufende Übernahmegesetzgebung des Bundes und der EU behandelt, nach der die explizite Einbindung der Arbeitnehmer in den Übernahmeprozess von Anfang an vorgesehen ist.

Im zweiten Teil des Bandes wird die Thematik aus der Sicht von Unternehmen ausgewählter Branchen behandelt. Dabei zeigt sich, dass die Wirtschaftspraxis der theoriegeleiteten wirtschaftspolitischen Diskussion oft weit voraus ist.

Internet: http://www.duncker-humblot.de

Duncker & Humblot · Berlin